CRIAÇÃO DE **NOVOS NEGÓCIOS**

Gestão de micro e pequenas empresas

Takeshy Tachizawa e Marília de Sant'Anna Faria

CRIAÇÃO DE **NOVOS NEGÓCIOS**
Gestão de micro e pequenas empresas

2ª edição

ISBN — 85-225-0368-0

Copyright © Takeshy Tachizawa, Marília de Sant'Anna Faria

Direitos desta edição reservados à
EDITORA FGV
Rua Jornalista Orlando Dantas, 37
22231-010 — Rio de Janeiro, RJ — Brasil
Tels.: 0800-021-7777 — 21-3799-4427
Fax: 21-3799-4430
e-mail: editora@fgv.br — pedidoseditora@fgv.br
web site: www.fgv.br/editora

Impresso no Brasil / *Printed in Brazil*

Todos os direitos reservados. A reprodução não autorizada desta publicação, no todo ou
em parte, constitui violação do copyright (Lei nº 9.610/98).

Os conceitos emitidos neste livro são de inteira responsabilidade dos autores.

1ª edição — 2002; 2ª edição revista e ampliada — 2004; 1ª reimpressão — 2007; 2ª reimpressão — 2008; 3ª e 4ª reimpressões — 2010; 5ª reimpressão — 2012; 6ª reimpressão —
2014; 7ª reimpressão — 2017.

REVISÃO DE ORIGINAIS: Talita Arantes Guimarães Corrêa

EDITORAÇÃO ELETRÔNICA: FA Editoração Eletrônica

REVISÃO DE ORIGINAIS: Fatima Caroni e Mauro Pinto de Faria

CAPA: Ricardo Bouillet, Sergio de Carvalho Filgueiras

Ficha catalográfica elaborada pela Biblioteca
Mario Henrique Simonsen/FGV

Tachizawa, Takeshy
    Criação de novos negócios : gestão de micro e pequenas
empresas / Takeshy Tachizawa e Marília de Sant'Anna Faria. —
reimpressão — Rio de Janeiro : Editora FGV, 2007.
    288 p. — (Coleção FGV Negócios)

    Inclui bibliografia.

    1. Pequenas e médias empresas — Administração. 2. Em-
presas novas. I. Faria, Marília de Sant'Anna. II. Fundação Getulio
Vargas. III. Título

CDD — 658.022

Nossos agradecimentos ao Sebrae e ao Sebrae-SP e especial reconhecimento ao engenheiro Paulo Maurício Castelo Branco, diretor-superintendente, a Evandro Peçanha Alves, diretor de desenvolvimento regional, e a Everton G. Matos, gerente da área de desenvolvimento regional do Sebrae-RJ. Nosso muito obrigado também a Daisaku Ikeda, presidente da Soka Gakkai Internacional, a Clóvis Paradela, ao professor Rui Otávio Bernardes de Andrade e a Pilar Segarra Anton.

A todas as pessoas que conosco convivem e que, por isso, estão presentes nesta obra.

Sumário

Prefácio	13
Apresentação	15
PARTE I – As diferentes dimensões das micro e pequenas empresas	17
Visão geral	18
1. Reflexões sobre as MPEs	21
Atrás do balcão	21
O caminho das pedras	23
Preparando-se para o negócio	25
Questões de ordem subjetiva	31
No fundo do poço e falta de preparo	32
Empreendedorismo e outras questões informais	36
Que visão você tem do seu negócio?	37
Conhecendo seu cliente	37
O poder da observação	38
Como sua pequena empresa trata seu grande cliente?	39
Empresas autossuficientes e familiares	42
Qual é sua estratégia	44
Identificando oportunidades	44
O desafio das micro e pequenas empresas	45
Tecnologia	46
Controle informal	47
Falta de controle	47
Recolhimento de impostos	47
Pesquisa sobre preferência bancária	49
Pesquisa "Entrevista com pequeno empresário"	51
2. As MPEs no contexto nacional	59
Porte das empresas	60

Motivo para se abrir ou entrar num negócio	61
Principais dificuldades encontradas na condução das atividades	63
Fatores mais importantes para o sucesso de uma empresa	66
Áreas de conhecimento mais importantes no primeiro ano de atividade da empresa	67
Motivo para a empresa ser fechada ou deixar de funcionar	68

3. Mudanças e transformações empresariais que afetam as MPEs — 71

O mercado de trabalho na atualidade	72
As empresas interligadas em rede	78
Os resultados da aplicação das novas técnicas de gestão	81
Novas tecnologias e novos modelos de gestão	85
Adaptação ao novo contexto econômico	89
Aspectos sociais nas organizações	91
A MPE com foco no cliente	97
A nova empresa	98
Uma visão empresarial para o futuro	101
Estudo de caso: Confecção de Roupas Indústria e Comércio Ltda.	105

PARTE II – O QUE DEVE SER CONSIDERADO NO EMPREENDEDORISMO E NA CRIAÇÃO DE NOVOS NEGÓCIOS — 113

Visão geral	114

4. Colocando as ideias de negócio no papel — 115

Aspectos legais	115
Aspectos econômico-financeiros (plano de negócios)	116
Estudo de caso: Análise estratégica da Escola de Criação de Negócios — ECN	123

5. Criação e desenvolvimento de uma nova empresa — 133

Criação do negócio	133
Influência do ramo de atividades	134
Missão ou finalidade maior da empresa	135
Decisões e cadeia produtiva	136
Expandindo o negócio	137
Reorganizando a empresa	139
As decisões da empresa em função do ramo de negócios	140
Ordenação das decisões	141

6. Compreendendo as MPEs e os diferentes tipos de negócios	143
Estabelecendo uma visão global de uma MPE	143
Caracterização e delineamento estratégico de uma empresa	149
Os diferentes tipos de empresa	153
Estudo de caso: Comércio de Óculos Ltda.	174

PARTE III – UMA FORMA DE DIAGNÓSTICO E GESTÃO DAS MPEs — 181

Visão geral	182
7. Um esquema para diagnosticar e gerenciar uma MPE	183
Estudo de caso: Industrial e Comercial Ltda.	191
8. Decisões de níveis estratégico e operacional nas MPEs	195
Decisões econômicas e financeiras	195
Decisões de marketing	200
Decisões inerentes à gestão com pessoas	205
Decisões de produção, logística e de operações industriais	207
Decisões sobre informatização e tecnologias da informação	209
9. Indicadores de gestão	211
Introdução	211
Indicadores de desempenho global e de qualidade	212
Comparação com o mercado e com a concorrência	217
Estudo de caso: Produtos de Limpeza Ltda.	220

PARTE IV – O QUE INFORMATIZAR EM UMA MPE — 227

Visão geral	228
10. Por onde começar?	233
11. Analisando a empresa de acordo com o seu ramo de negócios	239
12. Tecnologias da informação e sistemas aplicáveis	241
O uso da Internet nas MPEs	241
Correio eletrônico, comunicação e teletrabalho nas MPEs	242
Análise dos sistemas em uma MPE	245
Estudo de caso: GAR — Serviços Compartilhados	247

Posfácio	253
Fontes	259
Anexo — Filmes ilustrativos	265
A conquista do paraíso — Colombo	267
A firma	268
Apolo 13	269
A rede	270
Inteligência artificial	271
Mauá — o imperador e o rei	271
Monstros S.A.	273
O gladiador	274
O resgate do soldado Ryan	275
O amor é contagioso	275
Os 12 trabalhos de Asterix	276
O informante	277
Presente de grego	278
Riquinho	279
Sete homens e um destino / Os sete samurais	280
Tempos modernos	281
Titanic	282
Tucker — um homem e seu sonho	283
Um domingo qualquer	284
Uma linda mulher	284
Uma mente brilhante	285
Sobre os autores	287

Prefácio

Discute-se atualmente que uma das tendências mais significativas para os próximos anos são as grandes organizações se tornarem obsoletas. Elas poderão ser grandes demais para serem administradas, para mudarem e para se adaptarem às novas regras de produtividade e eficácia empresarial.

Os argumentos em favor das organizações que tendem para o pequeno porte passam pela afirmação de que, em muitos ramos de negócios, a economia de escala está declinando e perdendo uma importância até então inquestionável. Produtos inteligentes vêm sendo miniaturizados. Os mercados passaram a ser fragmentados em nichos e em segmentos de clientes. Esses clientes podem ser mais bem conquistados pela TV a cabo e pela mídia dirigida do que pela mídia de massa. A produção em larga escala e a mídia padronizada estão sendo substituídas por produção personalizada, portais interativos, *sites* dirigidos e demais recursos da rede mundial — a Internet. O poder das micro e pequenas empresas (MPEs) na geração de empregos reforça esse argumento.

Representatividade das MPEs no Brasil

- ❏ 4,5 milhões de estabelecimentos;
- ❏ 48% da produção nacional;
- ❏ 98,5% das empresas existentes no país;
- ❏ 95% das empresas do setor industrial;
- ❏ 99,1% das empresas do setor de comércio;
- ❏ 99% das empresas do setor de serviço;
- ❏ 60% da oferta de emprego;
- ❏ 42% do pessoal ocupado na indústria;
- ❏ 80,2% dos empregos no comércio;
- ❏ 63,5% da mão de obra do setor de serviços;
- ❏ 21% do Produto Interno Bruto (ou R$189 bilhões).

Fonte: Sebrae, 1999.

Enquanto conglomerados e empresas de médio e grande portes reduzem suas participações no total de pessoas ocupadas nos diferentes setores econômicos, as MPEs tendem a aumentar sua participação relativa. Entre 1995 e 1999, no estado de São Paulo, essa participação cresceu de 64 para 67% do total de ocupações geradas pelo setor privado.

Essa tendência de incremento na geração de novas ocupações pelas MPEs está associada a transformações que ocorrem nas grandes organizações que:

- investem na automação e na renovação tecnológica dos processos produtivos, outrora de uso intensivo de mão de obra, criando oportunidade para o surgimento de novos negócios;
- adotam a terceirização, subcontratando externamente atividades tradicionalmente executadas dentro das empresas;
- estabelecem estratégias de utilização de um núcleo permanente de pessoal especializado, complementado por um grupo de pessoas que podem ser contratadas e descontratadas em função da flutuação da produção/demanda;
- induzem ao incremento econômico dos setores de serviços e de comércio, que se caracterizam por uso intensivo de mão de obra.

As MPEs, além de serem mais ágeis e de prestarem serviço mais personalizado aos seus clientes, podem fazer com que seus colaboradores atinjam níveis mais altos de motivação e envolvimento, quando comparadas às organizações de grande porte. A pequenez permite que os colaboradores se identifiquem com a empresa, vejam o resultado de seu trabalho, visualizem a organização como um todo, entendam como seu trabalho está ligado aos resultados econômicos e se sintam responsáveis pelo sucesso ou pelo fracasso empresarial.

O argumento em favor dos conglomerados empresariais, das grandes empresas, é que somente elas serão capazes de sobreviver no ambiente competitivo deste novo milênio. Os investimentos em pesquisa e desenvolvimento nas organizações do futuro devem chegar à casa dos bilhões de dólares. Fusões, aquisições e incorporações de empresas estão se consolidando para competir no novo mercado.

Quem tem razão nesse debate? Que organizações prevalecerão, as pequenas ou as grandes? Nem uma nem outra e, sim, um novo tipo de organização ainda não visualizada no horizonte empresarial?

Tendo sobrevivido aos novos tempos, que processos de gestão e que técnicas de gerenciamento as micro e pequenas empresas adotarão?

Este livro não pretende oferecer respostas a todas essas indagações, mas indicar conceitos e instrumentos gerenciais para auxiliar as MPEs a obter um melhor desempenho empresarial. A obra apresenta o resultado de pesquisas do professor Takeshy Tachizawa e da professora Marília de Sant'Anna Faria efetuadas ao longo de vários anos de monitoração de experiências no mundo dos negócios, de casos identificados em publicações do Sebrae-RJ e SP e da mídia especializada (*Gazeta*

Mercantil, Exame, Conjuntura Econômica e *Revista de Administração de Empresas*)
e de projetos de consultoria desenvolvidos pelos autores.

Com base em tais resultados e, principalmente, em viagens de estudo e pesquisa à Europa e aos Estados Unidos, os autores puderam constatar, além das diferenças culturais, a validade da aplicação dos conceitos abordados às micro e pequenas empresas. Com certeza, será de grande valia para o leitor a experiência tanto acadêmica quanto profissional acumulada pelos autores e aqui exposta para reflexão.

Boa leitura.

Paulo Maurício Castelo Branco
Diretor-superintendente do Sebrae-RJ
Evandro Peçanha Alves
Diretor de Desenvolvimento Regional do
Sebrae-RJ

Apresentação

Este livro é o resultado de longos anos monitorando experiências e casos vividos no mundo empresarial e no âmbito do Sebrae, confrontados com os conceitos de gestão do atual estado-da-arte no campo da administração. Dada a sua estruturação em módulos, o livro pode ser lido em qualquer ordem, segundo o interesse diferenciado de cada leitor ou o estágio de conhecimento em que se encontre em relação aos assuntos abordados na obra. Sugere-se, porém, que, em condições normais, seja observada a ordem original do livro, que segue uma sequência lógica de encadeamento de ideias.

A Parte I, composta dos capítulos 1, 2 e 3, aborda as diferentes dimensões das micro e pequenas empresas (MPEs), sua inserção no contexto nacional e as mudanças e transformações empresariais em curso.

O capítulo 1 — Reflexões sobre as MPEs — apresenta reflexões e relatos resultantes de vários anos de monitoramento de casos de empreendimentos de pequeno porte desenvolvidos sob orientação do Sebrae.

O capítulo 2 — As MPEs no contexto nacional — apresenta um resumo dos resultados de uma pesquisa nacional sobre a atual situação das MPEs. Traz também uma análise do atual contexto brasileiro no que se refere à necessidade de aprimorar o processo de gerenciamento das referidas organizações.

O capítulo 3 — Mudanças e transformações que afetam as MPEs — aborda as tendências e transformações em curso no mundo empresarial e seus reflexos nas micro e pequenas empresas.

A Parte II, composta dos capítulos 4, 5 e 6, estabelece as diretrizes para a criação de novos negócios e expõe as características dos diferentes tipos de empresas. Apresenta ainda uma base conceitual e prática para que melhor se compreenda o empreendedorismo no contexto empresarial.

No capítulo 4 — Colocando as ideias de negócio no papel —, procura-se explicar o caminho a seguir para concretizar as ideias relativas à criação de novos negócios.

O capítulo 5 — Criação e desenvolvimento de uma nova empresa — detalha como uma empresa nasce e evolui no mundo dos negócios.

O capítulo 6 — Compreendendo as MPEs e os diferentes tipos de negócios — apresenta alternativas de análise do ambiente externo e de caracterização de uma MPE, e a conclusão dos autores de que a gestão de micro e pequenas empresas deve levar em conta os diferentes tipos de empresas existentes.

Na Parte III, constituída dos capítulos 7, 8 e 9, encontra-se uma proposta de diagnóstico e gerenciamento de micro e pequenas empresas a partir da constatação de que para diferentes tipos de empresa correspondem diferentes estratégias de negócios.

O capítulo 7 — Um esquema para diagnosticar e gerenciar uma MPE — desenvolve uma das maneiras possíveis de fazer um diagnóstico de uma micro, pequena ou média empresa.

O capítulo 8 — Decisões de níveis estratégico e operacional nas MPEs — apresenta as diferentes dimensões do processo decisório em termos econômico--financeiros, de marketing, de produção e logística, de gestão de pessoas e de tecnologias da informação.

No capítulo 9 — Indicadores de gestão — são definidos indicadores de desempenho e de qualidade para medir e comparar a *performance* empresarial das MPEs.

Na Parte IV, composta dos capítulos 10, 11 e 12, procura-se determinar maneiras possíveis de informatizar uma MPE.

O capítulo 10 — Por onde começar? — estabelece uma metodologia para identificar prioridades na informatização de MPEs.

O capítulo 11 — Analisando a empresa de acordo com o seu ramo de negócios — apresenta os diferentes tipos de empresas e as abordagens que se devem adotar em termos de informatização.

O capítulo 12 — Tecnologias da informação e sistemas aplicáveis — procura hierarquizar os sistemas e tecnologias da informação a serem implementados em uma determinada MPE.

Neste trabalho, entende-se por micro e pequena empresa até mesmo organizações compostas exclusivamente pelo(s) proprietário(s). Para fins didáticos e ilustrativos, constam desta obra estudos de casos relacionados com o gerenciamento de MPEs que constituem empresas reais, embora sejam designadas por nomes fictícios. Os casos estudados são tão recentes que ainda se desenvolviam enquanto as pesquisas e trabalhos de edição desta obra estavam em andamento. Esperamos que sirvam de orientação para empresários, executivos, empreendedores e estudiosos do assunto.

Parte I

As diferentes dimensões das micro e pequenas empresas

Na verdade, o futuro não pertencerá nem a um nem a outro tipo de organização em termos de porte, mas ocorrerá o surgimento de mais empresas, quer sejam micro, pequenas, médias ou grandes organizações.

Visão geral

Os argumentos a favor das organizações de pequeno porte afirmam que em muitos setores de negócios a economia de escala vem declinando e perdendo uma importância até então inquestionável. Produtos inteligentes estão sendo miniaturizados.

Com a fragmentação dos mercados em nichos, os clientes podem ser conquistados mais facilmente por TV a cabo e pela mídia dirigida do que pela mídia de massa. A produção em larga escala e a mídia padronizada estão sendo substituídas pela produção personalizada, os portais interativos, os *sites* dirigidos e demais recursos da Internet. A força das micro e pequenas empresas para gerar empregos na economia nacional corrobora esse argumento.

Enquanto conglomerados e empresas de médio e grande portes reduzem suas participações no total de pessoas ocupadas nos diferentes setores econômicos, as MPEs tendem a aumentar essa participação relativa que, segundo o Sebrae, no estado de São Paulo, entre 1995 e 1999, cresceu de 64 para 67% do total das ocupações no setor privado.

Essa tendência das MPEs ao incremento de novas ocupações está associada às transformações que ocorrem nas grandes organizações que:

- ❑ investem na automação e renovação tecnológica dos processos produtivos, antes com emprego maciço de mão de obra, abrindo oportunidades para o surgimento de novos negócios;
- ❑ adotam a terceirização, subcontratando atividades tradicionalmente executadas internamente;
- ❑ estabelecem estratégias de utilização de um núcleo permanente de pessoal especializado, complementado por grupo de pessoas que podem ser mobilizadas e descontratadas devido à flutuação da produção/demanda;
- ❑ induzem o incremento econômico dos setores de serviços e comércio, que se caracterizam por uso intensivo de mão de obra.

Além de ser mais rápidas e de prestar serviço personalizado aos clientes, as micro e pequenas empresas podem fazer com que seus colaboradores alcancem níveis mais altos de motivação e envolvimento, se comparadas com as grandes organizações. Por serem pequenas, possibilitam aos colaboradores identificar-se com a empresa, ver o resultado de seu trabalho, visualizar a organização como um todo e entender como seu trabalho está ligado aos resultados econômicos, além de se sentirem responsáveis pelo sucesso ou fracasso empresarial. Tal afirmação é particularmente evidente quando se consideram as MPEs nas quais as pessoas contratadas formalmente se confundem com a figura do(s) proprietário(s).

Por outro lado, os argumentos a favor dos grandes conglomerados empresariais sustentam que somente eles terão condições de sobreviver no ambiente competitivo deste milênio. Os investimentos em pesquisa e desenvolvimento nas organizações do futuro devem entrar na casa dos bilhões de dólares. Fusões, aquisições e incorporações de empresas estão se consolidando para competir no novo mercado.

E quem tem razão nesse debate? Prevalecerão as pequenas ou as grandes organizações? Ou nem uma coisa nem outra e, sim, um tipo de organização ainda não visualizada no horizonte empresarial?

Capítulo 1

Reflexões sobre as MPEs

Deve-se considerar que, por trás do sucesso de cada empreendimento, existe muito suor, muitas noites em claro, maldormidas, muito trabalho, espírito de equipe, planejamento, entre tantos outros fatores de influência.

Atrás do balcão

O que faz com que um enorme contingente de pessoas resolva abrir um negócio próprio?

Conforme pesquisa do Sebrae (1999), os motivos que levam o empreendedor a abrir seu negócio são os seguintes, em ordem de importância:

- identificar uma oportunidade de negócio;
- ter experiência anterior;
- estar desempregado;
- ter tempo disponível;
- dispor de capital;
- estar insatisfeito no emprego;
- ter sido demitido e recebido indenização;
- outras razões.

Tanto empresários de firmas de sucesso quanto entrevistados de empresas extintas apontam a *identificação de uma oportunidade de negócio* como o principal motivo para a abertura ou a entrada num negócio. As diferenças começam a aparecer quando se compara a segunda razão que levou os dois grupos a ingressar no mundo dos negócios.

No caso das empresas em atividade, a *existência de experiência anterior* é a segunda razão (o maior fator apontado em todos os estados), havendo significativas diferenças percentuais em relação ao grupo de empresas extintas. No estado do Amazonas, por exemplo, as firmas de sucesso com experiência anterior no ramo de atividade representam 31%, contra 18% de empreendimentos extintos; em Tocantins, os percentuais são 35% para empresas bem-sucedidas contra 18% para extintas.

Já os entrevistados de empresas extintas de diversos estados citam muito o fator *tempo disponível.* No Amazonas, o percentual é de 43% no caso das extintas e de 22% na opinião dos empresários de estabelecimentos em atividade; no Mato Grosso do Sul, 21 e 9%, respectivamente; e, em Sergipe, 32 e 22%.

Por que as pessoas procuram o Sebrae? O que elas esperam de uma instituição criada com o objetivo de dar apoio às micro e pequenas empresas?

A seguir, as principais perguntas que as pessoas fazem quando chegam ao Balcão Sebrae:

Num primeiro contato:

— *Gostaria de saber o que o Sebrae pode fazer por mim.*

— *Fiquei desempregado e vim aqui para vocês me dizerem o que eu devo montar ou fazer.*

— *Quero saber o que está dando dinheiro no momento.*

— *Quero abrir uma empresa, mas não tenho dinheiro.*

— *Estou vindo aqui para ver o que eu abro com pouco dinheiro e que dê um bom retorno e rápido.*

— *Posso abrir uma empresa sem legalizá-la? É que os impostos são tantos que, se eu for assinar a carteira dos funcionários, não terei como me sustentar.*

Na verdade, poucas pessoas fazem a indagação que se segue:

— *Estou pretendendo abrir um negócio e quero informações.*

Quando o faz, com pouco tempo de conversa percebe-se que ela já tem alguma informação prévia, experiência no ramo e algum conhecimento sobre o tipo de negócio que pretende abrir.

Muitas pessoas chegam totalmente perdidas e desorientadas. Quando perguntadas com mais insistência sobre o tipo de negócio que têm em mente, algumas chegam a dizer que não sabem por que estão ali. Elas têm uma ideia e acreditam que esta é como uma lâmpada, que, uma vez acesa (assim, de repente, quando se identificou uma oportunidade), indica estar na hora de buscar caminhos diferentes dos já percorridos até então.

O que todos desejam é, com pouquíssimo trabalho, encontrar a "fórmula mágica de ganhar dinheiro", de preferência de modo bem rápido, honesto e sem grande esforço (e com mais facilidade do que ganhar na loteria, é óbvio).

As pessoas esperam que quem esteja "atrás do balcão" dê a elas a mesma fórmula de sucesso posta em prática pelas empresas que viram num programa matinal de domingo, ou sobre as quais leram matérias nos jornais ou numa revista de negócios. Só que as coisas não funcionam bem assim. Se quem trabalha atrás do balcão soubesse que negócio montar para ficar rico certamente já teria aberto o seu sem falar nada para ninguém!

Deve-se considerar que, por atrás do sucesso de cada empreendimento, existe muito suor, muitas noites em claro, maldormidas, muito trabalho, espírito de equipe, planejamento, entre tantos outros fatores de influência. E o sucesso também é coisa temporária, pois, num ambiente de negócios cada dia mais competitivo, os empreendedores têm que lutar para manter e desenvolver suas atividades se quiserem conservar o espaço conquistado. E o esforço necessário para isso é muito maior.

Não se pode tratar nenhum tipo de negócio isoladamente. Para saber, por exemplo, se uma padaria dá dinheiro, é preciso analisar uma série de fatores em conjunto. Deve-se considerar: a localização do negócio (o ponto); quem serão os clientes, concorrentes e fornecedores; a qualificação dos sócios; a experiência no setor; os recursos financeiros disponíveis; a utilização de recursos de terceiros (financiamento); os recursos humanos, máquinas e equipamentos necessários; obras de instalação; propaganda; marketing; pesquisa de mercado; a qualidade e o tipo de produtos que serão vendidos e/ou fabricados; o atendimento; a composição do preço de venda, entre outros.

É comum o diálogo iniciar-se assim:

— *Quero abrir um negócio para mim.*
— *O que o senhor pretende abrir?*
— *Não sei, vim aqui para saber o que está dando dinheiro.*
— *O Sebrae oferece todo o apoio para que o senhor possa estudar que tipo de negócio pretende abrir, existem livros técnicos que orientam sobre a montagem de seu negócio, consultoria, pesquisa sobre fornecedores e também são promovidos cursos que irão lhe proporcionar maior capacitação gerencial. Existe inclusive uma palestra sobre como montar um negócio.*
— *Mas eu só vim aqui saber o que devo montar. Não tenho tempo e estou com pressa.*

E a pessoa nunca mais volta.

Ainda bem que esse quadro não se repete com a grande maioria dos que procuram "o Balcão". Todavia, a realidade é que apenas uma minoria segue em frente.

O caminho das pedras

O que faz com que um enorme contingente de micro e pequenas empresas (um percentual que chega a 73%) não cumpra seus objetivos empresariais?

Para legalizar uma pequena empresa no município do Rio de Janeiro, por exemplo, é necessário percorrer um verdadeiro "caminho das pedras". São vários os documentos necessários (papelada), muita burocracia, taxas, prazos (cerca de 30 a 45 dias), se tudo estiver "certinho", se não houver restrições ou se não cair em exigência. Com toda essa burocracia, 60% das empresas criadas (formais) fecham em menos de um ano.

Por que será que as empresas fecham? O negócio significava mesmo uma boa oportunidade? Ou foi montado por oportunismo? Há pessoas que montam empresas com uma única certeza: decorrido algum tempo ela será fechada.

Conforme pesquisa do Sebrae (1999), a taxa de mortalidade empresarial varia de cerca de 30 a 61% no primeiro ano de existência da empresa, de 40 a 68% no segundo ano, e de 55 a 73% no terceiro ano do empreendimento.

Esta pesquisa, realizada em 11 estados, apurou, numa primeira fase, a taxa de mortalidade das empresas até três anos após sua criação. Numa segunda etapa do trabalho, procurou identificar os fatores condicionantes dessa mortalidade, cotejando os resultados de entrevistas realizadas em empresas extintas e em empreendimentos em atividade.

O *porte da empresa* parece ser um elemento importante para distinguir empresas em atividade e negócios extintos. Em praticamente todos os estados pesquisados, o percentual de pequenas empresas em atividade é superior ao de pequenas empresas extintas, ou seja, quanto maior o empreendimento, maiores as possibilidades de sucesso.

Pode-se também dizer que a *experiência anterior* ou o *conhecimento do ramo de negócio* é importante para o sucesso da empresa, já que em oito dos 11 estados pesquisados esse fator foi apontado por percentuais significativamente maiores de empresas em atividade do que de negócios extintos.

Embora, em ambos os grupos, haja uma supremacia de *empresários que se ocupavam exclusivamente dos negócios da empresa em seu primeiro ano de atividade*, em oito estados os percentuais correspondentes a empresas de sucesso são significativamente superiores aos pertinentes a firmas extintas.

Na maioria dos estados pesquisados, tanto no caso de empresas em atividade quanto no de extintas, os empresários *recorreram principalmente a um contador para conduzir ou gerenciar as empresas, vindo em seguida o Sebrae e pessoas que conheciam o ramo de atividade*.

A *falta de capital de giro* foi apontada em oito dos 11 estados, tanto por empresas em atividade quanto por negócios extintos, como a maior dificuldade enfrentada na condução das atividades empresariais. Também a *carga tributária* e a *recessão econômica* foram fatores citados por ambos os grupos como inibidores dos negócios.

No entender dos dois grupos, para ter sucesso a empresa precisa, sobretudo, possuir *bom conhecimento do mercado em que atua*. Ter um *bom administrador* e fazer uso de *capital próprio* também foram fatores considerados importantes para o sucesso de um empreendimento.

Para a realização da primeira fase da pesquisa — taxa de mortalidade — foram selecionadas, nos cadastros das juntas comerciais dos estados, amostras de cerca de 400 empresas situadas em capitais (225 no Rio de Janeiro), constituídas nos anos de 1995, 1996 e 1997, independentemente do porte. A seleção das amostras foi sistemática, com partida aleatória, sendo retiradas das mesmas as empresas que não chegaram a funcionar. A coleta de campo foi realizada pelos Sebraes estaduais no período compreendido entre agosto de 1998 e julho de 1999.

Nessa fase, as empresas e seus respectivos proprietários foram rastreados exaustivamente, por todos os meios possíveis — visitas *in loco*, telefonemas, pesquisas na vizinhança, endereço do sócio etc. —, para verificar se ainda estavam em atividade. Para o cálculo da taxa de mortalidade foram consideradas também as empresas não encontradas no referido rastreamento.

Tomando como exemplo o estado do Acre, a pesquisa detectou que 31% das empresas constituídas em 1997 haviam fechado as portas até meados de 1998, ou seja, cerca de um ano após sua criação. No caso daquelas constituídas em 1996 (de um a dois anos de existência), o nível de mortalidade subia para 45% e, e em 1995 (três anos de criação), alcançava 54%.

Nos estados do Rio de Janeiro e Santa Catarina, existem cadastros específicos de empresas extintas que informam apenas os anos de extinção das empresas (1995, 1996, 1997) sem mencionar quando foram criadas, o que impossibilita seu uso no cálculo da taxa de mortalidade de empresas com até três anos de atividade. Assim sendo, foram agregados às taxas obtidas no rastreamento os percentuais de empresas integrantes dos cadastros de empresas extintas nos respectivos anos, o que resultou em limites superiores às taxas de mortalidade naqueles estados. Dessa forma, no Rio de Janeiro, por exemplo, a taxa de mortalidade das empresas criadas em 1997 (portanto, com até um ano de criação) pode variar de 23 a 30%.

A segunda etapa da pesquisa procurou identificar os fatores condicionantes dessa mortalidade, cotejando informações relevantes dos dois grupos de empresas (extintas e em atividade), relativas, por exemplo, ao perfil, à postura e à visão empresarial.

Preparando-se para o negócio

O ensino empreendedor

Pesquisa realizada em 21 países pelo Global Entrepreneurship Monitor (GEM) em parceria com a London Business School (Inglaterra), o Babson College de Boston (EUA) e com o apoio do Kauffman Center for Entrepreneurial Leadership (EUA), constatou que o Brasil é o país que tem o maior número de pessoas com espírito empreendedor no mundo. O curioso é que o empreendedorismo não é ensinado nas universidades.

Ao deixarem a faculdade, a maioria dos alunos não monta um empreendimento. Muitos concluem o curso superior para terem uma profissão e conseguirem um emprego. Poucos são os que, durante o curso ou quando saem da faculdade, abrem seu próprio negócio. Está mais do que na hora de as escolas e universidades incorporarem a seus currículos escolares aulas de empreendedorismo, a fim de agregarem valor à sociedade como um todo.

O comportamento empreendedor

Empreendedores são pessoas que fazem a diferença, que realizam, que fazem acontecer, que desenvolvem sua capacidade de superar limites. Sem empreendedores não haveria desenvolvimento mundial; por isso, essas características devem ser potencializadas. Onde todos veem o caos, o empreendedor vê uma oportunidade de negócio, ele está sempre "antenado", sempre preocupado em oferecer algo melhor e de qualidade, a fim de encantar seu cliente. Uma de suas características fundamentais é o comprometimento. O empreendedor atua com o espírito de que pode até "chover canivete", mas o produto ou serviço será entregue conforme o combinado.

Como dizem certas pessoas, o empreendedor sente "uma coisa forte, que vem de dentro, e o impulsiona a realizar algo". Toda a sua energia, toda a sua inquietação devem ser direcionadas ao atingimento de metas, associado ao desejo de mudança, de transformar seu negócio, de realizar alguma coisa verdadeiramente significativa!

Força de vontade apenas não basta. O empreendedor sabe que há muito trabalho pela frente, por menor que seja a estrutura de sua empresa. E há de fato muito a ser feito...

O comportamento empreendedor precisa ser praticado porque aprende-se muito mais fazendo. Absorve-se apenas o que se quer, e quanto maior a ligação entre o que se aprende e o que já se sabe muito melhor será a aprendizagem.

No Brasil, a idade não constitui empecilho para a criação de uma empresa, a não ser que a pessoa seja menor de 16 anos — caso em que precisa ser representada —, ou maior de 18 e menor de 21 anos — quando precisa ser emancipada para praticar atos comerciais. A partir dos 21 anos adquire-se capacidade plena para exercer os atos da vida civil (Código Comercial, arts. 1º a 3º, e Código Civil, arts. 1º a 9º).

Afinal, o que se busca quando se pretende montar ou se tem uma empresa? Qual o objetivo do empreendedor? E seu objetivo pessoal? Qual a sua meta? Quando nos arriscamos a fazer esse tipo de pergunta, obtemos como resposta:

— *Ganhar dinheiro. Obter lucro.*

Refletindo: "Isso, sozinho, se sustenta? É o bastante?"

Devido a alguns fatores, como desemprego e baixos salários, as pessoas sentem cada vez mais necessidade (inconscientemente são quase coagidas) de procurar novas alternativas de renda. Boa parte está apenas interessada em saber "quanto vai receber no final do mês". Mas, por fazerem julgamentos superficiais e apressados, tomam decisões precipitadas e se lançam em busca de oportunidades de forma atabalhoada, desejando, no fundo, que as soluções caiam do céu como chuva.

O poder crítico, o bom senso, a análise parecem ser ou ficar ofuscados por uma "boa ideia" ou pela crença de que se é capaz de fazer algo que dará certo, que terá sucesso e, melhor ainda, trará muito dinheiro e felicidade.

Quando uma pessoa pensa em montar uma empresa, deve procurar realizar algo que valha a pena, que a satisfaça, que a faça se sentir feliz de estar enfrentando esse desafio. É importante também estabelecer uma meta, determinando com precisão os objetivos e as atividades da futura empresa.

Utilizando o acróstico da palavra inglesa *smart* ("esperto" em português), pode-se explicar as características essenciais de uma meta:

E **S** PECÍFICA	(ter descrição circunstanciada, precisa)
M ENSURÁVEL	(como? Quanto?)
A LCANÇÁVEL	(estar dentro das possibilidades)
R ELEVANTE	(ter um significado pessoal)
T EMPO FINAL	(ter um prazo para ser realizada)

Mesmo em palestras sobre legalização de empresas, pode-se perceber no final o ânimo e a disposição de quem realmente quer abrir um negócio e ir além — ter sucesso — e aqueles que pensam em abrir um negócio por vaidade e de modo leviano. Isso numa simples palestra de aproximadamente duas horas, na qual se discorre em linhas gerais sobre o que é uma pequena empresa, os tributos a serem pagos, os benefícios fiscais, as responsabilidades dos sócios, a legalização, a legislação, as características do empreendedor etc.

São muitos os que optam por levar a cabo um empreendimento por mera vaidade, sem levar em consideração a batalha árdua que terão pela frente. Outros tomam decisões importantes sem analisar a questão a fundo, fiando-se no "achismo", no "— Acho que vai dar certo"; "— Acho que vou ter muitos clientes"; "— Acho que vou conseguir vender bem" etc.

Teoria + prática

De nada adianta a teoria dissociada da prática. Não adianta, por exemplo, entender muito de eletrônica e nada sobre o processo administrativo. O ideal é que o empreendedor tenha pelo menos noção da parte operacional. Com isso corre menos risco de ser enganado por confiar demais nas pessoas. É importante conhecer o ramo em que se pretende atuar.

Vejamos o caso de um empreendedor que procurou o Sebrae em busca de capacitação:

— *Montei uma distribuidora de bebidas e estou encontrando dificuldades no que diz respeito a capital de giro.*

— *Mas em que aspecto exatamente?*

— *É que determinados produtos que compro sobram, enquanto outros faltam; por exemplo: compro guaraná demais e Coca-Cola de menos. Preciso de um curso que me ajude a saber comprar certo.*

— *O senhor tinha experiência anterior? Por que resolveu montar essa distribuidora?*

— *Tinha, sim. Trabalhava numa indústria de bebidas, na parte de manutenção, e percebi nesse negócio uma ótima oportunidade.*

Ter experiência na área de manutenção de uma indústria de bebidas é totalmente diferente de montar uma distribuidora. Estar de frente para a rua, cara a cara com o cliente, tratar com compradores, fornecedores, banco, contador, senhorio etc. são rotinas que pouquíssimo ou nada têm a ver com a manutenção de máquinas de uma grande indústria.

Um aspecto positivo neste caso é que o empresário percebeu a situação em que se encontrava e procurou ajuda para gerir seu negócio. Foi-lhe indicada uma consultoria e ele, inclusive, disse que também gostaria de participar de um curso sobre como administrar sua empresa, pois de nada lhe adiantaria ter um consultor e não dispor de um nível de conhecimento que lhe permitisse conduzir as atividades gerenciais necessárias ao seu negócio.

Para que um empreendimento tenha êxito é necessário um conjunto de fatores, que envolvem o uso de métodos gerenciais. Não se pode tratar fatos isoladamente: uma pessoa pode saber costurar, mas isso não significa que está apta a gerenciar uma confecção; pode saber cozinhar muito bem, mas isso não garante o sucesso de um restaurante que venha a montar. Não basta ser bom em alguma atividade, é necessário entender todos os processos gerenciais, que envolvem: compras, pagamentos, fornecedores, atendimento de clientes, organização, higiene (no caso do restaurante), custos, margem de lucro, entre outros.

Pouquíssimas pessoas se dispõem a participar de um treinamento de 15 horas sobre, por exemplo, como iniciar o próprio negócio. Ora, ideias são inúteis, a menos que alguém esteja disposto a pagar por elas. Por isso, um empreendimento, seja ele qual for, só deve ser criado e/ou desenvolvido para atender a uma necessidade.

Algumas pessoas consideram alto o investimento de tempo e dinheiro em um curso como esse. Dizemos o seguinte: — *É melhor investir R\$75 em informação do que R\$75 mil em decepção.* Isso não significa que o simples fato de fazer o curso garanta o sucesso ao futuro empreendedor. Mas as informações que ele receber lhe permitirão tomar decisões que evitarão alguns erros.

Também é preciso ter cuidado com os que nos propõem um "ótimo negócio".

Alguns erros comuns cometidos por quem está iniciando um negócio (normalmente pela primeira vez): confiar cegamente nas pessoas, principalmente no contador. Não é que não se deva confiar no contador, ao contrário: ele é um profissional indispensável para o desenvolvimento de qualquer negócio. Lamentavelmente, quem começa um empreendimento considera o contador uma "despesa desnecessária" que pode ser desconsiderada. Quando falamos em não confiar cegamente nas pessoas queremos dizer que o futuro empreendedor deve obter informações contábeis básicas, escolher um profissional experiente no mercado, com registro no Conselho Regional de Contabilidade e, se possível, indicado (bem indicado) por algum empresário que já utilize há algum tempo os seus serviços profissionais. É interessante fazer uma visita ao escritório desse contador, conhecer sua organização, sua forma de trabalhar, seus funcionários, seu atendimento e, feita a escolha, firmar um contrato de prestação de serviços.

Qualificação profissional

É importante que os funcionários estejam qualificados a atender qualquer tipo de cliente, sem discriminação ou distinção, porque cada um tem a sua história pessoal.

Muitas vezes contar com o atendimento de uma instituição como o Sebrae, ou com uma consultoria empresarial, representa um papel fundamental, que pode determinar até o modo de as pessoas conduzirem sua vida, as decisões que devem tomar e os caminhos que devem seguir. Chega-se a esse conjunto de fatores após uma conversa. Dependendo da forma como esta é conduzida, qualquer tipo de atendimento, qualquer palavra dita pode servir de incentivo, pode fazer a pessoa questionar mais o assunto, pode estimular ou destruir seus sonhos e planos e até sua expectativa de vida.

Além disso, para que uma pessoa administre uma empresa não precisa, necessariamente, ter diploma de administrador. O mesmo, porém, não ocorre com a maioria das outras profissões. Por exemplo: um advogado pode administrar, mas um administrador não pode advogar. Devido a essa "concorrência" na área da administração, torna-se imprescindível cada vez mais a busca por melhor qualificação profissional.

A escolha do sócio

Há casos como o que se segue:

— *A empresa vai ter sócio?*

— *Não, não, somente eu e meu marido.*

30 Criação de novos negócios

A mulher se esquece de que o marido, além do contrato de casamento, firmará com ela outro contrato — o de seu sócio. Para ela, sociedade implica a entrada de uma pessoa alheia ao negócio e que poderá vir a atrapalhar seus objetivos. Ou seja, nem sempre está claro que uma sociedade (empresa) constitui uma pessoa jurídica, caracterizada por seu sentido coletivo (mais de uma pessoa), diferente da pessoa física (indivíduo).

Há também casos como o do eletricista que fez uma parceria com um amigo mecânico. "Mui amigo", o mecânico começou a espantar a clientela do eletricista porque executava um serviço tão ruim que acabou denegrindo a imagem do eletricista. Se você se associa com alguém que, em vez de te ajudar a crescer, suga e atrapalha seu crescimento, abra o olho: está na hora de mudar!

A escolha do sócio deve ser feita levando em conta o negócio que será desenvolvido e, não, relações de amizade e grau de parentesco.

Planejamento

Na administração de qualquer empreendimento são quatro as funções básicas: planejamento, organização, direção e controle. Essas quatro funções formam um processo administrativo, que deve ser cíclico, dinâmico e interativo.

Muitas pessoas pensam que não vale a pena planejar. "Planejar para quê? Já está tudo acertado, tenho tudo na cabeça", ou "eu vou ter essa estrutura e, com o capital que o banco vai me dar (dar???), vou vender tudo e pegar mais dinheiro para ampliar e não parar de crescer". Planejar, porém, é um importante instrumento para definir a missão de uma empresa, seus objetivos e também o que deve ser feito para alcançá-los.

A localização do negócio

Certas atividades independem do local onde irão funcionar; o ponto (localização) não exerce qualquer influência na condução do negócio. Mas outras atividades requerem que se tenha todo o cuidado na escolha do ponto.

Vejam alguns exemplos.

Um empresário de uma cidade do interior do estado do Rio de Janeiro resolveu modernizar sua farmácia para aumentar as vendas. Realizou então uma obra, colocando inclusive um letreiro luminoso para destacar a farmácia, pois seu concorrente mais próximo ficava uns 100 metros. Obra feita, letreiro colocado e as vendas nada de apresentarem o resultado que havia esperado. Para encontrar uma resposta ele se plantou do outro lado da rua e passou a observar o movimento. Percebeu então que, apesar de sua farmácia ficar na rua principal da cidade, onde era grande o fluxo de pessoas, estas transitavam em sua calçada bem cedo, pela manhã, em direção ao trabalho... e nesse horário sua farmácia ainda estava fechada. O mesmo acontecia à noite, mas, por causa do trânsito, as pessoas, na volta, passavam do outro lado da calçada — o do concorrente. Percebeu também que havia um sinal de trânsito a 300 metros de seu estabelecimento comercial. Foi até a prefeitura para tentar transferi-lo para a frente de sua loja, mas não obteve sucesso. Qual foi o resultado? Fechou a loja. E a do concorrente? Está lá até hoje. Agora pense e responda: se ele tivesse realizado uma pesquisa de mercado antes de comprar o negócio, teria feito diferença?

Uma cabeleireira exercia sua atividade em casa, mas o salão de beleza foi crescendo, ela fez obras, expandiu e contratou funcionários. Seu sonho, porém, era montar um salão no centro comercial do bairro, que ficava a quatro quilômetros de sua residência. Finalmente, um dia conseguiu realizar seu sonho. Pena que este não durou mais que seis meses. Passado esse tempo, ela se viu obrigada a fechar as portas e a reabrir o salão no velho endereço — em casa. O que aconteceu? Ela achou que seus "fiéis" clientes frequentariam o novo salão, mas a distância fez com que as coisas não corressem conforme o esperado. Além disso, no centro comercial do bairro havia muitos concorrentes já estabelecidos há mais tempo. Ela não conseguiu cobrir as despesas e preferiu retornar. "De que vale ter cabelo liso se as ideias estão enroladas na cabeça?"

Questões de ordem subjetiva

Há pessoas que procuram o Sebrae para que "ele" seja seu sócio.

Certa vez um senhor foi assistir a uma palestra no Sebrae sobre legalização de empresas porque a filha era professora e funcionária de uma escola primária (não legalizada) e desejava montar a própria escola. Ele quase agrediu o palestrante por achar que este deveria montar a escola para que sua filha trabalhasse e que o Sebrae deveria conceder o empréstimo para que ela equipasse a escola.

— *Acho que é assim, o Sebrae entra com o dinheiro e eu entro com o trabalho.*

Quando indivíduos como este recebem uma informação totalmente contrária a sua expectativa saem frustrados, achando que não obtiveram a ajuda que esperavam. Isso pode ocorrer por falta de informação associada a pouca leitura, ou por se preferir acreditar numa ideia mais confortável.

— *Tenho meu negócio de brinquedos e quero que o Sebrae entre com o capital para legalizar minha empresa.*

— *Quero abrir uma loja de colchões. Estou fechando uma loja de móveis e quero transferir o endereço e vender colchões. Preciso de um capital de giro, de um empréstimo para abrir esta nova loja porque a outra está devendo a fornecedores, anda atrasada nos impostos e já negociei o aluguel.*

— *De quanto você precisa?*

— *Dez mil reais.*

Ora, vejam como é fácil: abriu uma loja e não deu certo. Fecha e abre outra.

Seria interessante que este jovem analisasse as causas que levaram ao endividamento da empresa. Se não ficará noites sem dormir (será que ficará mesmo?) para quitar os débitos da nova empresa de colchões. No âmbito fiscal, nada impede que isso aconteça. Mas não é a isso que estamos nos referindo. Esse jovem vai abrir e fechar muitas lojas e talvez nunca obtenha o sucesso desejado. Mas será que é isso que importa? Pensamentos íntimos... "Cada caso é um caso." "Cada um com seu cada um." "Passarinho que come pedra sabe o estômago que tem."

— *Quero montar uma loja de material de construção.*

Ministramos uma palestra explicando todos os passos para uma legalização e, inclusive, encaminhamos o indivíduo a um curso básico de gestão de pequenos negócios.

— *Mas eu já tenho experiência!*

O que esse senhor quer dizer é que ele não precisa (ou não pretende) participar de curso algum; só quer saber os passos para montar uma loja. As pessoas não têm cultura e/ou o hábito de frequentar uma sala de aula por mais maravilhoso que isso seja (embora nem todos achem).

Já houve o caso de um empreendedor com mais de 10 anos de atuação no ramo de transportes. Ele veio ao Sebrae em busca de informações para obter uma linha de crédito para comprar um caminhão mais novo. Havia recém-legalizado a empresa e estava perdido por não saber se isso seria bom ou ruim, quais as vantagens e desvantagens de estar atuando na "formalidade", já que trabalhara anos e anos como informal. Ele precisava ter nota fiscal para atender a alguns clientes que só negociavam com pessoas jurídicas.

Quando o orientamos sobre a importância de sua participação no treinamento, disse que "não tinha muito estudo" e sentia até vergonha de sentar num banco de sala de aula para aprender alguma coisa, porque entendia muito do ramo e sabia muito mais que qualquer professor.

Concordamos com seu ponto de vista, mas informamos a ele que antes de legalizar sua empresa ele deveria ter feito um estudo para verificar o que a legalização acarretaria em termos de custos, pagamento de encargos, pessoal, investimentos etc.

No fundo do poço e falta de preparo

Muitos procuram ajuda quando já se esgotaram todas as alternativas e não existe, literalmente, mais solução. Pensam que não procuraram ajuda antes porque não havia como resolver o problema, mas, após um primeiro contato, identificam caminhos que poderiam ter evitado a situação catastrófica se detectados assim que o problema surgiu.

— *Meu marido é um "orelhudo".*

Essa foi a primeira frase que ouvimos de uma senhora (referindo-se às "burrices" que, a seu ver, o marido cometera) que se tornou, "por livre e espontânea pressão" do marido, proprietária de uma pequena farmácia. O marido era funcionário da farmácia quando o antigo proprietário resolveu "passar adiante" o ponto e lhe ofereceu a empresa. Acreditando ter experiência no ramo (porque trabalhava como balconista), ele aceitou. A empresa devia ao banco, ao fisco e a fornecedores. O antigo e o futuro proprietários negociaram um valor e fizeram uma alteração contratual, passando a farmácia para o nome do marido dessa senhora e de sua cunhada, que saiu da sociedade assim que percebeu que o negócio não daria certo. Foi então que o marido colocou o nome da esposa no contrato com 50% de participação. Essa senhora assistiu a nossa palestra sobre linhas de financiamento e nos contou que precisava de capital de giro. Indicamos a ela que procurasse o banco. Na semana seguinte ela veio nos procurar e assistiu novamente à palestra (para rever as informações).

Terminada a palestra, fomos conversar em reservado. Ao nos contar toda a situação, as lágrimas lhe escorriam do rosto. A empresa apresentava um faturamento baixo e cerca de 60% do que faturava destinavam-se ao pagamento de dívidas: impostos, ex-proprietário e banco. Estavam devendo ao contador e haviam negociado o pagamento do aluguel com a imobiliária, que lhes dera um desconto de 25%. O que mais pesava eram as dívidas bancárias e as contraídas com o antigo proprietário.

Como a empresa tinha dívidas no âmbito fiscal e com bancos possivelmente iria conseguir um novo empréstimo. Tudo dependeria da capacidade de pagamento. Mas, depois de alguns cálculos, constatou-se que só daria margem a um valor reduzido de empréstimo (caso fosse liberado). Mesmo assim não haveria dinheiro para investir em estoque de mercadorias. Seria como "despir um santo para cobrir outro". O empréstimo não seria a solução.

O antigo proprietário possuía outra farmácia e, após algumas perguntas, ficamos sabendo que, quando chegava algum cliente e não havia o remédio em estoque, o novo proprietário (o marido) pegava a bicicleta e ia até a outra loja do antigo proprietário pegar o medicamento. Eureka! Abria-se uma nova perspectiva, talvez um facho de luz no fim do túnel: negociar com o antigo proprietário a possibilidade de ter um estoque flutuante, contabilizado diariamente. Já que ele não concordava em reduzir o valor de venda da farmácia (que parcelara em 20 meses), poderia ao menos ajudar dessa forma. Por ocasião da compra, melhor dizendo, da negociação, não fora feito um levantamento de débito, um levantamento de estoque, um cálculo sobre faturamento. Havia sido muito cômodo para o antigo proprietário desfazer-se de um "pepino", passando a responsabilidade para um funcionário. Esse funcionário deveria ter procurado alguma assistência antes de ter fechado — aceitado — o negócio. Péssima negociação. Valor alto e comprometimento com débitos que, no momento da assinatura do contrato social, deixaram de ser alheios, ou "do patrão". A senhora mal tinha o dinheiro da passagem para se locomover.

Ao perguntarmos à "nova proprietária" da farmácia sobre a localização da empresa (o ponto), ela nos informou que estava localizada em uma área residencial próxima a vários prédios de apartamentos. Procurando divulgar a empresa, ela tentara desesperadamente (a palavra que usou) panfletar em frente aos prédios. Perto de sua farmácia havia duas grandes redes de farmácia. Ela disse que a dificuldade de conseguir cliente devia-se ao fato de a farmácia estar desacreditada no bairro, pois as pessoas procuravam medicamentos que não havia em estoque por não haver dinheiro para comprá-los. E nem todo mundo tinha paciência para esperar o dono da farmácia pegar a bicicleta e ir buscar o medicamento em outra farmácia. Ora! Para isso eles iam direto à outra farmácia.

Esse exemplo mostra que muitas pessoas pedem ajuda, mas num momento em que já não existe quase nenhuma alternativa.

Uma pequena diferença pode alterar o andamento do seu negócio!

Uma empresária com 16 anos de experiência no ramo de meias montou há dois anos uma pequena confecção com um amigo. Para iniciar, comprou um maquinário no valor de R$14 mil. Tinha ciência de que a máquina ficaria obsoleta em no máximo dois anos. Hoje, transcorrido esse prazo, o quadro é o seguinte: possuem uma máquina obsoleta, que há um ano apresenta defeito dia sim dia não; ou seja, só funciona de 24 em 24 horas, produzindo meias de qualidade inferior. Ao comprarem a máquina para iniciar o negócio, a perspectiva dos sócios era reinvestir os recursos obtidos com a venda do que fosse produzido na compra de uma máquina de tecnologia mais avançada. Só que, nesse período, devido aos vários defeitos apresentados pela máquina e até mesmo a alguns descontroles administrativos, a firma acumulara dívidas de impostos, empréstimos bancários, títulos protestados, contador e senhorio. Os clientes haviam deixado de comprar o produto porque o preço não era competitivo e a qualidade era inferior. Apesar de a matéria-prima empregada na fabricação de meias ser a mesma tanto na máquina velha quanto numa nova, a diferença de apresentação e de qualidade do produto é muito grande, o que determina ou não a venda aos clientes.

Tanto as pessoas físicas quanto a jurídica apresentavam restrições cadastrais, o que impossibilitava a obtenção de financiamento para a compra de um novo maquinário associado ao capital de giro. Segundo os sócios, se conseguissem a máquina, poderiam se reerguer e pagar o que deviam. Como haviam vendido todos os seus bens e investido tudo o que tinham na empresa, uma das alternativas seria conseguir um sócio que injetasse capital ou comprasse uma máquina. Mas não queriam abrir a sociedade e incluir mais um sócio com capital porque, segundo eles, tudo ficaria mais difícil. (Que diferença isso poderia fazer, as coisas já estavam difíceis!) Ou conseguiam dinheiro para limpar o nome e solicitar o empréstimo, ou iriam continuar se dirigindo para o buraco. Vale lembrar que, mesmo não havendo restrições, nada garantia que o banco (devido ao passado da firma) liberasse a quantia de que precisavam (R$22 mil). Além disso, os sócios ainda iriam necessitar de um avalista ou fiador, o que parecia quase impossível. Eles possuíam conhecimento comercial, mas careciam de conhecimento operacional e gerencial.

Atendemos também um senhor que possuía uma oficina mecânica e gostaria de expandir seus negócios. Como tinha interesse em firmar convênios, apresentara proposta oferecendo seus serviços a seguradoras. Tratara primeiro com uma multinacional, mas três meses já haviam se passado e nada de resposta. Perguntamos se havia feito algum contato posterior e ele se queixou de que, quando ligava para a seguradora, não era atendido. Disse também que não entendia por que não havia sido chamado pelo menos para uma conversa. Perguntamos sobre a proposta que fizera e ele nos apresentou uma cópia. A "proposta" era uma carta de uma página, datilografada, contendo a razão social da empresa, seu endereço, telefone, nome dos sócios e solicitando prestar serviços à seguradora. É lógico que ele ainda está até hoje esperando um retorno.

— *Eu não sei se o que aconteceu comigo foi por preguiça ou falta de tempo.*

O senhor que fez esse comentário trabalhava num banco que foi comprado por outro, e havia sido mandado embora. Arranjou um emprego de gerente de loja numa grande rede de supermercados, mas, passado algum tempo, essa rede também foi comprada e ele mais uma vez foi despedido. Sem alternativas, comprou uma van para, durante a semana, transportar passageiros da Zona Norte ao Centro da cidade do Rio de Janeiro e, nos fins de semana, trabalhar com eventos. Isso, segundo ele, para "manter o padrão de vida".

— *Nunca me imaginei fazendo um trajeto diário desses tão cansativo, pois na época em que trabalhava no banco (no Centro da cidade) detestava ficar muito tempo dentro do ônibus. Para mim era um atraso de vida.*

Ele não havia concluído a faculdade e, quando ficou desempregado, o único caminho que percebeu ter condições de percorrer foi este.

Você, leitor, já teve a oportunidade de, estando dentro de um veículo (carro ou ônibus), ver um pombo no meio da rua? Você já reparou no que ele faz ao perceber a aproximação do veículo? Na maioria das vezes, a primeira reação do pombo é correr, em vez de voar. Alguns até viram de costas. Chega a ser engraçado, porque o pombo espera até o último instante para sair voando e não ser atropelado. É um alvo fácil, mas não percebe. Muitas empresas agem assim; diante de uma situação de perigo, esperam até o último instante para agir. Às vezes já é tarde demais...

Empreendedorismo e outras questões informais

O empreendedor de uma indústria de lajes assistiu nossa palestra sobre linhas de financiamento, procurou o banco e trouxe a carta de encaminhamento para dar início a seu projeto — plano de negócios.

Orientamos sobre o preenchimento dos formulários e solicitamos que voltasse a nos procurar quando a documentação estivesse toda preenchida. Dias depois, ele voltou com a proposta preenchida a lápis, mais parecendo um rascunho. Vendo a sua dificuldade, para ajudá-lo preenchemos a proposta e o plano de negócios. Ao visitá-lo, ficamos surpresos em ver o tamanho da área e a excelente localização da empresa. A firma atuava informalmente e estava solicitando empréstimo para abrir uma filial num bairro próximo. Todo o controle era feito manualmente e a empresa tinha três funcionários (segundo ele, não havia o risco de o "colocarem na justiça" porque, quando saíam de lá iam para "uma coisa melhor"). O proprietário cursara o primeiro grau, trabalhara como funcionário em uma indústria de lajes, "começara com quase nada" (pouquíssimos recursos) e hoje sua empresa ocupava uma área de aproximadamente 100m². Como está no início, a empresa só fabrica lajes e seu preço é menor devido à informalidade (não paga impostos). Quando conversamos a respeito das vantagens que a legalização poderia oferecer — o incremento de suas vendas através da ampliação de negócios com empreiteiras, empresas e construtoras —, o proprietário ficou de pensar no assunto para um futuro próximo. Ele nunca participou de cursos, não tem ideia de quanto pagaria de imposto se estivesse legalizado. No momento, só pensa em uma coisa: abrir uma filial, porque seu negócio vem dando certo.

Grandes ideias precisam de apoio e parceria para dar certo:

Um senhor que participou de palestra sobre linhas de financiamento inventou um bebedouro elétrico com quatro saídas de água. O diferencial do bebedouro era que quatro pessoas de diferentes estaturas podiam beber água ao mesmo tempo, sem que a água perdesse a força ou deixasse de ser gelada. O bebedouro atenderia a deficientes físicos, crianças, idosos e adultos. O invento era fruto de sua experiência na área de mecânica e de refrigeração, onde trabalhava como instrumentista há quase 30 anos.

Tempos depois atendemos a um jovem de cerca de 22 anos que pretendia abrir uma loja de refrigeração. O que chamou a atenção foi que ele disse: — *Vim procurar informações porque pretendo abrir uma loja de refrigeração e preciso saber tudo antes. Gostaria de obter uma relação de fornecedores que fabriquem peças e equipamentos que irei revender em minha loja. Quero também participar de algum curso sobre montagem de uma pequena empresa.* Perguntamos se ele possuía experiência na área e ele disse que sim. Que pretendia, inclusive, cursar a faculdade no ano seguinte. Queria abrir o negócio e deixá-lo para seu pai, que havia se aposentado e também possuía experiência. Ficamos surpresos quando ouvimos "deixar para meu pai". Em geral ocorre justamente o contrário. São muitos os pais que querem montar algum tipo de negócio para os filhos que estão desempregados ou que não conseguem uma colocação "justa" no mercado. Mas esse jovem estava preocupado em manter o pai ocupado numa atividade que, segundo ele, ele entendia e não requeria grande esforço físico. Daria até suporte ao pai enquanto estivesse na faculdade. Com orgulho estampado no rosto, o jovem começou a falar do pai e descobrimos que era o inventor do tal bebedouro. Conversamos a respeito das dificuldades que eles estavam enfrentando pelo fato de sua produção ser artesanal e eles efetuarem a compra das peças do bebedouro no varejo.

O dilema era divulgar o produto e não conseguir atender à demanda porque a produção era artesanal. Se conseguissem um empréstimo, poderiam pelo menos comprar uma quantidade maior de peças, o que permitiria reduzir o preço de venda e aumentar a margem de lucro.

De outra feita, visitamos um empreendedor que montara uma indústria de vassouras. Ex-motorista de ônibus, certo dia de sol quente, enquanto bebia água em seu "carro", pensou: "meus parentes têm empresas e uma condição melhor do que a minha. Se eu continuar do jeito que estou, vou viver para sempre nesse estresse, ter problemas de saúde e morar a vida toda em casa alugada... preciso abrir um negócio".

Ele pesquisou, buscou informações e resolveu abrir uma fábrica de vassouras. Ele, a esposa e as três filhas tocaram o negócio e foram bem-sucedidos. Conseguiram comprar um terreno, construir sua casa própria, montar sua indústria e comprar um veículo utilitário. E estavam ampliando a empresa com a distribuição de produtos de limpeza. Ele mal conseguira completar o primeiro grau e, segundo ele, "não conseguiria ter nada disso se ainda estivesse atrás do volante".

Que visão você tem do seu negócio?

Um empresário que vendia grama natural passou a receber de duas a três ligações por dia de pessoas solicitando-lhe grama sintética (assim que foi lançada). Por acreditar que a qualidade de seu produto era muito melhor, o empresário não aderiu à venda desse tipo de grama. Segundo ele, a grama sintética ainda tinha o inconveniente de machucar os jogadores. Preferiu manter sua linha de produtos e hoje vende muitos gramados para pessoas que estão substituindo a grama sintética.

Conhecendo seu cliente

A esposa de um senhor que tinha um borracheiro resolveu montar uma lanchonete contra a vontade do marido.

Montado o negócio, foi ampliando-o aos poucos até transformá-lo em uma pizzaria. Como o borracheiro não ia bem, o marido resolveu fechar as portas do negócio e ir trabalhar com a esposa. A pizzaria ficava localizada num bairro da Zona Oeste do Rio de Janeiro, próximo a um conjunto de prédios residenciais, e era frequentada pelas famílias do local.

38 Criação de novos negócios

Com a febre do videokê, no início de 2000, ele resolveu instalar uma máquina dessas para incrementar as vendas e oferecer mais uma opção de lazer às famílias. Foi então que o negócio começou a "dar para trás". Sua clientela (familiar) se afastou, sendo substituída por um novo público, beberrão, que não consumia nada além de algumas cervejas e ficava horas cantando até bem tarde.

Nas palavras desse senhor: — *Enchem o saco até altas horas da madrugada e não me dão lucro.* Questionado por nós a respeito de uma possível retirada da máquina para tentar reverter a situação, percebemos que essa alternativa era praticamente inviável, visto que ele não havia feito um cadastro dos clientes, não sabia ao certo quem eram e seu negócio havia ficado tão malvisto no local que as famílias não mais quereriam frequentá-lo e passar ali algumas horas de descontração.

O ex-borracheiro chegara a pensar na possibilidade de colocar uma faixa com os dizeres "nova direção" para tentar atrair seus antigos clientes (moradores). Se tivesse feito isso cairia no descrédito e passaria por mentiroso na vizinhança, pois, quando chegassem lá, as pessoas o reconheceriam.

O poder da observação

Na maioria das vezes os problemas não se apresentam como problemas. Explicando melhor: escondem-se nos detalhes. Apresentam-se sob a forma de um detalhe aparentemente simples, que de tão pequeno é ignorado, pois há outras coisas mais importantes e mais urgentes a serem feitas e o empresário não tem tempo a perder.

Alguns "pequenos grandes detalhes": observar seu negócio como se você fosse um concorrente, pedir a um amigo para "testar" seus colaboradores, ouvir seus clientes, visitar e comprar produtos do concorrente (por que não se passar por um cliente dele?), simplesmente, caro leitor, conversar com um *plus*: ouvindo.

Ao buscarem qualidade e excelência algumas empresas se utilizam do chamado "cliente oculto": uma pessoa alheia à organização que é contratada para fazer as vezes de cliente. O objetivo é observar e avaliar o atendimento prestado pela empresa.

Em várias situações percebemos nitidamente que a secretária entende mais do negócio que os próprios sócios. Certa vez visitamos uma distribuidora de água mineral e perguntamos ao sócio se a empresa tinha e-mail. Ele respondeu que sim, mas que não se lembrava qual era. E quando lhe pedimos um cartão da empresa (foi preciso pedir), ele colocou o nome da secretária no cartão com a justificativa de que ela é que ficava mais ali. Nesse ínterim, a secretária nos perguntara se queríamos água, pegara o cartão de visita, preparava-se para responder a pergunta de um rapaz que se encontrava sentado numa cadeira (não conseguimos detectar se era um funcionário ou não) a respeito de um cheque sem fundos, e já corria à nossa frente para abrir a porta de saída. O importante e ocupado empresário perdeu a chance de conhecer mais um cliente em potencial. Se tivesse concedido uns três minutos do seu tempo talvez tivesse realizado um contato importante para uma venda futura. Mas fomos embora e agradecemos a atenção da secretária, que praticamente foi a pessoa que nos recebeu e atendeu.

Como sua pequena empresa trata seu grande cliente?

Que tal aprender com o jardineiro?

Nos Estados Unidos, a maioria das residências tem por tradição um lindo gramado e vários jardineiros autônomos para fazer reparos nos jardins. Um dia, um executivo de marketing de uma grande empresa norte-americana contratou um desses jardineiros. Ao chegar em casa, o executivo viu que havia contratado um garoto de apenas 13 anos, mas, como já estava feito, mandou o garoto executar o serviço.

Este, ao terminar, pediu permissão ao executivo para usar o telefone, no que foi prontamente atendido. Contudo, o executivo não pôde deixar de ouvir a conversa. O garoto ligara para uma senhora e perguntara:

— *A senhora está precisando de um jardineiro?*
— *Não. Já tenho um — ela respondeu.*
— *Mas, além de aparar, eu também tiro o lixo.*
— *Isso o meu jardineiro também faz.*
— *Eu limpo e lubrifico todas as ferramentas no final do serviço — disse ele.*
— *Isso o meu jardineiro também faz.*
— *Eu atendo o mais rápido possível.*
— *O meu jardineiro também me atende prontamente.*
— *Meu preço é um dos melhores.*
— *Não, muito obrigada! O preço do meu jardineiro também é muito bom.*

Assim que o garoto desligou o telefone, o executivo lhe disse:

— *Meu rapaz, você perdeu um cliente.*
— *Não, respondeu o garoto. Eu sou o jardineiro dela. Estava apenas avaliando o quanto ela estava satisfeita com o meu serviço.*[1]

Todo cliente é importante.

Ao chegarmos a uma loja de materiais de segurança, deparamo-nos com uma jovem senhora, grávida, que falava alegremente ao telefone. O assunto parecia ser particular. Aguardamos e começamos a nos preparar psicologicamente para ficar

---

[1] Autor desconhecido. Texto extraído da Internet.

alguns minutos de pé, esperando, até que a conversa terminasse. Mal acabamos de pensar isso e a senhora desligou o telefone e veio nos atender, andando com dificuldade por causa do tamanho da barriga. Ficamos surpresos. Perguntamos se a dona da empresa (a que conhecíamos) se encontrava na firma e ela disse que não e se apresentou como outra sócia e nos perguntou se poderíamos tratar do assunto com ela. Refletimos: talvez ela tenha tido essa postura por ser sócia, se fosse funcionária a probabilidade de nos deixar esperando, de pé, num calor infernal, seria grande. Não estamos generalizando, mas na maioria das vezes é assim que um funcionário nos recepciona e "a primeira impressão é a que fica".

É como no caso do garçom que serviu frango à passarinho sem alho e, quando o cliente perguntou onde estava o alho do frango (que era o charme do prato), respondeu: "Eu sou só o garçom".

Se o padeiro por algum motivo deixa o pão queimar, os clientes questionam a pessoa que está no balcão. Eles não querem saber de quem é a culpa, querem comer o pão.

Quem deve responder por erros ocorridos? Em geral os clientes reclamam com a pessoa que está mais à vista. Nesses casos é mais fácil terceirizar a culpa. Quando não conseguem atingir seus objetivos, algumas pessoas acabam atribuindo seus fracassos a outrem, não assumem seus erros.

Concordamos com Roberto Shyniashiki quando diz em seu livro *Os donos do futuro* que o principal vendedor é o cliente. O cliente deve representar para a empresa o que a comissão de frente representa para uma escola de samba.

Temos o hábito de ler e, por isso, sempre compramos muitos livros. Foi assim que conhecemos dois empreendedores de uma livraria. Um deles trabalhara como vendedor de livros. No início não entendia nada, mas se apaixonou pelo trabalho e, alguns anos depois, foi-lhe oferecida a oportunidade de montar a própria livraria. Passados alguns anos, eles já tinham duas lojas e estavam para inaugurar a terceira; expandiam o negócio numa época em que não eram poucas as reclamações em relação ao mercado.

A maior estratégia adotada por eles para incrementar as vendas era o bom atendimento. Quando os clientes ligavam para a livraria e esta não dispunha do livro, eles o providenciavam com presteza. Conosco não foi diferente. Tudo o que um consumidor voraz de livros deseja é pronto atendimento, bom preço e qualidade. No caso da livraria, bastava ligar que eles entregavam. Se não dispunham do livro, nos davam um prazo e, no dia exato, este estava em nossa mesa... e com desconto.

Contudo, com a expansão das vendas e a inauguração da terceira loja, os sócios passaram a ficar menos tempo nas lojas. Tiveram que contratar mais funcionários, passando de três para nove. Também destinaram um tempo maior ao fechamento de convênios com escolas e instituições.

Nós, como clientes muitíssimo satisfeitos, havíamos vestido a camisa e passáramos a indicar a livraria a amigos que também têm o hábito da leitura. Afinal, como a livraria atendia às nossas necessidades, atenderia também às deles. Conversando com um consultor que precisava de dois livros para seus filhos imediatamente, que livraria indicamos? A tal livraria, é lógico. Para ajudá-lo, ligamos para a loja e lhe passamos o telefone. Para a nossa surpresa, vejam o diálogo que se seguiu:

— *Bom dia! Vocês têm o livro X?*
— *Não, não temos.*
— *E o livro Y?*
— *Também não.*
— *Vocês teriam em outra filial?*
— *A loja está cheia, não tenho como ver agora, você pode ligar mais tarde?*

Ficamos imensamente envergonhados e nos perguntamos: — *Será que ligamos para a loja certa?* Não queríamos acreditar no que se passara. Onde estava aquela livraria que sempre nos atendera tão bem? Paramos para analisar o que havia saído errado... Após alguns minutos de reflexão, nos ocorreu a seguinte indagação: quem sempre nos atendia? Os sócios. Aí estava a resposta! Eles eram os principais interessados no sucesso do negócio. E seus funcionários? Como estavam sendo treinados? Será que estavam sendo treinados?

Na última compra que fizemos, encomendamos cinco livros e o quinto até hoje não chegou. Também não nos foi dada nenhuma explicação. Fizemos o pedido diretamente ao proprietário, que deve ter passado a responsabilidade pelo aviso de entrega a um funcionário. O que fizemos? Ligamos para outra livraria, solicitamos o livro (que no momento de nosso pedido não havia em estoque), o encomendamos e o recebemos com desconto no escritório. Essa livraria fica a 70km de distância e a outra a 12km!

Você sabe como seus funcionários tratam os clientes? Você costuma visitá-los? Tem o hábito de realizar algum tipo de acompanhamento periódico? Já parou para pensar por que, apesar de todo o trabalho, de toda a boa vontade, de todo o esforço, não consegue atingir os resultados que gostaria?

A quem ou a que atribuir a responsabilidade pelo fato de sua empresa ir mal? Ao governo? Aos impostos? Ao fornecedor que não estende prazos e não entende que as vendas não estão indo bem? À companhia telefônica? Ao anúncio colocado no jornal que, apesar de caro, não deu o retorno esperado? É preciso parar para refletir sobre atitudes. De todos!

Esses sinais que mostramos indicam de forma gritante a necessidade de se ter uma equipe treinada, comprometida, organizada, com controles e realizando acompanhamento. No caso dos sócios das livrarias, se as coisas continuarem do jeito que estão não causará muita surpresa saber que fecharam suas lojas.

Até que ponto deve-se dar importância à manutenção de um cliente? Cabe alegar falta de tempo? As pessoas não encontram tempo para fazer o que precisa ser feito, mas depois têm que arrumar tempo para refazer o que não foi feito direito. Costumamos dividir nossas tarefas entre urgentes e importantes. E quais fazemos primeiro? As urgentes. Vivemos "apagando incêndios" e tendemos a relegar as tarefas importantes para depois. O que faz uma empresa crescer? É a realizAÇÃO de tarefas urgentes ou de tarefas importantes?

Conforme diz o ditado: "Plantamos hoje para colher amanhã". O que estamos plantando em nossas empresas?

É comum as empresas se aterem a processos internos e se esquecerem de que muitas coisas importantes estão no mundo externo. Que importância e valor você atribui a seus clientes? Costuma ouvi-los? Não é preciso contactar todos, você pode priorizar aqueles que realizam compras significativas, os que compram periodicamente, ou outros que você julgue importantes.

Há empresas que destinam uma verba mensal a gastos com manutenção de clientes, como almoços, jantares, presentes, jogos de futebol, atividades sociais diversas. Por quê? Porque as empresas estão descobrindo que bons negócios são fechados fora do ambiente empresarial.

Uma amiga foi a uma loja de uma grande rede tradicional do ramo da moda comprar uma camisa polo para dar de presente a um primo que estava aniversariando. Como estava sem o cartão de seu banco, a primeira pergunta que fez ao vendedor que veio atendê-la foi: — *Aqui se aceita cheque?* O vendedor disse que sim. Decorrido um tempo, ela escolheu uma camisa polo, dirigiu-se ao caixa e, ao apresentar o cheque, qual não foi a sua surpresa ao ouvir: — *Aqui não aceitamos cheque para pagamento à vista. Até podemos aceitar, mas a senhora tem que pagar uma taxa para cobrir as despesas bancárias.* Por que o vendedor não informara isso antes? A consumidora não levou a camisa. Ao sair, encontrou o primeiro vendedor com quem falara e lhe disse que havia perdido a venda, e explicou o motivo. Ele simplesmente respondeu: — *Eu não sabia...*

A diretoria da empresa provavelmente realiza planejamento de vendas, aluga lojas para se expandir e atingir novos mercados, recruta pessoas, investe tempo e dinheiro para que tudo dê certo, mas, "na ponta", o processo não funciona.

Atualmente, a maioria das grandes empresas já desenvolveu o chamado SAC — Serviço de Atendimento ao Cliente —, que pode ser acessado pelo telefone, gratuitamente, por intermédio de uma linha 0800. Trata-se de uma linha direta entre empresa e consumidor/cliente para que a firma possa se assegurar da qualidade que "a ponta" está oferecendo aos consumidores.

Empresas autossuficientes e familiares

Fomos entregar um catálogo contendo um cadastro das empresas participantes de um encontro de negócios para uma empresa que vendia ferramentas.

Um encontro de negócios é um evento em que grandes empresas, representadas por seus setores de compras, cadastram pequenas empresas que podem se tornar suas fornecedoras. Ao entregarmos o material ao sócio dessa firma fomos surpreendidos pelo seguinte comentário: — *Não adiantou de nada a gente ter participado, não tivemos qualquer retorno.* Nunca ouvimos comentários desse tipo porque um encontro como esse sempre gera resultados. Por que a empresa não havia obtido qualquer retorno? Indagamos sobre seu preço, seu atendimento a clientes, e ele nos disse que não havia recebido nenhuma ligação e chamou o sócio (irmão), como se quisesse que ele ratificasse o que dizia. O sócio nos disse que havia recebido telefonemas, mas nada que interessasse à empresa. Mas analisou que, depois do primeiro encontro com as grandes empresas participantes do evento, não fora feito nenhum contato posterior. Totalmente pessimista, continuou dizendo que no Brasil o nível do empresariado é muito ruim, que o Sebrae deveria se adaptar a isso, e que de nada adiantaria promovermos outros encontros, pois não daria resultado.

O empreendedor que participa de feiras ou qualquer evento empresarial deve aproveitar todas as oportunidades para ampliar sua rede de contatos, visando os negócios que poderá realizar no futuro.

Segundo os sócios da firma de ferramentas, se dispusessem de um produto com um diferencial muito interessante, como uma máquina que convertesse notas de R$1 em notas de R$5, talvez tivessem obtido algum retorno. Reclamaram que muitas das empresas participantes de um evento como aquele, após o encontro jogavam fora os prospectos e materiais deixados com o objetivo de gerar negócios posteriores.

Se isso acontece ou não, não temos como saber com precisão, mas resultados de avaliações de grandes empresas participantes de eventos são muito satisfatórios no que diz respeito ao aumento do número de novos fornecedores. Constatou-se até que cresceu o número de encontros como esse realizados anualmente, assim como o número de pequenas e grandes empresas participantes.

Se tivemos tal recepção entregando o catálogo em mãos, o que aconteceria se este chegasse pelo correio? Provavelmente ele o receberia com o mesmo olhar de desdém, o colocaria em qualquer canto, num lugar que não atrapalhasse o caminho, até o envelope branco ficar empoeirado, pronto para o lixo.

Quantas vezes um empresário prepara um bom produto, o divulga, empreende esforços para levá-lo até seu público-alvo e a receptividade é das piores? Devemos estar preparados para qualquer tipo de situação, crítica e tratamento, mesmo tendo em mãos um bom produto.

Ouvimos tudo que ele tinha a dizer com atenção e agradecemos imensamente (ele deve ter nos achado loucos ou irônicos), afinal de contas a visita servira para obtermos mais um personagem para esta nossa história.

Qual é sua estratégia

Conhecemos uma dentista que só atende a crianças e sua estratégia é a seguinte: não deixa nem mãe nem pai entrar no consultório. Desse modo fica mais à vontade com a criança e consegue realizar melhor o seu trabalho, a sós com seu paciente (não importando a idade). Perguntado sobre o atendimento, um cliente de seis anos respondeu: — *Ela usou um instrumento de gente grande, doeu, mas eu nem chorei.* Se a mãe estivesse com ele, sem sombra de dúvida a reação da criança teria sido diferente, e a dentista gastaria mais tempo e energia para realizar o seu trabalho.

Muitas vezes trabalhar com familiares gera um clima de proteção, tensão e paternalismo. Talvez precisemos ter a visão dessa dentista e deixar o empreendedor que existe dentro da pessoa que trabalha com pais ou familiares se libertar de forma madura.

A proprietária de um salão de cabeleireiro nos disse que sua estratégia era ressaltar as qualidades de suas clientes. Percebendo que quando uma mulher está deprimida ou triste ela procura comprar roupas ou ir a um salão para melhorar a aparência, essa empreendedora incorporou o elogio ao seu modo de prestar serviços. As clientes sentem-se seguras, bonitas e confiam no trabalho que o salão realiza. O pessoal do salão conhece a vida de cada cliente, sabe se o marido viajou, a data do aniversário da cliente e dos filhos, a profissão etc., coisas simples, que em geral são deixadas de lado, mas importantes quando lembradas.

Uma senhora fabrica e vende doces e salgados. Ela tem características próprias: é baixinha, tem os olhos puxados como os de uma japonesa e um grande sorriso. Chega até um cliente em potencial e diz: — *Estou trazendo aqui queijadinhas com gostinho de alegria; é só comer e ficar contente.* Quem está triste ou de regime acaba comendo, porque quer ficar alegre e a atitude dela contagia mesmo.

Identificando oportunidades

Um rapaz era *motoboy* e, como os clientes gostavam dele, sugeriram que abrisse uma empresa. O que fez ele? Associou-se a uma empresa já existente. Mas esta não deu certo. Segundo ele, porque o sócio ficou de "olho grande" nos clientes que ele angariava. A sociedade foi desfeita, lógico. Apurando-se melhor por que a empresa não dera certo, verificou-se que problemas de relacionamento haviam acarretado seu mau gerenciamento. Por isso (este foi o real motivo) ele abriu sua própria empresa e trouxe a esposa para trabalhar com ele.

O ponto final de uma linha (única) de ônibus que fazia o itinerário Zona Oeste-Barra da Tijuca (praia) ficava em frente de um barzinho. Devido a uma alteração no trânsito, o ponto final passou para a rua vizinha. Resultado: o barzinho perdeu a clientela para a padaria da rua ao lado. A padaria, antes inexpressiva, com pouquíssimos produtos, fez modificações, colocou videokê, mesas e cadeiras de alumínio, aparelhos de jogos eletrônicos e aumentou as vendas. E o barzinho? Fechou.

Outro dia recebemos a visita de um rapaz que queria vender assinaturas de revistas de uma editora conceituada no mercado. Pelo sotaque, percebemos que não era carioca. Indagado, disse que era paulista, mas trabalhava um período no Rio de Janeiro e morava em São Paulo. — *Por quê?*, perguntamos. E ele respondeu com outra pergunta: — *Quantas vezes alguém veio aqui oferecer assinaturas de revistas?* Respondemos: — *Uma vez em sete anos. — Pois é* — disse ele —, *aqui existe um mercado muito bom a ser explorado, em São Paulo já teria vindo um monte de gente oferecer meu produto, mas aqui não.*

Muitos pequenos empresários dizem que o mercado é pequeno e a concorrência, grande, mas deve-se prestar atenção no cenário global.

O professor Marins diz que as empresas multinacionais estão vindo para o Brasil não porque são devotas de Nossa Senhora, mas devido ao tamanho do mercado. E não apenas por isso, mas também por seu potencial, pois a classe média representa aproximadamente 28 milhões de famílias aptas a consumir diversos produtos. Existe o crescimento do consumo de produtos devido ao aumento de vendas no varejo. O Japão, a Europa e os Estados Unidos possuem mercados consolidados, que, comparados com os mercados brasileiro, indiano e chinês, têm poucas perspectivas de expansão.

Segundo ele, o mercado brasileiro consome cerca de 70 mil toneladas de pasta de dentes, 2 bilhões de fraldas descartáveis (62% a mais que a Itália), 700 mil toneladas de biscoitos (o segundo maior mercado do mundo), 95 milhões de litros de *shampoo* (352% a mais que no Canadá), 8 trilhões de litros de refrigerantes (terceiro maior mercado do mundo), 4 bilhões de cosméticos, mais de 1 milhão de lavadoras de roupas (82% a mais que no Canadá), 2 milhões de geladeiras (quarto maior mercado do mundo).

É um país com um potencial fantástico na área turística, principalmente o ecoturismo. O turismo é uma atividade de grande geração de emprego e renda. E o Brasil possui as chapadas, a Amazônia, 8 mil quilômetros de praias, o pantanal mato-grossense, cataratas, um universo de beleza natural pronto para ser explorado.

O desafio das micro e pequenas empresas

O que percebemos é que o grande desafio para a sobrevivência das micro e pequenas empresas está:

- ❏ no diferencial da empresa;
- ❏ na qualidade oferecida; e
- ❏ no preço compatível com o mercado.

Portanto, o desafio maior é procurar agir com sabedoria porque tudo o que acontece hoje mudará a qualquer momento, de uma hora para a outra. O empreendedor deve, pois, procurar estar altamente capacitado para não ser pego de surpresa.

Tecnologia

Segundo uma pesquisa realizada pelo Sebrae-RJ com 12 mil pequenas empresas:

- ❏ 80% não utilizavam a Internet com fins comerciais, e dos restantes 20%, somente 47% o faziam com frequência (ao menos uma vez por semana) e 6% afirmaram ter feito negócios uma vez; para 62%, a negociação pela rede correspondia a menos de 5% de seu faturamento mensal e, para 16%, os negócios pela rede representavam mais de 10% de seu faturamento;
- ❏ 95% das empresas utilizavam correio eletrônico;
- ❏ 69% tinham acesso à rede;
- ❏ 70% utilizavam a Internet para buscar informações e serviços governamentais;
- ❏ 65% para ler jornais e revistas;
- ❏ 46% para negociações bancárias;
- ❏ 37% com objetivos publicitários.

O comércio eletrônico crescerá aproximadamente entre 5 e 10% nos próximos 10 anos. A Internet, pois, é um importante canal de vendas e uma realidade cada dia mais acessível às pequenas empresas.

As empresas, seus sócios e funcionários devem estar preparados para acompanhar o ritmo acelerado das mudanças. Hoje em dia, quando se recebe um cartão de visita, a primeira coisa que se olha é o endereço eletrônico. Quando ele não consta do cartão, percebe-se logo nesse primeiro contato que a empresa não está na era eletrônica e que, portanto, ainda não acompanha o mercado.

As empresas devem estreitar suas relações, mesmo que de forma eletrônica. Devem marcar presença e nunca esquecer o ditado "quem não aparece não é lembrado". As pessoas não têm muito tempo para ligar, marcar encontros, visitas, almoços, mas estão adquirindo o hábito de frequentemente acessar seu e-mail (mensagem eletrônica).

Ouvimos certa vez de um empresário que solicitava um financiamento que o contador dele era o melhor do mundo. Segundo esse empresário, seu contador atuava há mais de 30 anos no mercado, conhecia muito o ramo, entendia a fundo de legislação e, por isso, não aderira à era do computador. Quando esse empresário foi elaborar uma proposta de financiamento precisou solicitar os demonstrativos contábeis ao contador. Os relatórios foram de fato entregues com boa apresentação, só que datilografados em máquina de escrever. Ora, estamos na era da informática... Se o escritório desse contador estivesse informatizado, em quanto tempo ele poderia ter entregue o relatório? O contador estaria utilizando a tecnologia em seu favor, aliando-a à sua competência.

$$\text{Competência} \quad + \quad \text{Tecnologia} \quad = \quad \text{SUCESSO}$$

Controle informal

Os empresários se preocupam muito com a contabilização do chamado "caixa dois". Muitas empresas registram todas as compras feitas, mas omitem as vendas. Se o fiscal for até a empresa, como explicar onde estão os produtos?

Para não pagar um valor alto de imposto, muita gente procura alternativas. Contudo, na hora de obter um empréstimo o que é analisado é o faturamento real, registrado com base no recolhimento de impostos.

Certa empresa, que faturava R$20 mil por mês, só declarava R$2.500, aproximadamente. O valor que a empresa pagava de impostos era irrisório (em vista do que realmente faturava). Quando a empresa precisou de crédito, o empresário ficou revoltado com o gerente de banco por este não lhe conceder um empréstimo de R$30 mil para investimento.

Falta de controle

Fomos procurados por uma livraria que estava devendo aos fornecedores. Segundo os sócios da livraria, haviam deixado uma quantidade considerável de livros em várias escolas para que os professores revendessem os livros diretamente aos alunos, ganhando uma comissão. Só que as coisas não se passaram conforme o esperado porque não tinham qualquer controle sobre a situação, não haviam cadastrado os professores e não sabiam quanto e a quem cobrar. Como a grande maioria não pagara, a empresa ficara em débito com seus fornecedores e tivera títulos protestados em cartório.

Recolhimento de impostos

Muitas empresas não recolhem os impostos em dia para depois renegociar. Só o fazem quando precisam solicitar um financiamento.

Certa empresa de entretenimento precisou de uma linha de crédito, o banco fez um levantamento e percebeu que ela não recolhia impostos há mais de seis meses. O que o empresário fez? Mandou pagar. Muitas empresas atribuem a culpa do não pagamento ao contador, que não teria feito a escrita, não mandara a guia de recolhimento, não calculara direito. O contador, por sua vez, atribui o atraso ao fato de a empresa não mandar as notas fiscais de compra e venda, o seu movimento.

48 Criação de novos negócios

Uma senhora nos procurou com a seguinte conversa:

— *Eu e meu marido temos uma firma de letreiros e queremos um financiamento para comprar uma máquina de ploter.*

Apesar do jeito pomposo, só precisamos de um minuto para saber que a empresa era informal. Ela nos disse que haviam aberto a empresa algum tempo atrás, tinham nota fiscal, mas decidiram "deixá-la de lado". Estavam começando tudo de novo. Notamos uma ponta de irritação quando lhe dissemos que para iniciar um novo negócio era preciso procurar um contador e fazer um levantamento dos débitos da antiga empresa. Ela disse com grosseria:

— *A empresa está parada, a gente não quer mais.*

Muitas pessoas ficam surpresas quando verificam o quanto estão devendo e "não sabiam". Por outro lado, é ruim a sensação de perceber que se disse algumas verdades que as pessoas não esperavam e não queriam ouvir. Elas pensam que basta abrir uma empresa e, se não obtêm os resultados almejados, se as coisas não dão certo, ou se "tudo fica difícil", simplesmente deixar a questão de lado. Esquecem-se (ou não sabem) que certos impostos são como o tempo, não esperam ninguém. Vendendo ou não, é preciso pagá-los, declará-los. Uma alternativa em que, por falta de informação, não se costuma pensar é solicitar por um tempo a paralisação das atividades.

Na maioria dos casos, a primeira "despesa" que deixam de pagar é o contador. Por isso têm vergonha de recorrer a esse profissional, que, por conhecer a fundo a realidade da empresa, seria o mais apto a orientá-los. Deixam "as coisas correrem para ver se melhoram". Mas, segundo o ditado: "dor de barriga não dá uma vez só". Esse é o caso dessa senhora que pensa em retomar as atividades, ignorando a existência de um papel, de um documento, de um compromisso com o governo (aliás, vários papéis, pois vários também são os governos: federal, estadual e municipal).

Uma empresa não pode ser tratada do mesmo modo que certas relações afetivas: "nada melhor que o tempo" para resolver alguma dificuldade entre o casal, ou "é melhor deixar tudo como está para ver como é que fica". No caso de um empreendimento, nada pode ser pior.

— *Identifiquei um bom negócio: montei uma peixaria numa região de praia e convidei um vizinho, amigo de infância, para ser meu sócio. Acontece que, com o tempo, percebi que ele estava fazendo "corpo mole", se eu não ficasse "em cima" o serviço não andava. Ele achou que eu estava mandando nele e, depois de uma briga quase corporal, resolvemos desfazer a sociedade. Estávamos vendendo bem, tínhamos uma retirada de aproximadamente R\$4 mil por mês, e perspectivas de crescimento do negócio. Com a separação fiquei sem a kombi para transportar o pescado. Preciso de um empréstimo para comprar uma kombi para mim. Não pago autonomia e só tenho a minha palavra de que vou conseguir pagar o empréstimo com o êxito do meu negócio.*

Se o negócio estava realmente dando lucro, por que ele não comprou a kombi antes, com recursos próprios, sem precisar de empréstimo?

Há pessoas que fazem de tudo para obter um financiamento. Fomos procurados por um empreendedor que queria um empréstimo de R$5 mil. Como não dispunha de conta bancária nem de cartão de crédito, lhe perguntamos se tinha algum carnê ou crediário. Como também não tinha, foi a uma loja de eletroeletrônicos e abriu um crediário para a compra de um liquidificador. Mas isso não adiantou. Como não apresentou um projeto viável, nem demonstrou ter capacidade de pagamento, não obteve o empréstimo.

Alguns setores são considerados prioritários por um grande agente financeiro para operar com recursos do BNDES e do Finame:

- educação;
- saúde;
- turismo;
- comércio de materiais de construção;
- indústria têxtil; e
- indústria de calçados.

Pesquisa sobre preferência bancária

Uma pesquisa sobre preferência bancária realizada pelo Sebrae-RJ com 1.581 empresas da Zona Oeste e da Costa Verde do Rio de Janeiro chegou às seguintes constatações:

Tipo de financiamento a que as micro e pequenas empresas costumam recorrer:

	%
Cheque especial	46,7
Linha de crédito bancária convencional	14,6
Leasing	11,2
Cartão de crédito	6,5
Desconto de cheque pré-datado	5,6
Desconto de duplicata	5,3
Factoring	4,7
Empréstimo junto a parente/amigo	1,6
Empréstimo junto a agiota	0,6
Cheque comum	0,3
Pessoa física	0,3
Sem resposta	2,6

Principais finalidades dos empréstimos/financiamentos obtidos:

	%
Quitação de dívidas	53,0
Ampliação/melhoramentos nas instalações	11,8
Formação de capital de giro	9,3
Financiamento da produção	6,7
Aquisição de veículos utilitários	5,1
Aquisição de máquinas e equipamentos	5,1
Formação/ampliação de estoque	4,5
Aquisição de bens de informática	2,2
Contratação de mão de obra	0,6
Problemas particulares	0,6
Investimento no processo de vendas	0,3
Divulgação/marketing	0,4
Sem resposta	0,4

Serviços bancários utilizados pelas empresas:

	%
Cheque especial	20,6
Cartão de crédito	19,8
Atendimento digital	11,8
Banco 24 horas	11,7
Seguros	10,4
Cobrança de duplicatas	6,3
Outros	19,4

Dificuldade encontrada pela empresa para obtenção de financiamento:

	%
Não houve dificuldade	78,8
Exigência de reciprocidade bancária	4,0
Falta de relacionamento	2,8
Insuficiência de garantias	2,4
Problemas cadastrais	2,0
Falta de documentação	1,6
Burocracia	1,6
Outras	6,8

Como o empresário resolve seus compromissos bancários:

	%
Vai pessoalmente	66,1
Utiliza portador	32,5
Via telefone	0,2
Não respondeu	1,2

Troca de banco por parte da empresa nos últimos dois anos:

	%
Não	95,8
Sim	1,9
Sem resposta	2,3

Pesquisa "Entrevista com pequeno empresário"

Quarenta e três alunos de uma universidade do Rio de Janeiro realizaram uma pesquisa qualitativa denominada "Entrevista com pequeno empresário". Apresentamos a seguir algumas das perguntas efetuadas e as principais respostas recebidas.

Como surgiu o seu negócio?

- oportunidade de negócios;
- por estar farto de ser empregado;
- com o desemprego;
- necessidade de uma fonte de renda;
- necessidade de ganhar mais dinheiro;
- franquia;
- necessidade de trabalho;
- experiência anterior;
- aposentadoria;
- sociedade entre família;
- através do gosto pela atividade que desempenho;
- ser o próprio patrão;
- observação das necessidades de um setor específico;
- para garantir o futuro dos filhos;
- realização profissional.

Procurou orientação antes de abrir o negócio?

- ❏ Sim   27
- ❏ Não   15
- ❏ Não respondeu   1

Detectou-se que muitos dos empreendedores que têm experiência anterior não procuram orientação para abrir o próprio negócio.

Possuía experiência anterior?

- ❏ Sim   24
- ❏ Não   19

Qual o diferencial que você deseja que os clientes percebam no seu negócio?

- ❏ preço;
- ❏ qualidade;
- ❏ equipe capacitada;
- ❏ eficácia no atendimento;
- ❏ tecnologia;
- ❏ relação de confiança;
- ❏ atendimento personalizado;
- ❏ estar sempre disponível para solucionar necessidades;
- ❏ ter contato permanente com clientes e não agir como um vendedor de seguros que só procura o cliente quando chega a época de renovar o contrato.

Quais os principais fatores utilizados para atrair clientes?

- ❏ bom relacionamento;
- ❏ preço;
- ❏ prazo;
- ❏ qualidade;
- ❏ atendimento;
- ❏ confiança;
- ❏ diversificação dos produtos;
- ❏ propaganda;
- ❏ comodidade;
- ❏ venda corpo-a-corpo;
- ❏ indicação de clientes;
- ❏ pontualidade;

- ❏ participação em feiras e eventos relacionados ao seu negócio;
- ❏ premiação;
- ❏ comprometimento;
- ❏ visualização da loja;
- ❏ higiene e organização.

Como você verifica o grau de satisfação de seus clientes?

- ❏ através do contato direto;
- ❏ quando um cliente volta e/ou indica um amigo;
- ❏ tenho certeza de que meus clientes estão muitos satisfeitos porque se não estivessem não estariam mais comigo;
- ❏ indicação de novos clientes;
- ❏ através de elogios e/ou poucas reclamações;
- ❏ através de pesquisa (questionário) — aliás, o que a maioria não realiza.

Fez algum curso antes de abrir um negócio?

- ❏ Sim   17
- ❏ Não   26

Quais as principais características que um empresário deve ter para ser bem-sucedido?

- ❏ estar sempre atualizado no mercado;
- ❏ conhecer os clientes e os concorrentes;
- ❏ saber antecipar-se a mudanças;
- ❏ perseverança;
- ❏ desprender-se de sentimentalismo;
- ❏ saber ouvir;
- ❏ acreditar em si mesmo;
- ❏ investir racionalmente;
- ❏ idealizar uma possível necessidade;
- ❏ ter tino para negócios;
- ❏ gostar do que faz;
- ❏ ser responsável e comprometido;
- ❏ dinamismo;
- ❏ ter visão estratégica;
- ❏ acreditar em sua equipe e saber tirar o melhor de cada um;
- ❏ saber ganhar, saber perder, saber o momento de recuar, repensar e de refazer;

- ❏ ser rígido sem ser ríspido;
- ❏ ter jogo de cintura;
- ❏ saber conviver com os riscos sem medo de enfrentá-los;
- ❏ ser o primeiro a chegar e o último a sair;
- ❏ acompanhar as atividades.

Você costuma participar de cursos?

❏ Sim	20
❏ Não	23

Quais as principais dificuldades encontradas na condução do seu negócio?

- ❏ falta de capital giro;
- ❏ falta de pessoal capacitado;
- ❏ inadimplência;
- ❏ encargos tributários;
- ❏ relacionamento interpessoal;
- ❏ concorrência acirrada;
- ❏ instabilidade do mercado;
- ❏ administração do tempo;
- ❏ retração do poder aquisitivo dos consumidores.

Como e onde você aplica o seu dinheiro?

❏ Na própria empresa	28
❏ Bancos	9
❏ Não aplica	2
❏ Em imóveis	1
❏ Não respondeu	3

O que mais te motiva nesse negócio?

- ❏ desafio de ter um negócio e torná-lo lucrativo;
- ❏ expansão do mercado;
- ❏ lucro;
- ❏ experiência;
- ❏ busca pela qualidade;
- ❏ verificação dos resultados e alcance das metas;
- ❏ contato com o público;
- ❏ gosto pelo que faz;

- geração de empregos;
- reconhecimento;
- negócio familiar;
- risco;
- satisfação do cliente;
- desafio;
- prazer da conquista.

Que dificuldades ou conflitos podem surgir quando se tem um sócio?

- divergência de opiniões;
- falta de confiança;
- sobrecarga de trabalho;
- falta de respeito;
- disputa pelo poder;
- discórdia;
- problemas de relacionamento;
- conflito de interesses.

Qual o perfil do candidato que a empresa observa para selecionar?

- sabe se relacionar;
- capacidade profissional/experiência;
- raciocínio lógico;
- dinâmico/ambicioso;
- formação escolar;
- conhecimento em informática e idiomas;
- não ter vícios;
- liderança;
- disposição para o trabalho;
- honestidade;
- eficiente e eficaz;
- interesse em aprender;
- educado e simpático;
- proativo;
- inovador;
- gostar de desafios;
- autoestima elevada;
- boa fluência verbal;
- seriedade;

56   Criação de novos negócios

- ❏ autodidata;
- ❏ capacidade para viver em um ambiente de mudanças aceleradas.

Qual a diferença entre ser empregado e ser seu próprio patrão?

- ❏ você faz a diferença;
- ❏ liberdade para tomar decisões;
- ❏ o empregado trabalha pelo salário e o patrão pelo lucro;
- ❏ cria expectativa de ganho muito maior;
- ❏ visão ampla do negócio;
- ❏ não ter rigidez de horário;
- ❏ multifuncionalidade;
- ❏ estar à frente de tudo;
- ❏ nível de responsabilidade.

Que conselhos você daria para quem quer abrir uma empresa?

- ❏ trabalhar muito;
- ❏ encarar os desafios;
- ❏ pensar muito antes de começar o negócio;
- ❏ traçar um objetivo e se dedicar totalmente;
- ❏ ter vontade de vencer;
- ❏ pesquisar o mercado de ações antes de abri-la;
- ❏ conhecer o ramo onde atua;
- ❏ saber administrar;
- ❏ ser um bom líder;
- ❏ estar sempre motivando os funcionários;
- ❏ procurar uma boa orientação antes de abrir o negócio;
- ❏ pensar mil vezes;
- ❏ utilizar capital próprio;
- ❏ não pensar que é fácil;
- ❏ ter honestidade e paciência;
- ❏ traçar e cumprir um planejamento financeiro;
- ❏ ter coragem;
- ❏ ter convicção do que deseja;
- ❏ buscar novos mercados.

De que forma a universidade pode ajudar o seu negócio?

- ❏ oferecendo cursos de especialização;
- ❏ convênio com empresas;
- ❏ prestando serviço de consultoria;

- oferecendo novas técnicas administrativas;
- ajudando a formar grandes profissionais;
- viabilizando clientes para as empresas;
- desenvolvendo o empreendedorismo;
- aproximando o profissional ao mercado de trabalho;
- oferecendo cursos mais práticos e menos teóricos.

Capítulo 2

As MPEs no contexto nacional

Todos os respondentes da pesquisa julgaram que, para ter suces-
so, o empresário de MPEs deve possuir bom conhecimento do
mercado onde atua. Ter um bom administrador e fazer uso de
capital próprio também foram considerados importantes para o
êxito do empreendimento.

Como se viu no capítulo 1, cerca de 73% de micro, pequenas e médias empresas não cumprem sua finalidade maior e não sobrevivem.

A pesquisa realizada pelo Sebrae (1999) indica que a taxa de mortalidade empresarial variou de cerca de 30 até 61% no primeiro ano de existência da empresa, de 40 a 68% no segundo ano e de 55 a 73% no terceiro ano.

Segundo a pesquisa, o *porte da empresa* parece ser um quesito importante para distinguir empresas em atividade de empresas extintas. Em praticamente todos os estados pesquisados, o percentual de micro e pequenas empresas em funcionamento é superior ao de pequenas empresas extintas. Tal fato indica que quanto maior o empreendimento, maiores são as chances de ele dar certo.

Da mesma forma, pode-se estimar que a *experiência anterior* ou o *conhecimento do ramo de negócio* tenha relevância para o êxito da empresa, já que em oito dos 11 estados pesquisados esse fator foi apontado em percentuais significativamente maiores pelas empresas em atividade do que pelas extintas.

Como *principal motivo para a abertura do negócio ou para a entrada nele*, tanto empresários de firmas de sucesso quanto entrevistados de empresas extintas apontam a *identificação de uma oportunidade de negócio*. As diferenças surgem quando se compara a segunda razão que levou os dois grupos a ingressar no mundo dos negócios. No caso das empresas em funcionamento, o fator experiência anterior é o mais assinalado em todos os estados da Federação, havendo diferenças percentuais em relação ao grupo de empresas extintas.

60 Criação de novos negócios

Embora em ambos os grupos haja uma supremacia de *empresários que se ocupavam exclusivamente dos negócios da empresa no primeiro ano de funcionamento*, em oito estados os percentuais dos que pertenciam às empresas de sucesso são significativamente superiores aos relativos às firmas extintas.

Na maioria dos estados pesquisados, tanto as empresas em atividade quanto as extintas recorreram principalmente ao contador para conduzir ou gerenciar as atividades, vindo a seguir o Sebrae e pessoas que conheciam o ramo de atividade.

Em oito dos 11 estados, a *falta de capital de giro* foi considerada a maior dificuldade para o funcionamento das empresas, tanto por aquelas em atividade quanto pelas extintas. Ambos os grupos também citaram a *carga tributária* e a *recessão econômica* como inibidores dos negócios.

Os dois grupos julgaram que, para ser bem-sucedida, a empresa deve principalmente possuir *bom conhecimento do mercado onde atua*. Ter um *bom administrador* e *fazer uso de capital próprio* também foram considerados importantes fatores para o sucesso do empreendimento.

Para a realização da primeira fase da pesquisa (taxa de mortalidade), foram selecionadas, dos cadastros das juntas comerciais dos estados, amostras de cerca de 400 empresas das capitais (225 no Rio de Janeiro), constituídas em cada ano de 1995/1996/1997, independentemente de porte. A seleção das amostras foi sistemática, com partida aleatória, tendo sido retiradas das mesmas as empresas que não chegaram a funcionar. A coleta de campo foi realizada pelo Sebrae de todos os estados da Federação, no período de agosto de 1998 a julho de 1999. Nessa fase, as empresas e seus respectivos proprietários foram exaustivamente rastreados por todos os meios possíveis (visitas *in loco*, telefone, pesquisa na vizinhança, endereço do sócio etc.), para verificar se ainda estavam em atividade. Para calcular a taxa de mortalidade, foram incluídas as empresas não encontradas no referido rastreamento.

Tomando-se como exemplo o estado do Acre, a pesquisa identificou que 31% das empresas constituídas em 1997 fecharam as portas até meados de 1998, ou seja, cerca de um ano após a sua criação. Para aquelas estabelecidas em 1996 (de um a dois anos de existência), o nível de mortalidade subiu para 45%, alcançando 54% com três anos de criação.

Porte das empresas

Este parece ser um fator importante na distinção entre empresas de sucesso e empreendimentos extintos. Em praticamente todos os estados pesquisados, o percentual de pequenas empresas em atividade é superior ao de pequenas empresas extintas. Isto é, quanto maior o negócio, maiores são as chances de êxito do empreendimento. A maior diferença foi encontrada no Rio Grande do Norte, já que 4% dos estabelecimentos extintos eram pequenos, contra 18% de empresas em funcionamento desse mesmo porte.

As MPEs no contexto nacional   61

Tabela 1
O porte das empresas

Empresas	Valores %											
	AC		AM		MS		PB		PE		PR	
	A	B	A	B	A	B	A	B	A	B	A	B
Micro	94	95	87	99	86	96	89	97	87	94	98	99
Pequenas	6	4	12	1	11	4	9	3	12	6	1	1
Médias	0	1	1	0	2	0	1	0	1	0	1	0
Grandes	0	0	0	0	1	0	1	0	0	0	0	0
Total	100	100	100	100	100	100	100	100	100	100	100	100

Empresas	Valores %									
	RN		SC		SE		SP		TO	
	A	B	A	B	A	B	A	B	A	B
Micro	80	96	93	96	93	97	90	96	86	96
Pequenas	18	4	7	4	7	3	10	4	13	4
Médias	1	0	0	0	0	0	0	0	1	0
Grandes	1	0	0	0	0	0	0	0	0	0
Total	100	100	100	100	100	100	100	100	100	100

Obs.: A = empresas em funcionamento; B = empresas extintas.

Motivo para se abrir ou entrar num negócio

Tanto empresários de firmas de sucesso quanto entrevistados de empresas extintas apontam a *identificação de uma oportunidade de negócio* como o principal motivo para a abertura ou a entrada num negócio. As diferenças aparecem quando se compara a segunda razão que levou os dois grupos a ingressar no mundo dos negócios. No caso das empresas em funcionamento, ter *experiência anterior* é o fator mais apontado em todos os estados da Federação, havendo significativas diferenças percentuais em relação ao grupo de empresas extintas. No Amazonas, por exemplo, firmas de sucesso com experiência anterior no ramo de atividade alcançam 31%, contra 18% dos empreendimentos extintos; em Tocantins atingem 35% contra 18% das que fecharam as portas.

Já para os entrevistados de empresas extintas, o fator *tempo disponível* é amplamente citado em diversos estados: no Amazonas, o percentual é de 43% para as extintas e de 22% para os estabelecimentos em atividade; no Mato Grosso do Sul, 21 e 9%, respectivamente; e em Sergipe, 32 e 22%, na mesma ordem.

Tabela 2
Motivos para se abrir empresa ou fazer parte dela — %

Respostas	AC		AM		MS		PB		PE		PR	
	A	B	A	B	A	B	A	B	A	B	A	B
Tinha tempo disponível	29	42	22	43	9	21	37	47	8	12	7	8
Tinha capital disponível	21	29	26	25	15	19	14	25	27	19	21	13
Tinha experiência anterior	33	27	31	18	31	24	55	51	40	32	36	24
Estava insatisfeito no emprego	17	20	6	4	11	3	17	9	31	29	1	3
Foi demitido e recebeu FGTS/indenização	4	8	14	8	3	5	8	8	6	1	0	0
Estava desempregado	18	18	13	14	12	12	14	22	6	1	1	6
Identificou uma oportunidade de negócio	64	55	70	69	54	52	55	62	69	78	61	63
Aproveitou incentivos governamentais	2	1	3	2	1	2	1	1	1	1	1	6
Aproveitou programa de demissão voluntária	2	2	1	1	1	2	2	0	0	0	0	0
Outra razão	17	18	5	9	11	17	8	7	10	11	1	8

Respostas	RN		SC		SE		SP		TO	
	A	B	A	B	A	B	A	B	A	B
Tinha tempo disponível	35	49	22	23	22	32	18	16	20	8
Tinha capital disponível	13	31	20	15	14	30	13	21	22	6
Tinha experiência anterior	40	27	35	25	21	14	47	36	35	18
Estava insatisfeito no emprego	17	13	23	9	7	2	15	10	4	2
Foi demitido e recebeu FGTS/indenização	4	8	6	5	2	1	9	11	2	0
Estava desempregado	18	17	14	12	16	12	19	19	5	2
Identificou uma oportunidade de negócio	57	69	64	45	72	72	61	70	84	86
Aproveitou incentivos governamentais	3	1	1	1	1	2	1	2	2	1
Aproveitou programa de demissão voluntária	4	3	0	1	3	1	4	3	1	1
Outra razão	14	8	12	23	0	0	17	18	1	8

Obs.: A = empresas em funcionamento; B = empresas extintas. A questão admitia até três opções.

Principais dificuldades encontradas na condução das atividades

Na questão apresentada de forma induzida, isto é, com a identificação de várias opções a selecionar, empresários de oito dos 11 estados, tanto de empresas em atividade quanto das já extintas, indicaram a *falta de capital de giro* como a maior dificuldade para conduzir os negócios. A *carga tributária* e a *recessão econômica* também foram fatores citados por ambos os grupos como inibidores dos negócios.

Tabela 3
Questão induzida — %

Respostas	AC		AM		MS		PB		PE		PR	
	A	B	A	B	A	B	A	B	A	B	A	B
Falta de capital de giro	50	63	46	48	37	30	65	54	28	30	7	23
Falta de crédito	16	14	13	33	7	6	9	7	4	3	8	6
Problemas financeiros	20	15	26	41	14	29	24	29	13	21	31	43
Maus pagadores	36	27	19	16	26	13	32	25	23	3	15	4
Falta de clientes	18	25	21	21	9	19	16	25	5	20	32	24
Desconhecimento do mercado	2	6	4	9	2	6	3	7	0	7	4	8
Concorrência muito forte	21	24	23	10	26	11	29	23	12	17	11	9
Instalações inadequadas	4	7	3	1	3	1	5	4	2	3	0	1
Ponto inadequado	6	13	4	8	2	3	2	9	3	8	2	5
Carga tributária elevada	32	25	39	33	51	33	38	28	42	23	13	6
Falta de mão de obra qualificada	17	8	8	6	13	7	5	6	3	1	1	3
Falta de conhecimentos gerais	3	8	3	4	3	5	1	2	0	1	0	3
Recessão econômica no país	33	20	45	28	39	27	34	15	64	45	34	34
Problemas com a fiscalização	6	5	2	2	9	5	5	4	1	0	0	1
Outra	8	8	1	3	4	16	1	12	4	13	4	11

continua

Criação de novos negócios

Respostas	RN		SC		SE		SP		TO	
	A	B	A	B	A	B	A	B	A	B
Falta de capital de giro	50	53	52	46	43	60	43	41	54	54
Falta de crédito	12	5	8	13	8	10	10	12	10	11
Problemas financeiros	11	10	8	19	11	20	11	11	15	38
Maus pagadores	32	18	21	20	29	22	27	25	36	20
Falta de clientes	9	36	20	25	7	49	21	24	15	38
Desconhecimento do mercado	4	12	6	10	1	8	2	10	9	6
Concorrência muito forte	34	36	29	16	16	20	29	24	14	11
Instalações inadequadas	3	5	6	4	1	2	3	2	3	2
Ponto inadequado	6	12	10	9	4	4	5	13	5	12
Carga tributária	42	26	36	25	49	25	36	24	32	13
Falta de mão de obra qualificada	10	3	13	7	11	6	9	3	27	8
Falta de conhecimentos gerais	3	5	5	7	2	0	2	5	3	4
Recessão econômica no país	37	30	41	17	49	2	44	28	26	25
Problemas com a fiscalização	0	4	4	8	2	0	3	7	10	8
Outra	4	5	2	14	0	1	9	17	2	11

Obs: A = empresas em funcionamento; B = empresas extintas. A questão admitia mais de uma opção.

Já nas respostas espontâneas, o item *falta de capital de giro* foi unanimemente classificado por ambos os grupos como o principal problema.

Tabela 4
Questão espontânea

Empresas em atividade	AC Nº	AC %	AM Nº	AM %	MS Nº	MS %	PB Nº	PB %	PE Nº	PE %	PR Nº	PR %	RN Nº	RN %	SC Nº	SC %	SE Nº	SE %	SP Nº	SP %	TO Nº	TO %
Falta de mão de obra qualificada	14	9	11	7	6	4	-	-	-	-	-	-	-	-	21	12	9	5	16	5	32	18
Crise econômica	6	4	36	22	7	4	8	6	9	15	29	14	26	12	6	3	24	14	36	11	5	3
Auxílio governamental	9	6	3	2	-	-	-	-	-	-	-	-	-	-	1	1	-	-	-	-	-	-
Falta de capital	43	29	43	26	41	24	69	56	18	31	63	31	80	37	48	27	67	38	74	22	52	30
Concorrência	10	7	13	8	22	13	10	8	-	-	8	4	27	13	17	9	13	7	50	15	5	3
Impostos/tributos elevados	20	13	24	15	34	20	21	17	4	7	18	9	38	18	13	7	43	25	68	21	26	15
Inadimplência	28	19	-	-	9	5	2	2	3	5	23	11	14	7	9	5	-	-	27	8	24	14
Falta de clientes	7	5	11	7	16	9	6	5	3	5	48	24	13	6	3	2	14	8	33	10	23	13
Burocracia	-	-	4	2	-	-	-	-	-	-	-	-	-	-	11	6	-	-	-	-	-	-
Poucas vendas	-	-	7	4	10	6	-	-	1	2	-	-	-	-	8	4	-	-	-	-	-	-
Nenhuma	-	-	-	-	5	3	-	-	9	15	-	-	-	-	14	8	-	-	-	-	-	-
Outras	13	9	12	7	20	12	8	6	12	20	15	7	17	8	28	16	5	3	26	8	9	5

Empresas extintas	AC Nº	AC %	AM Nº	AM %	MS Nº	MS %	PB Nº	PB %	PE Nº	PE %	PR Nº	PR %	RN Nº	RN %	SC Nº	SC %	SE Nº	SE %	SP Nº	SP %	TO Nº	TO %
Concorrência	11	8	-	-	4	3	2	3	-	-	13	7	9	9	6	5	6	8	24	12	3	4
Falta de conhecimento	5	4	5	6	6	5	7	9	-	-	14	8	-	-	7	6	4	5	-	-	-	-
Inadimplência	15	11	3	4	11	9	10	13	2	7	4	2	4	4	6	5	2	3	23	12	2	3
Impostos/tributos elevados	44	33	29	37	45	37	-	-	11	38	84	45	8	8	13	10	9	12	27	14	2	3
Falta de clientes	9	7	18	23	12	10	8	11	3	10	3	2	15	15	10	8	16	22	26	13	15	22
Falta de capital	4	3	-	-	-	-	3	4	-	-	-	-	30	29	33	27	24	32	43	22	45	66
Auxílio do governo	9	7	-	-	13	11	7	9	-	-	22	12	7	7	5	4	-	-	9	5	-	-
Ponto inadequado	5	4	5	6	-	-	5	7	3	10	-	-	7	7	7	6	-	-	6	3	-	-
Burocracia	5	4	-	-	-	-	12	16	-	-	-	-	3	3	7	6	-	-	-	-	-	-
Mão de obra qualificada	4	3	-	-	3	2	2	3	-	-	-	-	-	-	-	-	3	4	-	-	-	-
Crise econômica	-	-	7	9	8	7	3	4	3	10	27	15	14	14	2	2	-	-	18	9	-	-
Está dando um tempo para reativar	-	-	-	-	-	-	-	-	4	14	-	-	6	6	7	6	2	3	-	-	-	-
Área de vendas	-	-	-	-	-	-	6	8	-	-	-	-	-	-	3	2	-	-	-	-	-	-
Falta de tempo	3	2	-	-	-	-	3	4	-	-	-	-	-	-	-	-	-	-	-	-	-	-
Outras	19	14	11	14	21	17	7	9	3	10	18	10	6	6	18	15	8	11	22	11	1	1

Fatores mais importantes para o sucesso de uma empresa

Ambos os grupos julgaram que, para ser bem-sucedida, a empresa deve principalmente possuir bom conhecimento do mercado onde atua. Ter um bom administrador e fazer uso de capital próprio foram fatores também considerados importantes para o sucesso do empreendimento.

Tabela 5

Principais fatores para o êxito de uma empresa — %

Respostas	AC		AM		MS		PB		PE		PR	
	A	B	A	B	A	B	A	B	A	B	A	B
Capacidade do empresário para assumir riscos	20	27	32	29	18	14	21	18	24	8	2	3
Aproveitamento das oportunidades de negócios	27	20	30	21	22	22	26	25	49	45	21	34
Ter bom administrador	38	50	26	32	35	36	42	46	49	38	26	34
Bom conhecimento do mercado onde atua	46	44	44	37	47	41	52	50	51	68	34	44
Capacidade de liderança do empresário	11	9	9	21	11	7	12	10	3	4	9	6
Uso de capital próprio	36	43	34	31	31	40	30	35	37	44	6	13
Criatividade do empresário	26	26	19	28	24	14	21	31	17	13	24	24
Reinvestimento dos lucros na própria empresa	19	18	16	21	18	13	19	17	8	3	4	1
Boa estratégia de vendas	26	20	26	27	18	16	19	28	15	23	27	16
Terceirização das atividades-meio da empresa	3	1	1	1	2	2	1	3	1	0	2	6
Ter acesso a novas tecnologias	12	11	16	12	9	7	12	6	5	7	5	4
Empresário com persistência/perseverança	20	10	16	8	25	21	23	5	3	1	10	5
Outro	2	3	1	0	3	4	0	3	1	3	0	13

continua

Respostas	RN		SC		SE		SP		TO	
	A	B	A	B	A	B	A	B	A	B
Capacidade do empresário para assumir riscos	23	17	27	22	23	30	26	26	21	22
Aproveitamento das oportunidades de negócios	27	26	25	21	34	15	22	19	24	26
Ter bom administrador	39	61	34	39	40	41	36	37	53	60
Bom conhecimento do mercado onde atua	42	62	55	50	33	49	52	55	51	50
Capacidade de liderança do empresário	9	17	6	8	3	6	9	6	6	8
Uso de capital próprio	33	30	27	31	34	24	30	39	30	32
Criatividade do empresário	28	19	30	22	32	34	25	21	23	13
Reinvestimento dos lucros na própria empresa	26	10	21	16	32	26	18	20	15	13
Boa estratégia de vendas	19	19	21	17	17	19	26	22	24	16
Terceirização das atividades-meio da empresa	3	1	1	4	2	1	3	2	1	2
Ter acesso a novas tecnologias	8	1	14	5	8	6	11	9	16	16
Empresário com persistência/perseverança	25	12	24	14	9	6	19	15	21	16
Outro	2	5	1	9	1	0	1	2	3	1

Obs.: A = empresas em funcionamento, B = empresas extintas. A questão admitia até três opções.

Áreas de conhecimento mais importantes no primeiro ano de atividade da empresa

De forma geral, conhecimentos sobre organização empresarial, planejamento e vendas são os pontos mais importantes para os empresários, no primeiro ano de funcionamento da empresa, tanto para as empresas em atividade como para empreendimentos extintos.

Criação de novos negócios

Tabela 6

Principais pontos a considerar no primeiro ano da empresa — %

Respostas	AC		AM		MS		PB		PE		PR	
	A	B	A	B	A	B	A	B	A	B	A	B
Organização empresarial	53	65	55	39	51	40	50	60	52	52	12	31
Análise financeira	18	15	26	24	23	30	22	24	18	13	62	58
Planejamento	59	58	53	46	55	53	63	59	79	77	7	29
Conjuntura econômica	13	18	18	24	10	10	12	18	31	34	33	39
Processo decisório	2	3	3	6	3	3	2	3	3	4	0	0
Marketing	32	32	23	14	29	19	36	41	28	30	17	16
Vendas	43	42	48	54	38	36	35	44	30	30	56	28
Informática	7	10	6	2	4	3	7	7	1	1	15	8
Relações humanas	51	35	23	23	34	25	39	21	6	13	15	19
Outro	2	1	1	0	1	6	1	0	3	3	1	2

Respostas	RN		SC		SE		SP		TO	
	A	B	A	B	A	B	A	B	A	B
Organização empresarial	61	60	53	42	46	62	49	49	77	68
Análise financeira	19	34	21	18	32	11	25	32	18	40
Planejamento	69	58	58	62	74	51	65	66	63	53
Conjuntura econômica	12	17	17	11	17	14	13	18	10	11
Processo decisório	6	1	5	3	3	2	6	3	2	2
Marketing	34	56	38	43	26	32	23	30	35	20
Vendas	37	31	37	21	37	45	48	37	42	38
Informática	5	3	7	4	3	2	6	1	5	6
Relações humanas	34	16	38	32	28	40	29	15	36	38
Outro	1	3	2	2	0	0	2	1	1	0

Obs.: A = empresas em funcionamento; B = empresas extintas. A questão admitia até três opções.

Motivo para a empresa ser fechada ou deixar de funcionar

Tanto nas respostas induzidas como nas informações espontâneas, a falta de capital de giro foi a maior alegação dos empresários de quase todos os estados para a extinção da empresa, principalmente para os do Acre (56% das respostas), da Paraíba (54%) e de Tocantins (53%), no caso das respostas induzidas. Problemas financeiros e falta de clientes também foram muito mencionados como causas do fechamento de empresas.

Tabela 7
Causas do fechamento ou paralisação da empresa — %

Respostas	AC	AM	MS	PB	PE	PR	RN	SC	SE	SP	TO
Falta de capital de giro	56	42	23	54	21	21	47	40	49	42	53
Falta de crédito	18	29	3	7	5	8	5	15	9	10	12
Problemas financeiros	30	49	29	29	20	42	17	19	21	24	37
Maus pagadores	29	16	9	19	6	3	10	15	16	21	19
Falta de clientes	25	21	26	22	15	20	39	28	48	21	35
Concorrência muito forte	17	11	8	18	8	9	25	12	8	21	14
Instalações inadequadas	8	1	3	4	2	0	6	5	1	2	2
Ponto inadequado	12	6	4	8	4	4	12	10	2	12	8
Carga tributária elevada	18	29	20	23	10	4	23	16	26	16	8
Falta de mão de obra qualificada	7	3	9	4	0	1	5	6	9	3	6
Falta de conhecimentos gerenciais	6	9	3	5	4	3	9	9	6	8	4
Recessão econômica no país	19	22	20	14	36	29	25	19	2	22	18
Outra	11	10	29	25	41	17	18	17	5	27	16

Obs.: A questão admitia mais de uma opção.

Capítulo 3

Mudanças e transformações empresariais que afetam as MPEs

*Menores margens de lucros combinadas com exigências de quali-
dade cada vez maiores por parte dos consumidores de produtos/
serviços estão criando pressões insuportáveis para as MPEs.*

Obras recentes no campo da administração abordam as significativas mudanças verificadas no ambiente das empresas, que estão relacionadas com as transformações políticas e econômicas que estão ocorrendo em nível mundial. Autores como Peter F. Drucker, Jay Galbraith, Bill Gates, Michael E. Porter, Don Tapscott, entre outros, enfocam as mudanças fundamentais na situação econômica mundial e na natureza das organizações, bem como a necessidade de um novo referencial na administração das empresas, uma abordagem essencialmente inovadora para compreender e tratar as novas realidades. Esse novo contexto e essa nova forma de gestão das empresas exigem novos empresários, executivos e trabalhadores, fortalecidos e autônomos, agrupados em equipes e despojados do tradicional conceito de hierarquia, comando e controle.

Segundo Tapscott (2000), as empresas dispõem de oportunidades sem precedentes para desfrutar de novos mercados. Por outro lado, os mercados tradicionais estão mudando de forma acentuada, encolhendo ou tornando-se intensamente competitivos. Além disso, menores margens de lucros, combinadas com exigências de qualidade cada vez maiores por parte dos consumidores de produtos e serviços, estão criando pressões insuportáveis para a maioria das organizações, particularmente as MPEs.

Um novo ambiente competitivo global está surgindo, devido não apenas a experimentados concorrentes em mercados tradicionais, mas também à desintegração das barreiras de acesso a mercados anteriormente monopolizados, cartelizados e protegidos.

As barreiras que separavam setores econômicos e verticais do mercado e as organizações que neles operavam estão caindo rapidamente. Isso significa que os gestores das organizações não poderão mais se sentir excessivamente confiantes em relação às suas fatias de mercado e às suas posições competitivas. Dentro das organizações, a tendência é ocorrer a eliminação dos gerentes de nível médio e de outras pessoas encarregadas de ampliar os sinais de comunicação entre os diferentes segmentos organizacionais.

Tapscott afirma que a abertura dos mercados mundiais tem provocado significativas mudanças em inúmeras organizações, levando os seus gestores a efetivar maciça reestruturação em praticamente todos os setores econômicos mundiais. A reestruturação das economias nacionais tem sido implacável, impulsionada em grande parte pelos avanços da tecnologia da informação. Com mercados e seus protagonistas em constante mudança, não existe mais a possibilidade de as empresas estabelecerem vantagem competitiva duradoura.

O mercado de trabalho na atualidade

Em face das inúmeras transformações em marcha, o mercado de trabalho passa por uma radical reestruturação. Devido à forte volatilidade do mercado, ao aumento da competição e ao estreitamento das margens de lucro, os empresários e executivos/gestores das micro e pequenas empresas deverão se reposicionar diante do enfraquecimento do poder sindical e da grande quantidade de mão de obra excedente (desempregados ou subempregados) para negociar regimes e contratos de trabalho mais flexíveis.

É difícil esboçar um quadro geral, visto que o propósito dessa flexibilidade é satisfazer as frequentemente muito específicas necessidades de cada MPE. Mesmo para os empregados regulares, com jornada de trabalho de 40 horas semanais em média, há uma certa obrigatoriedade de trabalhar bem mais nos períodos de pico de demanda, compensando com menos horas nos períodos de redução da demanda, situação que vem se tornando muito comum. Mais importante do que isso é a aparente redução do emprego regular em favor do crescente uso do trabalho em tempo parcial, temporário ou subcontratado.

Um novo *modelo de gestão* de empresas de médio e grande portes está surgindo, baseado em um núcleo central composto de pessoal estratégico e de pessoal complementar, constituído de mão de obra não especializada. Esse novo formato de organização de médio e grande portes tende a propiciar a criação de novas micro e pequenas empresas (MPEs), que funcionarão em regime de subcontratação e de fornecimento cativo àquelas primeiras organizações.

O núcleo dessa nova forma de gerenciar as empresas de médio e grande portes, grupo que diminui cada vez mais, compõe-se de executivos e colaboradores especializados em tempo integral, condição permanente e posição essencial para o futuro de longo prazo da organização. Usufruindo de maior segurança no emprego, boas perspectivas de promoção e de reciclagem, além de vantajosos benefícios, esse grupo deve atender à expectativa de ser adaptável, flexível e, se necessário, móvel. Os custos potenciais da dispensa temporária de empregados do grupo central em época de dificuldade podem, no entanto, levar a organização a subcontratar, mesmo para funções de alto nível, mantendo o grupo central relativamente pequeno.

A periferia do modelo de gestão da organização abrange dois subgrupos distintos. O primeiro é constituído de funcionários em tempo integral com habilidades facilmente disponíveis no mercado de trabalho, como o pessoal do setor financeiro, das áreas de trabalho rotineiro e de trabalho manual menos especializado. Com menos acesso a oportunidades de carreira, esse grupo tende a se caracterizar por uma alta taxa de rotatividade, o que torna as reduções da força de trabalho relativamente fáceis por desgaste natural. O segundo grupo periférico oferece uma flexibilidade numérica ainda maior e inclui funcionários em tempo parcial, colaboradores casuais, pessoal contratado por tempo determinado, temporários, subcontratados e estagiários com subsídio público. A segurança de emprego deles é ainda menor que a do primeiro grupo periférico.

A atual tendência dos mercados de trabalho é reduzir o número de colaboradores centrais e empregar cada vez mais uma força de trabalho que entra facilmente e é demitida sem custos quando a situação fica crítica.

O paradigma pós-industrial é marcado por um confronto direto com a rigidez do fordismo. Apoia-se na flexibilidade dos processos de trabalho, dos produtos, dos padrões de consumo e, principalmente, dos mercados de trabalho, com profundos reflexos na gestão de pessoas no âmbito das empresas. Caracteriza-se pelo surgimento de setores de produção inteiramente novos, novas maneiras de prestar serviços financeiros, novos mercados e, sobretudo, altos índices de inovação comercial, tecnológica e organizacional.

Figura 1
A organização e uma nova estrutura de trabalho

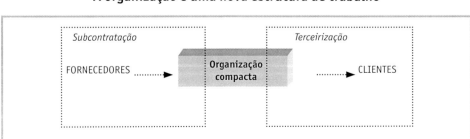

Nesse novo contexto, a empresa de médio e grande porte tende a subcontratar externamente atividades antes realizadas no âmbito interno. Isso favorece, naturalmente, o surgimento de micro e pequenas empresas que, como terceirizadas, passam a fornecer serviços àquelas empresas, até de forma permanente.

É o caso da Embraer, cujo crescimento no mercado internacional, segundo a *Gazeta Mercantil*, já representa mais de US$11 bilhões de faturamento, o que provocou uma revolução nos negócios de mais de 60 micro e pequenas empresas brasileiras. Além de grande compradora, a Embraer abriu para elas as portas das vendas ao exterior. A Aeroserv, de São José dos Campos (SP), onde estão concentradas mais de 30 dessas empresas, prevê dobrar o faturamento este ano com a prestação de serviços para a Embraer. A Metalúrgica Friuli aumentou em mais de 50% sua receita dos últimos três meses, em relação ao mesmo período do ano passado, e prepara um novo centro de usinagem para atender aos novos pedidos.

O modelo de gestão da Embraer procura estabelecer uma base de fornecedores locais para compartilhar riscos, reduzir custos e concentrar esforços, primordialmente, no seu negócio, que é a montagem de aviões, integração, projeto e apoio no pós-venda. Essas micro e pequenas empresas fornecedoras do interior paulista viram seus negócios se expandir desde que passaram a ter a Embraer como principal cliente. Em alguns casos, os fornecedores não conseguem dar conta do volume de pedidos, que está cada vez maior.

A Aeroserv, que dedica 70% da sua produção aos programas da Embraer, já providenciou a construção de dois novos galpões para abrigar a fabricação e montagem de partes estruturais de aeronaves, assim como a manutenção e o reparo.

A usinagem de peças para jatos também é outra atividade que movimenta as micro e pequenas empresas em São José dos Campos e região. A Metalúrgica Friuli tem hoje 90% do seu faturamento ligado à prestação de serviços de usinagem para a Embraer.

As micro e pequenas empresas fornecedoras da indústria aeronáutica, diante dos negócios com a Embraer, criaram melhores perspectivas para exportação de peças e componentes. Tais MPEs, consorciadas em um grupo de 15 empresas, criaram a High Technology Aeronautics para oferecer soluções completas, desde a área de engenharia até a fabricação de componentes e estruturas aeronáuticas. Complementarmente, outras micro e pequenas empresas do setor aerospacial optaram pela diversificação de atividades para melhorar seu fluxo de caixa e garantir a sobrevivência no mercado. Este é o caso da Compsis e da Imagem Sensoriamento Remoto, dois dos mais bem-sucedidos exemplos de micro e pequenas empresas que tiveram sucesso na transferência de tecnologia aerospacial para as áreas de telecomunicações e de transportes.

Segundo a *Gazeta Mercantil*, outro exemplo de setor econômico composto de empresas de porte que funcionam apoiadas em rede de micro e pequenas empresas fornecedoras é o de telecomunicações. Ou seja, em geral, quando se pensa em fornecedores de infraestrutura para operadoras telefônicas, os primeiros nomes que vêm à mente são os de multinacionais como Lucent, Ericsson, Nortel e NEC. Entretanto, uma verdadeira legião de pequenas e médias empresas brasileiras participa, cada vez mais, desse mercado. Na Alcatel, por exemplo, cerca de 70% dos fornecedores faturam menos de US$8 milhões por ano. Já na Siemens, aproximadamente 90% dos parceiros arrecadam abaixo desse valor.

Conforme dados da Associação Brasileira da Indústria Eletroeletrônica (Abinee), as organizações de pequeno porte são responsáveis por cerca de 10% do que é movimentado no mercado de telecomunicações. Segundo a mesma Abinee, enquanto o setor como um todo cresceu aproximadamente 35% no ano passado, o faturamento das micro e pequenas empresas desse segmento econômico aumentou em torno de 90%. Na maior parte dos casos, as micro e pequenas empresas são contratadas pelos grandes fornecedores de tecnologia. São raros os casos de organizações de menor porte que trabalham diretamente com as operadoras. Isso porque as grandes empresas de telecomunicações firmam contratos que exigem alta produtividade, o que na maioria dos casos inviabiliza a participação das pequenas.

Para garantir competitividade, quem já atua no mercado está preocupado em promover melhorias tecnológicas em suas empresas. As micro e pequenas empresas fornecedoras já representam 40% do faturamento médio do Centro de Pesquisa e Desenvolvimento em Telecomunicações (CPqD), entidade especializada em pesquisas e certificação de produtos da área de telecomunicações. Tais parcerias envolvem até micro e pequenas empresas que prestam serviços de desenvolvimento de produtos, melhoria de processos, certificação e treinamentos. Uma das razões para essa maior preocupação com a tecnologia é o aumento da concorrência no setor econômico, que obrigou os clientes a exigir mais qualidade e produtividade de seus fornecedores. A BCP, caso exemplar, só contrata empresas fornecedoras que tenham excelência tecnológica. Como consequência, as micro e pequenas empresas fornecedoras da BCP têm oportunidades de negócios na área de construção e manutenção das estações de rádio base.

Cada empresa de grande porte tem critérios próprios para contratar parceiros, mas itens como rapidez, excelência tecnológica e qualidade são comuns a todas elas. A Siemens, por exemplo, possui um plano predefinido de critérios para contratar seus fornecedores. Os interessados em vender para qualquer unidade do grupo empresarial, até mesmo a de telecomunicações, precisam passar por um processo que inclui a análise de currículos, avaliação comercial e, principalmente, técnica, feita *in loco*.

Portanto, o mercado de trabalho, diante das inúmeras transformações em marcha, vive uma radical reestruturação. Como venda e compra da força de trabalho, o mercado está saturado quando o número de profissionais procurando vender sua força de trabalho (oferta) é maior que o número de empregos (procura). Os fatores que determinam o mercado de trabalho (a relação entre a oferta e a procura) são fundamentalmente relacionados à política econômica do governo.

Assim, num momento de recessão econômica, ocorre uma diminuição de investimentos e em geral o mercado de trabalho se retrai. Disso resultam não só a demissão de trabalhadores já empregados como também a não absorção de novos trabalhadores. Quando acontece essa retração do mercado, verifica-se também um aumento dos requisitos necessários para a ocupação de cargos.

Por exemplo, passa-se a exigir um grau de escolarização superior ao que se exigia anteriormente, um número maior de anos de experiência (certos anúncios de empregos exigem experiência até para estagiário!), entre outros quesitos. Outro fator que acompanha o aumento da oferta de mão de obra e a diminuição da procura é a redução, em termos relativos, dos salários.

Diante da forte volatilidade do mercado, do aumento da competição e do estreitamento das margens de lucro, as organizações empregadoras de pessoal tiram proveito do enfraquecimento do poder sindical e da grande quantidade de desempregados ou subempregados para impor regimes e contratos de trabalho mais flexíveis. Essa defasagem entre a oferta de postos de trabalho e os candidatos aos empregos formais e informais é de ordem conjuntural (fruto da situação econômica reinante no país), podendo ser também de ordem tecnológica. Neste último caso, as mudanças tecnológicas e organizacionais podem aumentar o desemprego, com impactos diversos nos diferentes setores econômicos em que se inserem as empresas. Estas últimas, portanto, sofrem consequências diferenciadas conforme o ramo de negócios a que pertençam.

É difícil traçar um quadro geral claro, visto que o propósito dessa flexibilidade é satisfazer às necessidades geralmente muito específicas de cada organização. Mesmo para os empregados regulares, com jornada de trabalho de 40 horas semanais em média, há uma certa obrigatoriedade de se trabalhar bem mais nos períodos de pico de demanda drástica, compensando com menos horas em períodos de redução da demanda, situação que vem se tornando muito comum. Mais importante do que isso é a aparente redução do emprego regular em favor do crescente uso do trabalho em tempo parcial, temporário ou subcontratado. Essas mudanças têm como reflexo imediato a criação de condições propícias ao surgimento de novas MPEs no âmbito da economia como um todo. Tais mudanças podem evoluir para uma estrutura do mercado de trabalho *versus* organização do tipo ilustrado na figura 2.

Figura 2
A organização e uma nova estrutura de trabalho

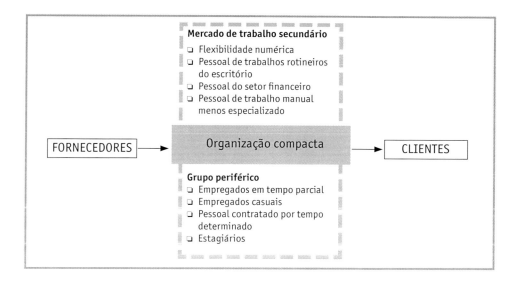

O centro, grupo que diminui cada vez mais, compõe-se de colaboradores em tempo integral, condição permanente e posição essencial para o futuro de longo prazo da empresa. Usufruindo de maior segurança no emprego, boas perspectivas de promoção e de reciclagem, e de vantajosos benefícios, esse grupo deve atender à expectativa de ser adaptável, flexível e, se necessário, móvel. Os custos potenciais da dispensa temporária de colaboradores do grupo central em época de dificuldade podem, no entanto, levar a organização a subcontratar externamente, mesmo para funções de alto nível, mantendo o grupo central relativamente pequeno.

A periferia abrange dois subgrupos distintos. O primeiro é formado pelos colaboradores em tempo integral com habilidades facilmente disponíveis no mercado de trabalho, como o pessoal do setor financeiro, das áreas de trabalho rotineiro e de trabalho manual menos especializado. Com menos acesso a oportunidades de carreira, esse grupo tende a se caracterizar por uma alta taxa de rotatividade, o que torna as reduções da força de trabalho relativamente fáceis por desgaste natural. O segundo grupo periférico oferece uma flexibilidade numérica ainda maior e inclui funcionários em tempo parcial, colaboradores casuais, pessoal contratado por tempo determinado, temporários, subcontratados e estagiários, que têm ainda menos segurança de emprego do que os do primeiro grupo periférico.

A atual tendência dos mercados de trabalho, particularmente válida para o ambiente em que se inserem as empresas, é reduzir o número de colaboradores centrais e empregar cada vez mais uma força de trabalho que entra facilmente e é deslocada ou dispensada sem custos quando a flutuação da demanda assim o exige.

Outra mudança ainda em curso é o surgimento de uma nova era, a da economia digital, em que o capital humano passa a ser mais importante do que o capital tradicional. Nessa economia baseada mais no cérebro do que nos recursos físicos e materiais, as inovações e vantagens competitivas são efêmeras. Tal economia passa a se apoiar intensamente em redes eletrônicas, que expandem virtualmente as fronteiras das organizações, suprimindo agentes de intermediação entre a instituição, fornecedores e clientes. Esse novo contexto exige das empresas mais ênfase na gestão do conhecimento e não apenas na administração de dados ou informações. Exige, ainda, a correta compreensão e interpretação das novas gerações que estão chegando, a geração *internet* ou da *era digital*, com uma nova cultura, valores e perfil psicológico.

Tais mudanças, de caráter social, cultural, tecnológico e econômico, levam à criação de novos negócios na medida em que as grandes organizações reduzem seu tamanho, repassando grande parte de suas atividades para empresas subcontratadas para esse fim.

As empresas interligadas em rede

A gestão das micro e pequenas empresas na era da informação ou da economia digital deve encarar como absolutamente normal uma MPE com suas fronteiras ampliadas. De fato, um novo tipo de relacionamento está surgindo entre a micro ou pequena empresa e seus fornecedores, clientes e demais instituições do seu ambiente de atuação. Tais relacionamentos deverão capacitar as organizações a desenvolverem enfoques abrangentes para os seus mercados, responder rapidamente às novas oportunidades, ter acesso interorganizacionalmente a clientes comuns, criar novos mercados, compartilhar informações, atuar de forma conjunta, expandir-se geograficamente em empreendimentos comuns, entre outras possibilidades.

Tal tendência pode ser ilustrada com o caso de 18 empresas produtoras de gesso em Pernambuco que formaram um consórcio para exportar esse produto, principalmente para a África e América Latina. Segundo o Sindicato das Indústrias do Gesso (Sindusgesso), que apoia o empreendimento juntamente com o Sebrae e o Programa Federal de Apoio à Exportação (Apex), esse consórcio recebe investimento significativo e vai quintuplicar o volume exportado em relação aos últimos anos.

A computação entre empresas permitirá, por outro lado, que fornecedores visualizem a demanda por seus produtos, ao mesmo tempo em que auxiliará as MPEs-clientes a fortalecer suas redes de suprimento, reduzir seus estoques e melhorar a disponibilidade de seus produtos. As barreiras físicas entre as MPEs estão caindo e dando lugar a MPEs virtualmente interligadas. Redes informatizadas aproximam as MPEs, criando condições para parcerias estratégicas, que por sua vez evitam contratações de pessoal próprio. Ou seja, profundas transformações ocorrerão na natureza das interações comerciais, fazendo aflorar questões de extrema relevância sobre estratégias de negócios.

Um caso exemplar desse conceito é a Gráfica Eulina, fornecedora da Rhodia, que em regime de parceria administra o estoque de impressos da multinacional. A decisão de entregar o controle de seu estoque a uma MPE fornecedora trouxe benefícios à Eulina no sentido de maior controle da própria produção, com reflexos na melhor gestão do negócio (maior controle do que e quando produzir e manutenção preventiva/corretiva sem prejudicar o cliente). A Rhodia, por sua vez, concentrou-se na gestão das atividades que fazem parte de sua linha de produção e da essência do seu negócio.

Outra referência em termos de aliança estratégica e funcionamento de micro e pequenas empresas em rede é o caso da união da Citylar com a Construre, que resultou em 40 lojas no mercado da construção do Rio de Janeiro. É um exemplo do pequeno varejo que forma rede para sobreviver à concorrência acirrada pela chegada de marcas estrangeiras. De fato, o mercado varejista de material de construção passa por momentos de grandes modificações. De um lado, estão os grupos franceses Castorama, Leroy Merlin e Saint-Gobain; o nascimento da C & C Casa e Construção (resultado da fusão das líderes do varejo Madeirense e Conibra); e a associação do grupo Markinvest com a *homecenter* Di Cicco, na Construdecor. De outro, índices de crescimento mais tímidos (4,83% em 2000) do que os registrados em 1996, 1997 e 1998 (aproximadamente 8%). No meio dessa turbulência, lojas de micro e pequeno portes.

Para sobreviver, cada vez mais as MPEs desse segmento econômico se organizam em redes associativistas, que têm como objetivo aumentar o poder de negociação junto aos fornecedores, por meio de compras em conjunto, além de diluir, entre as mesmas, despesas com treinamento e publicidade. É o caso da Construvip, rede com 50 lojas em 15 cidades, cujas compras representam economia de 8 a 12% para as lojas associadas. Segundo a Associação Nacional dos Comerciantes de Material de Construção (Anamaco), são hoje 22 redes, congregando cerca de 800 lojas espalhadas pelo Brasil.

Atualmente, outras associações também conseguem viabilizar negócios antes improváveis, como a venda de eletrodomésticos a preços competitivos ou, ainda, a estruturação de uma cooperativa de crédito para autofinanciamento. É o exemplo da Constru & Cia., rede de lojas do norte do Paraná, que comercializa eletrodomésticos a partir de contrato feito com a Multibrás (fabricante das marcas Cônsul e Brastemp). Outro caso emblemático, ainda segundo Empresas & Carreiras (*Gazeta Mercantil*, fev. 2001), é a associação regional de pequenos supermercadistas, que se uniram para comprar direto de grandes fornecedores. Posteriormente, várias associações regionais aderiram à Associação Nacional de Centrais de Compras para aumentar o poder de barganha junto aos fornecedores (redução de até 15% no preço dos produtos) e, assim, competir em pé de igualdade com as grandes redes (Carrefour, Pão de Açúcar e equivalentes). Além de negociar preços de produtos e serviços, essa associação visa a negociar créditos com bancos e a desenvolver sistemas de operação, logística, tecnologia e promoção.

A ampliação virtual das fronteiras da MPE deverá estabelecer um cenário em que:

- ❏ as informações da organização estarão disponíveis aos seus parceiros e agentes externos;
- ❏ a interligação com os clientes da organização será benéfica para ambas as partes, fortalecendo a fidelidade e relacionamento de longo prazo;
- ❏ a participação relativa das organizações de um mesmo setor se alterará constantemente em função direta da adoção de tecnologias da informação, como Internet, intercâmbio eletrônico de documentos (EDI) e redes informatizadas; ou seja, a inovação introduzida por uma organização tenderá a provocar mudança no *market share*, afetando as demais organizações concorrentes;
- ❏ a possibilidade de ganhos e benefícios comuns permitirá a cooperação entre MPEs concorrentes (por exemplo, sistemas de reservas de hotéis, transações interbancárias eletrônicas, intercâmbio em rede de pesquisas etc.);
- ❏ a criação de parcerias e alianças entre organizações virtualmente interligadas permitirá a geração de novos produtos e serviços, sem que seja preciso criar novas MPEs ou mesmo novos departamentos intraorganizacionais.

Galbraith (1995) salienta que um dos efeitos da competição global foi o redirecionamento do poder para as mãos do comprador. Em muitos setores econômicos, o mercado comprador existe simplesmente porque há mais concorrentes e um excesso de oferta. O comprador está aprendendo a usar esse novo poder. Disso resulta um modelo de gestão que privilegia a configuração organizacional por segmento de clientes. O cliente continuará a penetrar cada vez mais na organização, e suas solicitações sinalizarão as decisões do gestor no contexto da organização dos novos tempos.

Mudanças e transformações empresariais que afetam as MPEs

As novas exigências na área de administração demandarão decisões relativas a terceirização (*outsourcing*). O gestor deverá ter em mente que, à medida que vai aumentando a capacidade de integrar instalações produtivas da organização com recursos e suporte dos fornecedores aos seus processos internos, as mesmas infraestruturas passam a capacitar o repasse de processos, anteriormente internos, para fornecedores externos.

Segundo Galbraith, diferentemente da era industrial, em que as organizações tinham necessidade de ser autossuficientes por meio da integração vertical realizada de forma intraorganizacional, os novos tempos exigem que o executivo busque uma integração horizontal e vertical interorganizacionalmente, passando a interagir com as entidades externas na forma de parcerias e alianças estratégicas. Ou seja, a tendência é a renovação do interesse pela terceirização de determinados aspectos da produção, distribuição, vendas, serviços e atividades de suporte. Mas se é fato que a terceirização pode revelar-se econômica e facilitadora da elevação da produtividade, ela, quando mal gerenciada, também pode trazer sérios prejuízos. Colaborar para o sucesso dos programas de terceirização é um desafio que precisa ser incorporado na formulação de políticas de gestão.

Algumas organizações têm utilizado a terceirização apenas para reduzir os encargos trabalhistas. Assim, despedem os funcionários de alguns de seus setores, fazendo com que eles criem uma empresa apenas para serem recontratados sem vínculos trabalhistas. Quando isso ocorre e a nova empresa tem como única cliente a organização que "estimulou" seu surgimento, continuando os empregados a trabalhar no espaço físico da contratante e a utilizar seus móveis e equipamentos, estão criadas as condições para futuros processos trabalhistas.

Outro problema que pode ocorrer em processos de terceirização é o descomprometimento dos terceirizados com os padrões de qualidade adotados pela organização. É preciso que o contrato de terceirização incorpore mecanismos que possibilitem à contratante participar diretamente da seleção e da definição de programas de treinamento e capacitação para os terceirizados. As políticas de pessoal precisam alcançar os funcionários da terceirizada, pois o grau de qualificação e envolvimento dos mesmos influenciará diretamente o sucesso da organização.

Os resultados da aplicação das novas técnicas de gestão

Cada vez mais, o grande desafio com que os gestores se defrontam nas organizações é a melhoria da produtividade de sua mão de obra para atender com mais eficiência os clientes, voláteis em virtude da pressão exercida pelos concorrentes em seu mercado de atuação.

Quando se compara a necessidade de produtividade na era da informação com a que havia na era industrial, evidenciam-se dados de extrema relevância para o escopo da presente obra. A produtividade em manufatura, agricultura, mineração e transportes tem melhorado a uma taxa anual combinada de 3 a 4%, resultando numa fenomenal melhoria de 45 vezes ao longo dos últimos 120 anos. Tal aperfeiçoamento continua acontecendo nos dias atuais, de forma decrescente porém contínua, mas vem diminuindo seu impacto na economia, uma vez que a proporção relativa de sua participação tem-se tornado cada vez menor. Esses notáveis ganhos de produtividade foram resultado da aplicação de métodos científicos, de engenharia avançada e de técnicas de gestão.

A economia brasileira, segundo dados de setembro de 1999 da Confederação Nacional da Indústria (CNI), apresenta evolução favorável no índice de produtividade, que passou de 100 em 1990 para 192,4 em 1999, enquanto o índice de custo unitário do trabalho, medido em dólares, caiu de 98,7 para 59,9 (quando comparado com o ano anterior), o que representa um aumento da competitividade em relação à indústria de outros países que concorrem com o Brasil no mercado mundial. Para o gestor, o enfoque deverá estar dirigido para importantes mudanças nas organizações no futuro, quando processos inteiros estarão sendo racionalizados e simplificados. Haverá uma mudança no enfoque da produtividade, deixando-se de privilegiar apenas a redução dos custos para se enfatizar a melhoria do desempenho e da eficácia organizacionais.

Tal melhoria de desempenho, conforme abordado ao longo desta obra, ainda depende diretamente do tipo de organização ou setor econômico em que se enquadre a empresa sob análise. Como mostram os dados da tabela 8, tem-se uma produtividade de mão de obra diferenciada em função do ramo de negócios.

Tabela 8
Produtividade da mão de obra
(faturamento por empregado em R$ mil)

Setor econômico	1999	2000
Têxtil	80,5	74,2
Metalúrgico	238,4	219,2
Serviços	147,4	164,5
Eletroeletrônico	367,7	786,9
Papel e celulose	232,3	285,8
Alimentício	262,4	366,1
Químico	539,0	962,6

Fonte: *Gazeta Mercantil*, 2000.

Como mais e mais concorrentes entram no mercado, tudo leva a crer que as pressões de custo continuarão sua escalada. Quando uma MPE procura obter vantagem competitiva através da eficácia de custos, isso traz implicações profundas em todas as partes dessa organização. Os novos métodos de custeio baseados na atividade, por exemplo, constituem uma importante ferramenta projetada para segmentar os custos operacionais em seus vários elementos.

Segundo Tapscott (2000), atualmente os problemas de qualidade podem acumular-se em fábricas inteiras, com reações ao longo da cadeia produtiva envolvendo fornecedores e clientes. Frequentemente, falhas na entrega de produtos acarretam dispendiosas paradas de produção para os clientes, onerosos reparos e retrabalhos, além de clientes insatisfeitos.

O grau de exigência e as expectativas dos clientes em termos de qualidade têm crescido vertiginosamente. O gestor, mediante a criação de uma cultura empresarial em torno da qualidade, pode alcançar resultados expressivos no âmbito das organizações. No campo da administração, a qualidade tornou-se um tema abrangente, que engloba as noções de consistência, previsibilidade, motivação do pessoal, envolvimento dos fornecedores, medição de desempenho, constituindo-se num referencial de gestão a ser observado pelos gestores.

O futuro não acena com qualquer indicação de menor ênfase em produtos ou qualidade de serviços. Na verdade, essa ênfase deverá crescer. Mais e mais organizações enfatizam a oferta de produtos e serviços de melhor qualidade e se concentram na satisfação do cliente. Essa tendência tem fortes implicações em todos os setores da organização. Os principais gestores precisarão dar efetivo suporte ao pessoal operacional porque o nível de desempenho da organização vai se refletir diretamente na qualidade final do produto ou serviço por ela oferecido.

Qualidade

Têm aumentado de forma espantosa tanto o nível de exigência como as expectativas dos clientes com relação à qualidade. Ao criar uma cultura empresarial em torno da qualidade, o empresário/executivo de uma MPE pode obter resultados significativos no âmbito das organizações. No campo das micro e pequenas empresas, a qualidade tornou-se um tema abrangente, reunindo as noções de consistência, previsibilidade, motivação do pessoal, envolvimento dos fornecedores e medição de desempenho, além de se tornar um referencial de gestão a ser considerado pelos executivos das MPEs.

Mais e mais MPEs enfatizam a oferta de produtos e serviços de melhor qualidade e se concentram na satisfação do cliente. Essa tendência tem fortes implicações em todas as partes da MPE. Seus executivos terão que dar apoio efetivo ao quadro operacional porque o nível de desempenho da MPE vai se refletir diretamente na qualidade final do produto ou serviço por ela oferecido.

Exemplo emblemático da importância da qualidade no contexto das micro e pequenas empresas é o caso do acordo entre as farmácias de manipulação do Rio de Janeiro visando a garantir a qualidade das matérias-primas e serviços (*Gazeta Mercantil*). Esse é o objetivo do Projeto Ensaios Laboratoriais. A iniciativa foi de oito farmácias interessadas em melhorar seus sistemas de produção, tendo sido posteriormente atendidas mais de 150 micro e pequenas empresas do setor. O grupo procurou o Sebrae-RJ, que o encaminhou ao laboratório de controle de qualidade da Fundação Bio Rio (polo de biotecnologia da Universidade Federal do Rio de Janeiro). Essa fundação desenvolve ensaios de cosméticos e alimentos para o Sebrae, mas são as farmácias de manipulação que mais solicitam a sua assistência. Para atendê-las, dispõe do Programa de Apoio Tecnológico às Micro e Pequenas Empresas (Patme), que abrange até treinamento de pessoal, contribuindo assim para a diminuição da rotatividade, que, no caso da farmácia Quintessência, atinge 50%.

Terceirização

As novas exigências na gestão das micro e pequenas empresas implicarão decisões relativas a terceirização (*outsourcing*). Tanto o empresário como o executivo das MPEs deverão ter em mente que, à medida que vai aumentando a capacidade de integrar instalações produtivas da organização com recursos e suporte dos fornecedores aos seus processos internos, as mesmas infraestruturas passam a capacitar o repasse de processos, antes internos, para fornecedores externos.

Empresa como a Plasusi Indústria, Comércio e Serviços, que nasceu para atender a ABB, fornecedora de produtos e serviços de engenharia e tecnologia, é um exemplo típico de surgimento de micro e pequenas empresas devido à terceirização promovida pelas grandes organizações. Ou seja, a Plasusi foi criada depois que a ABB decidiu terceirizar parte da produção de instrumentos de controle de processos. Para tanto, ela investiu na compra de equipamentos (em grande parte adquiridos da própria multinacional) e na contratação de mão de obra da mesma ABB cliente. Posteriormente, para diversificar seu mercado, a Plasusi conquistou outros clientes, como a Siemens, sendo a ABB responsável por 85% do seu faturamento.

Outra referência no mercado é a Oceansat, especializada em sensoriamento remoto, que firmou parceria com a Petrobras para monitoramento do óleo da baía de Guanabara. Saída da incubadora de empresas da Coppe/UFRJ, a Oceansat posteriormente passou a agregar ao seu portfólio de clientes empresas como a Exxon, Shell, Texaco, Devon, entre outras.

Diferentemente da era industrial, em que as MPEs tinham necessidade de ser autossuficientes por meio da integração vertical realizada intraorganizacionalmente, os novos tempos exigem do empresário e executivo dessas empresas um enfoque para a integração horizontal e vertical interorganizacionalmente, passando a interagir com as entidades externas na forma de parcerias e alianças estratégicas. Ou seja, a tendência é a renovação do interesse pela terceirização de determinados aspectos da produção, distribuição, vendas, serviços e atividades de suporte.

Novas tecnologias e novos modelos de gestão

A tecnologia não é uma força isolada. É também o motor que impulsiona a competição global. Os dispêndios em pesquisa e desenvolvimento, típicos dos países desenvolvidos, tornam-se fundamentais. O encurtamento dos ciclos de vida dos produtos equivale à redução do número de anos ao longo dos quais os custos fixos serão amortizados.

O advento de novas tecnologias na transmissão de dados, por exemplo, tanto via cabo quanto pelo ar, está possibilitando que as micro e pequenas empresas prestem serviços para as grandes organizações de telecomunicações. As razões para isso são o avanço vertiginoso da Internet e a necessidade cada vez maior de as empresas trocarem informações em tempo real. Segundo a Associação Brasileira das Empresas e Profissionais de Telecomunicações (Aberimest), diversas micro e pequenas empresas exploram esse mercado, vendendo produtos das operadoras telefônicas e agregando serviços a eles. Algumas, por exemplo, compram no atacado itens como espaço nas redes de telefonia, em satélites e *links* e revendem para públicos específicos, como condomínios comerciais e residenciais, hospitais, universidades, clubes, hotéis, *flats*, *shoppings*, entre outros. Para a Aberimest, a empresa que atua na área de comunicação de dados tem de ter criatividade e descobrir nichos de mercado, e as MPEs só conseguirão sobreviver se forem eficientes e focadas.

Ainda conforme essa associação, existem empresas de sucesso especializadas em fornecer infraestrutura de telecomunicações para edifícios em construção. É o caso da Lintec, focada no provimento de soluções para a comunicação entre matriz e filiais de empresas. Esse tipo de parceria, em que uma MPE fornece soluções para uma grande empresa, adota um formato que passa pela realização de estudo prévio para identificar as necessidades tecnológicas do cliente, posteriormente contrata-se a infraestrutura das operadoras de telefonia e, finalmente, fornecem-se *softwares* para viabilizar o projeto.

As novas tecnologias da informação, por outro lado, levarão a novas formas de administração e, consequentemente, a um novo tipo de gestor. Esse profissional dos novos tempos tenderá a trabalhar em organizações menos hierárquicas, cujo ambiente informacional possibilitará que grande número de pessoas possam se comunicar rapidamente através de redes informatizadas.

A informação está entrando numa nova era. O novo paradigma de tecnologia se estabelece paralelamente às outras mudanças. Assim como a nova organização, o sistema de informação nesse novo contexto é aberto e opera em rede. Modular e dinâmico, baseia-se em componentes intercambiáveis e induz a organização ao *empowerment*, distribuindo informação e poder decisório aos usuários. O sistema de informação opera da mesma maneira que as pessoas, integrando dados, texto, voz, informação e imagem em seus diversos formatos, proporcionando uma espinha dorsal para as estruturas organizacionais orientadas para equipes. Ao tornar indistintas as barreiras entre as organizações, ele possibilita a reformulação dos relacionamentos externos. Além disso, o sistema de informação já atingiu o ponto de maturidade ao se tornar economicamente viável. Na verdade, quanto mais tempo a organização levar para dar início a essa transição, maiores serão os investimentos e gastos de longo e curto prazos.

Nas últimas décadas, ocorreram quatro mudanças fundamentais, algumas ainda em curso, quanto à forma de utilizar a computação nas organizações. Em uma primeira mudança, deu-se a passagem da computação pessoal para a computação em grupo. Os computadores pessoais chegaram às empresas e alcançaram praticamente todas as áreas e níveis organizacionais. Mas seu impacto raramente pode ser descrito como estratégico, visto que o microcomputador (PC) isolado não funcionava da mesma maneira que as pessoas, em termos de comunicação com os outros, especialmente dentro de um grupo de trabalho. A computação em grupos de trabalho proporcionou instrumentos, informação e capacidade tanto em nível pessoal como de equipe, dando suporte direto a todas as categorias de pessoas no contexto organizacional. Quando bem concebidos e implementados, os sistemas para grupos de trabalho podem se tornar o ponto focal para a reconfiguração dos processos e das posições funcionais da organização.

A segunda mudança caracteriza-se pela passagem de sistemas ilhados para sistemas de informação integrados. Ou seja, tradicionalmente, a tecnologia da informação era utilizada para apoiar o controle dos recursos: ativos físicos, recursos financeiros e recursos humanos. Tal abordagem provocou o surgimento de sistemas isolados por toda a organização. Com a evolução dos padrões da tecnologia da informação foi possível migrar para um patamar em que a arquitetura da organização, como um todo, é viável, em vez de continuar-se acrescentando mais unidades isoladas à medida que elas se tornavam necessárias.

Na terceira mudança, a organização passará da computação interna para a computação interorganizacional. Ou seja, os sistemas de informação estão ampliando o alcance externo ao ligar a organização a seus fornecedores e clientes. A nova tecnologia da informação, de alcance ampliado, possibilita a reformulação do relacionamento das instituições com organizações externas. A cadeia de agregação de valor da organização do futuro será transformada numa rede de valor eletrônica que interligará grupos de afinidade e até mesmo concorrentes. A informática restrita e de alcance interno (intraorganizacional) está se transformando em computação interorganizacional.

Nesse novo ambiente, as tecnologias da informação poderão ser vistas em termos de classe de sistemas de informação que vão desde o nível pessoal até o nível interorganizacional. As aplicações pessoais dão suporte direto aos seus usuários finais e são por eles controladas. As aplicações para trabalho em grupo são compartilhadas por membros de equipes ou por funções que podem estar centralizadas ou então dispersas por todas as seções. As aplicações corporativas ou empresariais dão suporte a uma ampla gama de usuários em toda a organização, podendo abranger muitas áreas e/ou departamentos. As aplicações interorganizacionais envolvem interação com usuários e sistemas externos à organização.

A quarta mudança, que afetará de forma intensa todas as organizações empresariais, diz respeito a uma nova era, a da *economia digital*, em que o capital humano será mais importante do que o capital tradicional. Nessa economia baseada mais no cérebro do que nos recursos físicos e materiais, as inovações e vantagens competitivas são efêmeras. Tal economia passará a se apoiar intensamente em redes eletrônicas, que expandirão virtualmente as fronteiras das organizações, suprimindo os agentes de intermediação entre a organização, os fornecedores e os clientes. O principal ativo das organizações nessa nova economia será o capital humano, intelectual ou do conhecimento, em vez do tradicional ativo patrimonial das demonstrações financeiras. Esse novo contexto exigirá das organizações empresariais mais ênfase na gestão do conhecimento e não apenas na administração de dados ou informações. Exigirá, ainda, a correta compreensão e interpretação da nova geração que está chegando, a geração Internet ou da era digital, com uma nova cultura, valores e perfil psicológico.

Dessa forma, cargos como *webdesigner* (projetistas de páginas na Internet), *webmaster* (gerente de correio eletrônico), *customer relationship manager* (gerente de *software* de relacionamento com clientes), analistas de ERP (*software* de integração empresarial) e de *workflow (*fluxo de dados/documentos eletrônicos), *data minning/data warehousing manager* (administradores de banco de dados), *data center running* (gerente operador de *data center*), *embedded systems manager* (responsável pela venda de soluções em equipamentos não PCs), *enabling manager* (gerente de implementação de soluções de tecnologia), *mobility solution manager* (gerente de venda de soluções *wap* para operadoras de telefonia celular), *pervasive solution manager* (gerente de soluções de Internet em equipamentos não PCs) e *Internet engineer* exigirão não apenas novas formas de recrutar, selecionar e remunerar, mas também uma gestão de pessoas radicalmente diferente da tradicional administração de recursos humanos. Para essas novas profissões da era digital, por exemplo, faltam não só cursos acadêmicos, como também profissionais bem treinados no mercado de trabalho. Como consequência, a empresa vê-se obrigada a recrutar a mão de obra internamente e a investir na formação tecnológica de seus próprios profissionais de forma a preencher esses novos postos de trabalho.

Segundo Gates (1999), a administração das futuras organizações deverá atentar para o fato de que no novo contexto empresarial:

- a maioria das transações será digital, do tipo *self-service*, e à medida que a Internet baixar os custos das transações, o intermediário desaparecerá ou evoluirá para agregar valor;
- o serviço aos clientes se tornará a principal função de valor agregado em todas as organizações;
- somente algumas organizações sobreviverão por ter o preço menor, de sorte que a maioria precisará de uma estratégia que inclua serviços aos clientes;
- o gestor, caso opte por uma abordagem baseada em serviços, deve assegurar-se de que seus profissionais do conhecimento tenham ferramentas digitais de informação para se conectar com clientes e administrar essas relações;
- o ritmo das transações e a necessidade de uma atenção mais personalizada aos clientes levarão as organizações a adotar processos digitais internamente;
- a Internet assumirá papel de destaque na redefinição das fronteiras entre as organizações e entre estas e as pessoas, o que permitirá que uma administração empresarial se estruture com mais produtividade;
- a Internet possibilitará que os empregados colaborem entre si a distância, na forma de teletrabalho;
- a Internet possibilitará que as grandes organizações pareçam menores e mais flexíveis, e que as pequenas organizações se tornem efetivamente maiores do que são;
- o tempo até o mercado diminuirá para todas as organizações; com isso, utilizar a informação digital para chegar primeiro ao mercado pode melhorar radicalmente a posição competitiva;
- os operários de tarefa desaparecerão; suas funções serão automatizadas ou combinadas em tarefas maiores, que exigirão trabalho de conhecimento.

As novas tecnologias estão fazendo surgir as chamadas organizações virtuais, entendidas como aquelas que têm muitos funcionários trabalhando fora das instalações físicas da organização, interligados por sistemas de informação. O teletrabalho, a despeito das facilidades que proporciona à empresa e ao trabalhador, pode trazer algumas dificuldades consideráveis. O trabalhador pode ter desgastes no relacionamento familiar e ficar estressado devido à tênue divisão entre sua vida pessoal e profissional e à "invasão da privacidade", na medida em que seus colegas, supervisores e liderados podem contatá-lo a qualquer hora do dia e da noite. Do lado da organização, surgem algumas questões jurídicas que precisam ser dirimidas. Por exemplo: deve-se pagar ao empregado uma indenização pelo uso de sua residência para fins profissionais? Quem se responsabilizará no caso de haver perda ou roubo de materiais de trabalho? Como caracterizar um acidente de trabalho? Como definir o direito a horas extras?

Segundo Mello (1999), já se tem consciência de que essas transformações sem precedentes por que passam essas áreas do trabalho estão gerando necessidades que devem levar as organizações a adotar as abordagens alternativas no tocante à gestão integrada dos novos ambientes de trabalho, como é o caso do teletrabalho. Essa nova forma de executar tarefas e as mudanças que estão acontecendo nas tecnologias da informação, na telemática e na convergência de tecnologias afins exigem novas modalidades de gestão das organizações, principalmente das micro, pequenas e médias empresas.

Adaptação ao novo contexto econômico

O conceito de *cluster* (palavra inglesa que significa agrupamento) ainda é pouco difundido no Brasil, mas é visto como forte tendência para o desenvolvimento das micro e pequenas empresas nas próximas décadas. Já ganhou adeptos no Nordeste, nas áreas de avicultura e fruticultura; em Santa Catarina, no setor de cerâmica; e na Serra Gaúcha, na vinicultura.

Um dos *clusters* pioneiros no Brasil foi o segmento moveleiro de Votuporanga, interior de São Paulo, um grupo de 25 empresas que adotam o sistema desde 1994. Na época, os fabricantes tinham em média 60% de sua capacidade ociosa. Atualmente, apresentam resultados satisfatórios, com 35% de aumento de produtividade, redução de 42% nos custos e a certificação no programa ISO 9000. Trabalhando em conjunto, as micro e pequenas empresas conseguem ganhos na compra de matéria-prima, reduzem custos e a burocracia, facilitam o transporte e estabelecem uma relação de confiança entre si, além de conquistar maior prospecção do mercado. Esse modelo de trabalho integrado foi a garantia de sucesso de regiões como o vale do Silício, nos Estados Unidos, com os circuitos integrados de computadores e toda a indústria de *software* e *hardware*, bem como da indústria da moda e calçados no norte da Itália, na região da Lombardia. Apesar da ideia de associativismo e cooperativismo, o agrupamento não afeta a competição entre as empresas na medida em que cria um equilíbrio entre cooperação e competitividade.

Esse novo conceito de gestão associativa pode ser o responsável pelo aumento da produção do polo calçadista de Franca, no interior de São Paulo. A meta de crescimento, traçada a longo prazo, leva em conta toda a cadeia produtiva de calçados da região, do fabricante de sapato ao curtume, passando pelo fabricante de embalagens e peças até chegar ao consumidor final.

Em face das mutáveis e crescentes expectativas de clientes, fornecedores, pessoal interno e administradores, a MPE tem de agir de forma responsável em seus relacionamentos internos e externos. Os novos tempos se caracterizam pela firme disposição dos clientes para interagir com organizações que sejam éticas, com boa imagem institucional no mercado e atuação comprometida com a ecologia.

Nesse novo ambiente empresarial os administradores devem ter um novo senso de responsabilidade em relação aos membros do corpo funcional da MPE, que esperam receber tratamento justo, participar do processo decisório e dispor de instrumental apropriado para executar suas funções e poder trabalhar em equipe.

A necessidade de responder com rapidez às mudanças nas condições de mercado, às ameaças competitivas e às exigências dos clientes constitui outro grande desafio para as organizações. O tempo despendido entre a inovação do produto/serviço e a chegada de tal inovação ao mercado está encolhendo de forma extraordinária nas MPEs de praticamente todos os setores econômicos e industriais.

Nestes novos tempos, o administrador das MPEs deverá atentar para a capacidade de reagir, dado que o tempo de reação será elemento fundamental para a definição de estratégias. Nos futuros mercados globalizados, os administradores terão que reduzir a dependência de tempo e espaço no âmbito intra e interorganizacional.

A velocidade é fonte potencial de vantagem competitiva, tanto para se entrar no mercado, como para responder às necessidades do cliente ou corrigir problemas organizacionais. Num ambiente empresarial global em rápida mutação, o excesso de análise e a lentidão nas decisões podem ser tão prejudiciais ou custosos quanto as decisões incorretas.

A capacidade de resposta é bastante favorecida quando os trabalhadores se sentem responsáveis por resolver as demandas dos clientes e encontram as condições organizacionais necessárias para fazê-lo. O conceito de *empowerment*, largamente difundido nos últimos anos, revela o que deve ser buscado nesse sentido. Trata-se de "autorizar" os colaboradores a resolverem com maior autonomia os problemas de seu dia a dia profissional, de modo a dar respostas rápidas e eficazes aos clientes internos e externos.

O *empowerment* deve ser buscado através de duas ações paralelas e igualmente relevantes: é preciso motivar as pessoas a descobrirem seu poder pessoal e a aprenderem a usá-lo e expandi-lo de forma construtiva. Faz-se necessário também reestruturar as rotinas administrativas, minimizando a rigidez hierárquica típica do modelo burocrático e atribuindo mais responsabilidades e poder a todos os que interagem com os clientes.

Para criar um ambiente favorável ao *empowerment*, é fundamental a resposta que se dá na organização à seguinte questão: se as pessoas pudessem optar, você acha que elas prefeririam ser brilhantes ou medíocres no trabalho? A maioria prefere ser brilhante. Contudo, muitos gerentes parecem acreditar no contrário, julgando seus funcionários desinteressados. Mas não é que as pessoas não consigam dar o melhor de si em seu trabalho; o fato é que elas podem estar com medo de dar o

Mudanças e transformações empresariais que afetam as MPEs 91

melhor de si. Algumas empresas estão dispostas a flagrar as pessoas nos erros, em vez de surpreendê-las fazendo as coisas certas. Corrigir essa distorção deve ser uma preocupação fundamental da política de gestão das empresas.

Aspectos sociais nas organizações

Diante das mutáveis e crescentes expectativas de clientes, fornecedores, pessoal interno e gestores, a empresa do futuro tem de agir de forma responsável em seus relacionamentos internos e externos. Os novos tempos se caracterizam pela firme disposição dos clientes para interagir com organizações que sejam éticas, ecologicamente responsáveis e com boa imagem institucional no mercado.

Nesse novo ambiente empresarial, os gestores devem ter um novo senso de responsabilidade em relação aos membros do corpo funcional da organização, que esperam receber tratamento justo, ter participação no processo decisório e poder trabalhar em equipe.

A responsabilidade social e ambiental pode ser resumida no conceito de "efetividade" como a capacidade de cumprir as metas do desenvolvimento econômico--social. A efetividade está relacionada à satisfação da sociedade, ao atendimento das suas demandas sociais, econômicas e culturais. Portanto, uma organização é efetiva quando mantém uma postura socialmente responsável.

Um dos maiores desafios que o mundo enfrentará neste novo milênio é fazer com que as forças de mercado protejam e melhorem a qualidade do ambiente, mediante padrões de desempenho e uso criterioso de instrumentos econômicos. Diante de tais transformações econômicas e sociais, cabe esta indagação: não seria a questão ambiental e ecológica um mero surto de preocupações passageiras que demandariam onerosas medidas para as empresas? Pesquisa recente da CNI e do Ibope mostra o contrário: 68% dos consumidores brasileiros estariam dispostos a pagar mais por um produto que não agredisse o meio ambiente. Dados obtidos no dia a dia evidenciam que a tendência de preservação ambiental e ecológica por parte das organizações deve continuar de forma permanente, devendo os resultados econômicos depender cada vez mais de decisões empresariais que levem em conta que:

- ❏ não há conflito entre lucratividade e a questão ambiental;
- ❏ o movimento ambientalista cresce em escala mundial;
- ❏ clientes e comunidade em geral passam a valorizar cada vez mais a proteção do meio ambiente;
- ❏ a demanda e, portanto, o faturamento das empresas passam a sofrer cada vez mais pressões e a depender diretamente do comportamento dos consumidores, que darão preferência a produtos de organizações ecologicamente corretas.

A transformação e a influência ecológica nos negócios se farão sentir de maneira crescente e com efeitos econômicos cada vez mais profundos. As organi-

Criação de novos negócios

zações que tomarem decisões estratégicas integradas à questão ambiental e ecológica conseguirão importantes vantagens competitivas, como redução de custos e incremento nos lucros a médio e longo prazos. É o caso da 3M, que, somando as 270 mil toneladas de poluentes na atmosfera e as 30 mil toneladas de efluentes nos rios que deixou de despejar desde 1975, consegue economizar mais de US$810 milhões combatendo a poluição nos 60 países onde atua. Outra empresa, a Scania Caminhões, contabiliza economia em torno de R$1 milhão com um programa de gestão ambiental que, só em 1999, reduziu em 8,6% o consumo de energia, em 13,4% o de água e em 10% o volume de resíduos produzidos.

Enfim, a gestão ambiental torna-se um importante instrumento gerencial para dar condições de competitividade às organizações de qualquer segmento econômico. Dessa maneira, empresas siderúrgicas, montadoras automobilísticas, indústria de papel e celulose, química e petroquímica investem em gestão ambiental e marketing ecológico. O caso recente do vazamento de óleo da Petrobras é o mais emblemático. Além do prejuízo financeiro, a empresa sofreu acima de tudo uma perda institucional, verdadeiramente desastrosa em termos de gestão ambiental.

Pesquisa conjunta levada a efeito pelo Sebrae, CNI e BNDES mostra que metade das empresas pesquisadas realizou investimentos ambientais nos últimos anos, variando de cerca de 90% nas grandes a 35% nas microempresas. Essa mesma pesquisa revelou que a adoção de práticas de gestão ambiental (quase 85% das empresas pesquisadas seguem algum tipo de procedimento associado à gestão ambiental) não se deveu apenas à legislação, mas principalmente a questões associadas à gestão ambiental, quais sejam:

- ❏ aumentar a qualidade dos produtos;
- ❏ aumentar a competitividade das exportações;
- ❏ atender ao consumidor com preocupações ambientais;
- ❏ atender à reivindicação da comunidade;
- ❏ atender à pressão de organizações não governamentais ambientalistas;
- ❏ estar em conformidade com a política social da empresa;
- ❏ melhorar a imagem perante a sociedade.

Ou seja, a gestão ambiental é a resposta natural das empresas ao novo cliente, o consumidor verde e ecologicamente correto. A *empresa verde* é sinônimo de bons negócios e no futuro será a única maneira de empreender negócios de forma duradoura e lucrativa. Em outras palavras, quanto antes as organizações enxergarem o meio ambiente como seu principal desafio e como oportunidade competitiva, mais chances terão de sobreviver. No novo contexto, portanto, as micro e pequenas empresas precisam entender que deve existir um objetivo comum, e não um conflito, entre desenvolvimento econômico e proteção ambiental, tanto para os dias de hoje como para as gerações futuras.

Empresas de diferentes setores econômicos e de portes diversos estão ajudando seus fornecedores a melhorar as práticas de gestão e marketing ecológico.

Incluem-se nesse caso a Mercedes-Benz, a Gradiente e a 3M, para as quais os fornecedores são parte integrante de sua cadeia produtiva. Mas a melhoria da qualidade do meio ambiente só vai acontecer se as organizações atuarem diante das pressões das forças de mercado representadas pelas variáveis ambientais legais (normas da série ISO 14000, por exemplo), econômicas, tecnológicas, sociais, demográficas e físicas.

Exemplos de êxito na adoção de medidas de gestão ambiental para alavancar as vendas e exportações são a Cosipa e a Usiminas, que estão entre as três usinas siderúrgicas integradas do mundo com certificado na área de meio ambiente (ISO 14001). Empresas como a Aracruz Celulose introduziram algumas medidas preventivas direcionadas a:

- ❏ permitir a investigação sistemática dos programas de controle ambiental de uma empresa;
- ❏ auxiliar na identificação de possíveis situações de problemas ambientais futuros;
- ❏ verificar se a operação industrial está em conformidade com as normas/padrões legais e também com padrões mais rigorosos definidos pela empresa.

No Brasil, o número de empresas que vêm utilizando medidas de gestão ambiental tem aumentado nos últimos anos. Empresas como a Seeger Reno, do ramo de autopeças, o Hospital Itacolomy, a Alunorte, a Sadia, a Dana Albarus S.A., de industrialização e comércio de componentes mecânicos de precisão, constituem outras iniciativas empresariais de destaque no marketing ecológico.

A sociedade atual é mais consciente e mais receptiva a aspectos de marketing ecológico que os produtos irão lhe oferecer. É o caso de cerca de 40 empresas (Tramontina, Tok & Stock, Cickel, entre outras) que criaram o grupo Compradores de Madeira Certificada, com a adoção de selo de procedência ambiental e social. A nova consciência ambiental, surgida no bojo das transformações culturais que ocorreram nas décadas de 1960 e 70, ganhou dimensão e situou o meio ambiente como um dos princípios mais fundamentais do homem moderno. Nos anos 1980, os gastos com proteção ambiental começaram a ser vistos pelas empresas líderes não primordialmente como custos, mas como investimentos no futuro e, paradoxalmente, como vantagem competitiva. Na década de 1990, a atitude dos gestores das organizações em todos os segmentos econômicos passou de defensiva e reativa para ativa e criativa. Na nova cultura, a fumaça passou a ser vista como anomalia e não mais como vantagem.

A consciência ambiental e ecológica por parte das empresas resultou, também, na mitificação do conceito de qualidade do produto, que agora precisa ser ecologicamente viável. Estudo americano recente concluiu que, no primeiro semestre de 1990, 9,2% dos produtos introduzidos no mercado eram anunciados verdes, enquanto em 1989 estes constituíam apenas 0,5%.

Como a preservação do meio ambiente converteu-se num dos fatores de maior influência da década de 1990, as empresas começam a apresentar soluções para alcançar o desenvolvimento sustentável e ao mesmo tempo aumentar a lucratividade de seus negócios. Nesse contexto, gestão ambiental não é apenas uma atividade filantrópica ou tema para ecologistas e ambientalistas, tratando-se, sim, de uma atividade que pode propiciar ganhos financeiros para as empresas. É o caso do Banco Axial de São Paulo, que administra recursos de investidores interessados em aplicar na preservação da biodiversidade na América Latina, entre eles o Banco Mundial e o governo da Suíça.

Os termos desenvolvimento e crescimento eram usados de forma indistinta, mas o avanço do debate tornou necessário distinguir os dois termos. Atualmente, crescimento econômico é entendido como o crescimento contínuo do produto nacional em termos globais, enquanto desenvolvimento econômico representa não apenas o crescimento da produção nacional, mas também a forma como esta é distribuída social e setorialmente.

A proteção ambiental deslocou-se uma vez mais, deixando de ser uma função exclusiva de proteção para converter-se também numa função da administração. Contemplada na estrutura organizacional, interferindo no planejamento estratégico, tornou-se uma atividade importante na empresa, seja no desenvolvimento das atividades de rotina, seja na discussão dos cenários alternativos e na consequente análise de sua evolução, gerando políticas, metas e planos de ação. Empresas como a Xerox, Caterpillar, Siemens, Weg Motores, Dow Química, Fuji Filmes, Toyota e McDonald´s assumiram sua parcela de responsabilidade na proteção do meio ambiente em prol das gerações futuras.

A pesquisa do BNDES/CNI/Sebrae revela que as empresas brasileiras estão cada vez mais considerando a adoção de certas medidas, como usar a imagem ambiental da empresa para fins institucionais, prioritárias em suas etapas futuras de gestão empresarial e de investimentos financeiros. Exemplo dramático dessa preocupação dos novos tempos são os recentes desastres ecológicos que envolveram a mais importante empresa do Brasil e uma das maiores do mundo do setor petrolífero e provocaram mudanças de estratégias e de sua alta administração de modo a torná-la uma referência em gestão ambiental.

A inclusão da proteção do ambiente entre os objetivos da organização moderna amplia substancialmente todo o conceito de administração. Administradores, executivos e empresários introduziram em suas empresas programas de reciclagem, medidas para poupar energia e outras inovações ecológicas. Essas práticas difundiram-se rapidamente, e em pouco tempo vários desses pioneiros desenvolveram sistemas abrangentes de administração de cunho ecológico.

Esse novo pensamento precisa ser acompanhado de uma mudança de valores, passando da expansão para a conservação, da quantidade para a qualidade, da dominação para a parceria. O novo pensamento e o novo sistema de valores, juntamente com as correspondentes percepções e práticas novas, constituem o que denominamos "novo paradigma", com reflexos imediatos nas escolas de formação de administradores.

O novo paradigma pode ser classificado como uma visão do mundo holística — a visão do mundo como um todo integrado, e não como um conjunto de partes dissociadas. Pode também ser classificado como uma visão sistêmica e como uma nova dimensão ecológica, termo esse empregado numa abrangência maior do que a usual.

A gestão ambiental envolve a passagem do pensamento mecanicista para o pensamento sistêmico, e um aspecto essencial dessa mudança é que a percepção do mundo como máquina cede lugar à percepção do mundo como sistema vivo. Essa mudança diz respeito à concepção que temos da natureza, do organismo humano, da sociedade e, portanto, também de uma organização de negócios. As empresas são sistemas vivos, cuja compreensão não é possível apenas pelo prisma econômico. Como sistema vivo, ela não pode ser rigidamente controlada por meio de intervenção direta, mas pode ser influenciada pela transmissão de orientações e emissão de impulsos. Esse novo estilo de administração induz à gestão ambiental associada à ideia de resolver os problemas ecológicos e ambientais da empresa. A gestão ambiental demanda uma dimensão ética cujas principais motivações são a observância das leis e a melhoria da imagem da organização. Ela é motivada por uma ética ecológica e por uma preocupação com o bem-estar das futuras gerações. Seu ponto de partida é uma mudança de valores na cultura empresarial. Constituem exemplos empresas como a Construtora Odebrecht, a Copesul Petroquímica e a Trikem Produção de PVC, que utilizam instrumentos de marketing ecológico para ampliar sua atuação junto à sociedade civil e à comunidade circunvizinha, além de cuidar de seus próprios funcionários.

O ambientalismo superficial tende a aceitar, por omissão, a ideologia do crescimento econômico, ou a endossá-la abertamente. A ecologia profunda substitui a ideologia do crescimento econômico pela ideia da sustentabilidade ecológica. Os administradores e executivos das empresas preocupadas com a questão ambiental muitas vezes caem num verdadeiro impasse quando, ao tentar adotar um enfoque ecológico, veem-se às voltas com as exigências conflitantes de interessados, principalmente os acionistas, cujas expectativas giram em torno das demonstrações financeiras e balanços contábeis.

A gestão ambiental não questiona a ideologia do crescimento econômico, que é a principal força motriz das atuais políticas econômicas e, tragicamente, da destruição do ambiente global. Rejeitar essa ideologia não significa rejeitar a busca cega do crescimento econômico irrestrito, entendido em termos puramente quantitativos como maximização dos lucros ou do PNB. A gestão ambiental implica o reconhecimento de que o crescimento econômico ilimitado num planeta finito só pode levar a um desastre. Dessa forma, faz-se restrição ao conceito de crescimento, introduzindo-se o de sustentabilidade ecológica, considerado critério fundamental de todas as atividades de negócios.

As empresas pioneiras e as tradicionais muitas vezes revelam gritantes contrastes em sua cultura organizacional, emblematizados no estilo de roupas adotado (camiseta e calça jeans, ou terno e gravata) e nas atividades sociais (acampamentos ou clubes de golfe). Esses sinais exteriores nem sempre se coadunam com as ações dos dois tipos de empresa. Uma empresa pioneira pode ter um excelente programa de reciclagem, mas pagar baixos salários, combater os sindicatos e não proporcionar benefícios de plano de saúde aos empregados e seus familiares. Uma empresa tradicional pode investir num trabalho revolucionário de pesquisa e desenvolvimento de produtos ecologicamente inovadores e, ao mesmo tempo, concluir que o custo relativo das multas, comparado com o custo da limpeza ambiental, justifica, no curto prazo, infringir as regulamentações da preservação do meio ambiente.

O empreendedor, empresário e executivo das MPEs precisam estar preparados para o desafio de harmonizar essas preocupações. A recompensa virá na forma de uma estratégia mais completa, de uma liderança capaz de sensibilizar os diferentes interessados, de maior credibilidade para o esforço, e da profundidade que só é obtida quando a conduta se baseia em princípios, quando o discurso e a prática são iguais.

A expansão da consciência coletiva com relação ao meio ambiente e a complexidade das atuais demandas ambientais que a sociedade repassa às organizações levam as empresas a um novo posicionamento em face de tais questões. Esse posicionamento, por sua vez, exige gestores empresariais preparados para fazer face a tais demandas e com habilidade para conciliar as questões ambientais com os objetivos econômicos de suas organizações.

Uma gestão ecológica implica o exame e a revisão das atividades de uma empresa da perspectiva da ecologia profunda ou do novo paradigma. É motivada por uma mudança nos valores da cultura empresarial, passando-se da dominação para a parceria, da ideologia do crescimento econômico para a ideologia da sustentabilidade ecológica, do pensamento mecanicista para o pensamento sistêmico. Envolve, por conseguinte, um novo estilo de administração, conhecido como administração sistêmica. Segundo pesquisa realizada pelo Centro de Estudos em Administração do Terceiro Setor, da USP, 19% das 273 empresas nacionais pesquisadas consideram o meio ambiente área prioritária de sua atuação social.

O avanço tecnológico e o desenvolvimento do conhecimento humano, por si sós, não produzem efeitos se a qualidade da administração empresarial não permitir uma aplicação efetiva desses recursos humanos. A administração, com suas novas concepções, entre elas a dimensão da gestão ambiental, está sendo considerada uma das principais chaves para a solução dos mais graves problemas que afligem atualmente o mundo.

A MPE com foco no cliente

Um dos efeitos da competição global foi conceder mais poder ao comprador. Em muitos setores econômicos, o mercado comprador existe simplesmente porque há mais concorrentes e um excesso de oferta. O comprador está aprendendo a usar esse novo poder. Com isso ganha impulso o modelo de gestão das MPEs que privilegie a configuração organizacional por segmento de clientes. O cliente continuará a penetrar cada vez mais nas MPEs, e suas solicitações sinalizarão as decisões do administrador dessas empresas.

O futuro não dará precedência a qualquer tipo de organização, mas deverá, sim, propiciar o surgimento de mais empresas, não importando de que porte sejam.

A gestão das MPEs/EPPs deve abranger tanto os fatores genéricos (presentes em todas essas organizações) como os específicos (próprios de cada empresa), nisso incluindo-se o estilo do principal gestor, estratégias empresariais adotadas, histórico passado, estágio em que se encontra a organização e demais aspectos subjetivos. A cada conjunto de MPEs/EPPs pertencentes a setores econômicos diferenciados devem corresponder técnicas de gestão genéricas, aplicáveis igualmente a todas as empresas desse ramo de negócios. Ao se mudar o setor de atividades, muda-se também a forma de gestão na MPE enfocada.

Figura 3
Uma visão do processo de gestão de uma MPE típica

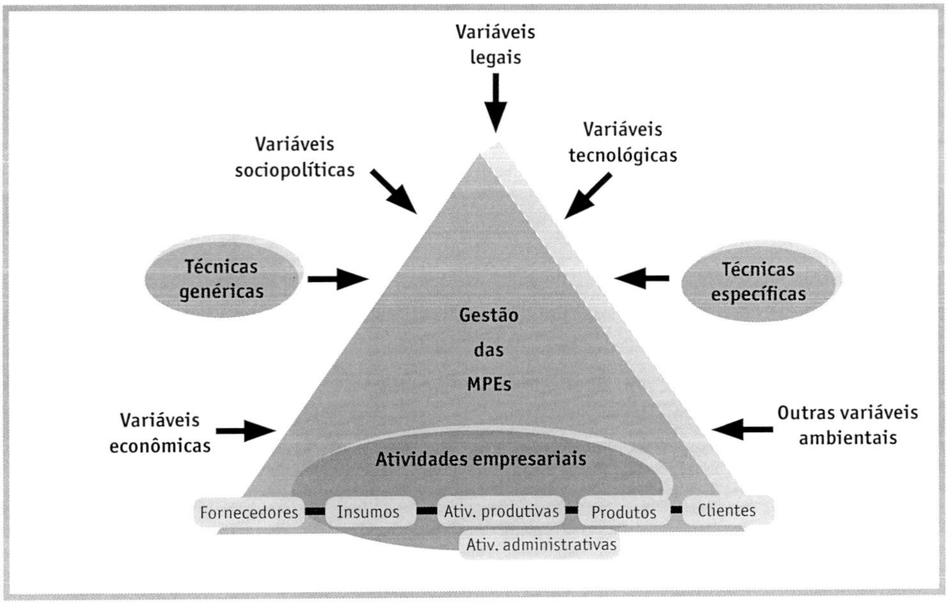

A nova empresa

Conforme já foi dito, autores como Peter F. Drucker, Jay Galbraith, Bill Gates, Michael E. Porter, Don Tapscott, entre outros, descrevem um novo tipo de organização empresarial para os anos vindouros. A organização tradicional, hierárquica, está passando por profundas mutações. Assim como estão sendo demolidas as barreiras no campo político e econômico, a organização do futuro se tornará cada vez mais aberta. Não existem regras e receitas prontas para os gestores adotarem no novo contexto organizacional. As múltiplas dimensões da mudança exigirão dos profissionais de administração um reposicionamento em face do novo paradigma da era pós-industrial.

A transição do paradigma industrial para o pós-industrial é marcada pela flexibilidade dos processos e mercados de trabalho, dos produtos e padrões de consumo. Caracteriza-se pelo surgimento de setores de produção inteiramente novos, novas maneiras de fornecimento de serviços financeiros, novos mercados e, sobretudo, altas taxas de inovação comercial, tecnológica e organizacional.

O paradigma pós-industrial envolverá rápidas mudanças nos padrões heterogêneos de desenvolvimento setorial e regional, expandindo o emprego no setor de serviços e criando conjuntos industriais em regiões até então subdesenvolvidas. Envolverá, ainda, a aceleração do processo decisório dos setores público e privado, uma vez que as telecomunicações e a queda dos custos de transporte possibilitarão a difusão mais ampla dessas decisões.

A maior flexibilidade e mobilidade permitida pelo paradigma pós-industrial levará à flexibilização do emprego, passando as organizações a contar com empregados em tempo parcial, colaboradores casuais, pessoal contratado por tempo determinado, temporários, subcontratados e treinandos com subsídios governamentais. Com isso, a segurança no emprego será ainda menor.

A atual tendência dos mercados de trabalho é reduzir o número de trabalhadores centrais e empregar cada vez mais uma força de trabalho que entra facilmente e é desligada sem custos quando a conjuntura se torna adversa. Com a subcontratação de pequenas empresas, as grandes corporações poderão se proteger do custo das flutuações do mercado. A subcontratação organizada criará oportunidades para a formação de pequenos negócios, permitindo que esquemas mais antigos de trabalho doméstico, artesanal e familiar ressurjam e floresçam como peças centrais e não apenas como apêndices do sistema produtivo maior.

Novas técnicas e novas formas organizacionais de produção puseram em risco os negócios da organização tradicional, espalhando uma onda de falências que ameaçou até as empresas mais poderosas. A forma organizacional e a técnica gerencial apropriadas à produção padronizada em grandes volumes nem sempre se ajustavam com facilidade ao sistema de produção flexível, que enfatiza a solução de problemas, as respostas rápidas e frequentemente muito especializadas e a adaptabilidade.

As economias de escala buscadas na produção fordista de massa serão substituídas por uma crescente capacidade de manufatura de uma variedade de bens em pequenos lotes e preços baixos. As economias de escopo estão substituindo as economias de escala.

Ainda que as organizações tayloristas possam adotar as novas tecnologias e processos de trabalho, as pressões competitivas e a luta por melhor controle do trabalho levarão ao surgimento de inovadores meios de produção ou à integração do paradigma industrial a toda uma rede de subcontratação e de deslocamento para obter maior flexibilidade em face do aumento da competição e dos riscos. A produção em pequenos lotes e a subcontratação terão por certo a virtude de superar a rigidez do paradigma industrial e de atender a uma ampla gama de necessidades do mercado, inclusive as rapidamente mutáveis.

Esses métodos de produção flexível permitirão uma aceleração do ritmo de inovação do produto, bem como a exploração de nichos de mercado altamente especializados e de pequena escala. Em condições recessivas e de competição crescente, a capacidade de explorar essas possibilidades se tornará fundamental para a sobrevivência.

O tempo de giro será reduzido de modo ainda mais drástico, pelo uso de novas tecnologias produtivas (automação e robôs) e de novas formas organizacionais (gestão de estoques, *just-in-time*). Entretanto, a aceleração do tempo de giro na produção é inútil sem a redução do tempo de giro no consumo, ou seja, a vida média de um produto fordista (de cinco a sete anos) deve cair para mais da metade em certos setores.

Isso tudo demandará um aumento proporcional do emprego no setor de serviços, complementado pelo crescimento da subcontratação, que permitirá que atividades antes exercidas nas empresas (secretaria, manutenção, serviços gerais) sejam entregues a firmas externas.

O acesso à informação, o controle desta e uma forte capacidade de análise instantânea de dados possibilitarão às organizações obter maior coesão e coordenar interesses corporativos descentralizados. Complementarmente, o acesso ao conhecimento técnico e científico se tornará crucial num mundo de gostos e necessidades mutáveis e de sistemas de produção flexíveis, em que o conhecimento da última técnica, do mais novo produto e da mais recente descoberta científica possibilita alcançar importante vantagem competitiva.

Para analisar as transformações no campo da tecnologia e do processo de trabalho, faz-se um confronto entre o paradigma industrial e o pós-industrial. Desse modo, podem ser avaliadas as mudanças nas organizações, que passam do modelo de economia de escala para o processo de gestão baseado em economia de escopo. As principais mudanças a serem observadas pelos gestores em seus futuros modelos de gestão são as seguintes:

- da produção em massa de bens homogêneos para a produção em pequenos lotes;
- da uniformidade e padronização para a produção flexível de uma variedade de produto;
- de grandes estoques e inventários para um estágio sem estoques;
- de testes de qualidade *a posteriori* para uma fase de controle de qualidade integrado ao processo;
- de um estágio de produtos defeituosos nos estoques para uma fase de rejeição imediata de peças com defeito;
- de perda de tempo de produção por causa de longos períodos de preparo das máquinas, pontos de estrangulamento nos estoques etc., para uma fase de redução do tempo perdido, reduzindo-se a porosidade do dia de trabalho;
- da organização voltada para os recursos para uma organização voltada para a demanda;
- da integração vertical e (em alguns casos) horizontal para a integração horizontal, com subcontratação de terceiros;
- de um estágio de redução de custos através do controle dos salários para uma fase de aprendizagem na prática integrada ao planejamento a longo prazo.

As tecnologias e formas organizacionais flexíveis, típicas do paradigma pós-industrial, não se tornarão hegemônicas em toda parte, assim como o paradigma industrial que as precedeu também não. Ou seja, a conjuntura futura se caracterizará por uma combinação de produção fordista altamente eficiente (frequentemente evidenciada pela tecnologia e pelo produto flexível) em alguns setores e regiões (como os carros nos EUA, no Japão ou na Coreia do Sul) com sistemas de produção mais tradicionais (como os de Cingapura, Taiwan ou Hong Kong), apoiados em relações de trabalho "artesanais", paternalistas ou patriarcais (familiares), que implicarão mecanismos bem distintos de controle do trabalho. Indubitavelmente, estes últimos sistemas cresceram nas décadas recentes, mesmo nos países capitalistas avançados, muitas vezes à custa da linha de produção fordista.

Essa mudança terá importantes implicações. As coordenações de mercado, frequentemente do tipo subcontratação, se expandirão em prejuízo do planejamento corporativo direto no âmbito do sistema de produção e apropriação de mais-valia. A composição da classe trabalhadora global também se modificará, o mesmo ocorrendo com as condições de conscientização e de ação política.

Com o objetivo de evidenciar essas mudanças no controle do trabalho, será feita a seguir uma comparação entre o paradigma industrial e o pós-industrial, no que diz respeito à gestão de micro e pequenas empresas:

- de realização de uma única tarefa pelo trabalhador para um regime de múltiplas tarefas;
- de pagamento *pro rata* (baseado em critérios da definição do emprego) para pagamento pessoal em função de resultados por equipe;
- de um regime de alto grau de especialização de tarefas para a eliminação da delimitação de tarefas;
- de pouco ou nenhum treinamento no trabalho para uma fase de longo treinamento e "educação continuada";
- de organização vertical do trabalho para uma organização horizontal;
- de nenhuma experiência de aprendizagem para a aprendizagem no trabalho;
- da ênfase na redução da responsabilidade do trabalhador (disciplinamento da força de trabalho) para uma ênfase na sua corresponsabilidade;
- de nenhuma ou pouca preocupação com a segurança no trabalho para uma grande estabilidade no emprego para trabalhadores do quadro central;
- de um regime de autocracia para uma liderança participativa.

Uma visão empresarial para o futuro

A organização é um sistema concebido, estruturado e acionado para atingir determinados objetivos. Utiliza insumos produtivos (pessoas, recursos financeiros, recursos materiais e de informação) para, através do processo de transformação pertinente à natureza de suas atividades, produzir resultados previsíveis (bens e serviços).

Os objetivos das organizações variam de acordo com a sua missão, podendo ter fins lucrativos ou não. As organizações existem praticamente desde os primórdios da humanidade, pois o homem, sendo um ser social, tende a organizar-se para atender suas necessidades e satisfações pessoais.

O sentido de organização também não é um privilégio dos seres humanos, estando presente na maioria das espécies. Um dos fatores que influenciam as organizações é a previsibilidade, que lhes permite preparar-se para eventos que ainda não aconteceram. Outros fatores estão ligados a fatos consumados, sem o risco portanto de que não venham a acontecer. No entanto, cada vez mais as organizações se deparam com situações inusitadas que, pela forma como se apresentam, terminam por lhes causar sérios prejuízos, fazendo-as até mesmo encerrar suas atividades. Assim, é cada vez mais importante prever o futuro de uma forma científica, que possibilite às organizações tomadas de decisão mais convenientes para os seus negócios.

Sabe-se que o futuro está de alguma forma ligado ao passado e o que está para acontecer é consequência do que já aconteceu. Portanto, é necessário que as organizações analisem sempre os acontecimentos que impactaram e ainda influenciam os seus negócios e, a partir daí, vislumbrem os cenários que lhes permitam escolher a melhor maneira de atuar no futuro.

Em relação aos próximos anos ou décadas, o que se consegue prever é a continuação das turbulências que têm abalado o mundo e exigido contínuas mudanças de toda ordem. Numa análise rápida do que transcorreu nos últimos 30 anos, desde que o homem pisou na Lua, constatamos: o muro de Berlim foi derrubado, a União Soviética desapareceu, alguns regimes políticos ascenderam e depois se desintegraram, vários conflitos alteraram o mapa geopolítico mundial, a pobreza aumentou assustadoramente em vários pontos do mundo, as condições ambientais do planeta deterioraram-se a níveis alarmantes e a economia dos países não resistiu ao assédio do capital internacional, tornando-se refém das regras de mercado. A globalização da economia é uma realidade, e a tecnologia atingiu níveis jamais imaginados, principalmente na automação das fábricas e na informatização de todos os segmentos das organizações. Nos próximos anos, o futuro das organizações estará diretamente ligado mais ao seu desempenho econômico-financeiro do que ao desempenho na produção de bens ou serviços.

Para que isso aconteça, é preciso que as organizações

- ❏ busquem a tecnologia mais avançada, porém adequada às suas necessidades e sem excessos que possam gerar ociosidade;
- ❏ adquiram insumos de fornecedores que apresentem certificações de qualidade, menores prazos e preços mais justos;
- ❏ utilizem capital próprio ou o obtenham vinculado a operações de suas vendas;
- ❏ formem equipes de pessoas que revelem altos níveis de eficiência e estejam comprometidas com os negócios da organização.

Autores como Handy (1996) chamaram esse tempo de *era da desrazão*, outros falaram sobre a mudança do perfil da força de trabalho. Segundo Galbraith (1995), todos puderam testemunhar as bruscas modificações ocorridas nas fronteiras e identidades dos países. Adentra-se agora uma era em que as mudanças em ritmo acelerado integrarão o cotidiano de todos, particularmente dos gestores das organizações, que serão os mais influenciados por essa dinâmica social, tecnológica e econômica.

Para sobreviver, as organizações precisarão se adaptar a essa dinâmica e os gestores deverão procurar um novo patamar organizacional, coerente com o novo ambiente empresarial, que se caracterizará por ser cada vez menos previsível e com instabilidade crescente. Terão de ser criados novos modelos de gestão, que exigirão dos gestores do futuro mais trabalho em equipe, intercâmbio de informações, compartilhamento no processo decisório e outras práticas de administração que levem em conta o fato de que produtividade, qualidade e serviço ao cliente serão necessidades competitivas e não mais vantagens competitivas.

Para competir com maior eficácia, as organizações deverão introduzir estratégias de custos, agilidade, qualidade e compressão do tempo em seus ciclos operacionais, além de implementar novas tecnologias da informação. A atuação do gestor das organizações do futuro será influenciada não só por essas mudanças intraorganizacionais, mas também por forças externas, como a necessidade de formação de alianças estratégicas, parcerias e acordos com fornecedores e clientes, a carência de habilidades da força de trabalho, os desequilíbrios nas balanças comerciais e o poder de compra.

Para Gates (1999), no contexto empresarial do futuro, o gestor deverá atentar para novos requisitos de gestão que serão exigidos no desempenho de atividades do conhecimento, nas operações empresariais e no comércio. No que se refere a *atividades do conhecimento*, o gestor deverá:

❏ dar ênfase à comunicação via e-mail, de modo que decisões sejam tomadas com a agilidade requerida pelos novos tempos;

❏ analisar os dados do mercado de forma *on-line*, a fim de identificar padrões, compreender tendências gerais e personalizar produtos e serviços para os seus clientes;

❏ usar as tecnologias da informação para analisar os negócios e as atividades operacionais, reservando aos profissionais do conhecimento o trabalho intelectual de alto nível com relação a produtos, serviços e resultados econômico-financeiros;

❏ usar ferramentas digitais para criar equipes virtuais interdepartamentais que possam compartilhar tarefas e aproveitar conhecimentos e ideias em tempo real e em nível mundial.

❏ usar sistemas informatizados para a criação de um acervo histórico da organização para ser compartilhado por todos;

❏ converter em processos digitais os tradicionais processos em papel, eliminando entraves administrativos e liberando os profissionais do conhecimento para tarefas mais importantes;

104 Criação de novos negócios

❏ conhecer as tecnologias da informação e saber utilizá-las como recurso estratégico para obter melhores resultados econômico-financeiros para a organização.

Para as *operações empresariais*, o gestor necessitará de:

❏ ferramentas digitais para eliminar funções isoladas ou transformá-las em atividades de valor agregado, administradas por um profissional do conhecimento;

❏ circuitos ágeis de controle digital para melhorar a eficácia dos processos físicos e da qualidade dos produtos e serviços; cada elemento da organização deverá ser capaz de monitorar facilmente todos os principais parâmetros da organização;

❏ sistemas de informação digitais para encaminhar as reclamações dos clientes e os dados estratégicos do mercado às pessoas responsáveis pelo aprimoramento dos produtos e serviços;

❏ comunicações digitais para redefinir as fronteiras internas e externas da organização (avaliar se os clientes querem uma organização maior e mais poderosa ou uma organização menor e mais íntima.

Quanto à questão do *comércio*, o gestor deverá:

❏ trocar informações por tempo, diminuindo os ciclos operacionais através de transações digitais com todos os fornecedores e parceiros comerciais e transformando cada negócio numa interação *just-in-time*;

❏ efetuar a transação digital de produtos e serviços para eliminar intermediários nas interações com clientes; se a organização for um intermediário, usar ferramentas digitais para agregar valor às suas transações comerciais;

❏ usar ferramentas digitais para auxiliar os próprios clientes a resolverem problemas, reservando o contato pessoal para as necessidades mais complexas desses clientes.

As tendências na administração abordadas neste capítulo procuram estabelecer as grandes linhas de atuação para os gestores em um novo contexto. De acordo com tais tendências, novos modelos de gestão poderão surgir nas organizações e estas, para obterem um desempenho superior e assim sobreviverem, precisarão ser organizadas de forma diferente, dada a complexidade do ambiente empresarial futuro. Desse modo, os gestores das organizações do futuro deverão estar atentos a uma nova maneira de fazer negócios, baseada na crescente velocidade da informação. Isso não significa aplicar simplesmente a tecnologia pela tecnologia, e sim utilizá-la como instrumento a serviço do gestor para redefinir o estilo de gestão nos novos tempos.

Estudo de caso
CONFECÇÃO DE ROUPAS INDÚSTRIA E COMÉRCIO LTDA.

Estudo de caso elaborado com base na publicação
Como montar confecção de camisas. Sebrae-SP.
(Série Oportunidades de Negócios.)

Descrição do negócio

A empresa Confecção de Roupas Indústria e Comércio Ltda. é um tipo de negócio que pertence ao setor econômico secundário. Seu ramo de atividade é a indústria de confecção de camisas masculinas, produzindo camisa social (de manga comprida) e camisa esporte (de manga curta).

Os riscos desse tipo de negócio estão relacionados:

- ❏ à insuficiência de capital próprio para iniciar o empreendimento;
- ❏ à pequena escala de produção, que poderia elevar os custos de fabricação e assim inviabilizar o preço de venda em relação à concorrência;
- ❏ ao mercado de trabalho potencial, que pode apresentar uma demanda insatisfeita mas não conter um público capaz de arcar com os preços de venda fixados para os produtos.

Missão

A missão da Confecção de Roupas Indústria e Comércio Ltda. é "industrializar roupas masculinas no segmento de camisa social (de manga comprida) e camisa esporte (de manga curta) e comercializá-las junto a distribuidores atacadistas e lojas de varejo".

Cenário

O setor econômico no qual se insere a Confecção de Roupas Indústria e Comércio Ltda. caracteriza-se por ser de venda sazonal, encontrando-se retraído em função da atual conjuntura econômica. É um segmento que sofre forte influência das políticas econômicas governamentais.

Como os altos e baixos são constantes, o empresário do setor deve estar atento às oportunidades de diversificação para poder entrar no mercado e sobreviver. A estratégia de sobrevivência nessa conjuntura, para uma empresa do tipo da Confecção de Roupas Indústria e Comércio Ltda., pode ser direcionada para dois elementos básicos: planejamento e muito trabalho.

continua

106 Criação de novos negócios

Como *planejamento* entende-se a busca constante de novos clientes, novas técnicas de produção, novos produtos, enfim, uma mentalidade aberta a todas as ideias inovadoras que a empresa pode adotar em função do contexto do momento.

As empresas do setor de confecções em geral, e especialmente uma micro ou pequena fábrica de camisas sociais, podem ser implantadas em quase todo o território nacional, pois sua montagem não é complexa, uma vez que:

- ❏ exige uma infraestrutura urbana simples;
- ❏ não requer grande soma de recursos em máquinas e equipamentos;
- ❏ as matérias utilizadas são de fácil aquisição;
- ❏ a mão de obra não precisa ser especializada.

O mercado consumidor é amplo e diversificado. Em contrapartida, a oportunidade de investimento deve ser identificada mediante a observação das deficiências do mercado local em relação ao preço, à qualidade, ao bom gosto e à criatividade dos produtos.

Caso o empreendedor detecte essas deficiências e tenha experiência no ramo, seja como modelista, costureiro(a) ou mesmo vendedor, e também possua recursos suficientes, a oportunidade de investir nessa área apresenta--se concretamente.

Como alternativa, pode-se direcionar o empreendimento para o segmento de peças para *griffes*. Nesse caso, não será necessário investir em promoção, publicidade e distribuição, pois serão utilizados os grandes canais de comercialização, como as lojas de departamentos (C & A, Lojas Renner, Casas Pernambucanas, Wal Mart e afins) e butiques especializadas.

Seu produto terá a credibilidade oriunda do padrão de qualidade imposto pela *griffe* e conceito perante seu público-alvo advindo das campanhas publicitárias. Tais pontos serão as bases para o lançamento de sua própria *griffe* no futuro.

Mercado

O mercado consumidor da Confecção de Roupas Indústria e Comércio Ltda. foi estudado de modo a se conhecer o seu perfil, em termos de sexo, classe social, nível de instrução, faixa etária, altura e peso. Com base nesse estudo, foi possível determinar a linha de produtos mais adequada.

A Confecção de Roupas Indústria e Comércio Ltda. define como cliente de suas peças de camisas o seguinte público-alvo: pessoas do sexo masculino,

continua

com idade de 15 anos em diante, de todas as faixas de renda, e com ocupações profissionais variadas.

Nesse mercado, a estratégia de comunicação total com os clientes é uma necessidade que deve ser implementada através de anúncios em revistas especializadas, TVs, rádios, jornais, patrocínios esportivos e culturais.

Outra estratégia de marketing demandada por esse tipo de mercado é a relação com distribuidores atacadistas e lojas de varejo mediante a máxima: "só é possível crescer se o atacadista ou varejista vender bem o seu produto". Essa estratégia, adotada pela Confecção de Roupas Indústria e Comércio Ltda., proporciona completa assistência para que os produtos girem rápido e atenção especial às peças que entram e saem de cada ponto de venda, reciclando qualquer produto que venha a encalhar. Mesmo que seja a preço promocional, dada a alta sazonalidade das vendas e os significativos custos financeiros de manter estoques, é preciso girar o capital o mais rápido possível.

Fornecedor

Para a Confecção de Roupas Indústria e Comércio Ltda. existe, atualmente, uma abertura para compra de tecidos diretamente das tecelagens, com acesso até mesmo às padronagens que antes eram exclusivas das grandes confecções.

Essa situação é decorrência da atual conjuntura econômica, que gera queda de consumo, obrigando os confeccionistas a abrirem mão de sua exclusividade.

Concorrentes

Na análise da concorrência da Confecção de Roupas Indústria e Comércio Ltda. foram levados em conta o tamanho, porte, localização e poder de penetração.

Feita com base em pesquisa, essa análise permite estabelecer os pontos fracos e fortes da concorrência. Entre esses pontos, deve-se verificar a qualidade do produto, o prazo médio de entrega, o sistema de atendimento e o preço praticado pelo mercado concorrente.

Infraestrutura

A Confecção de Roupas Indústria e Comércio Ltda., como micro/pequena fábrica de confecções de roupas, não exige uma infraestrutura urbana

continua

complexa, bastando que esteja situada em local que tenha água encanada, luz, telefone e demais facilidades correlatas.

A tendência corrente é localizar a fábrica próxima de mão de obra mais barata e abundante, normalmente junto a grandes centros urbanos, o que contribuirá para custos mais baixos, tornando o produto mais competitivo.

O imóvel ideal para esse tipo de empreendimento seria um galpão industrial. Entretanto, na fase inicial, com escala de produção pequena, a área não precisa ser muito grande. As confecções de roupas podem ser montadas em salas, lojas, garagens e residências.

As instalações e os equipamentos podem ser organizados de forma racional em um único ambiente, delimitado em setores básicos de: corte (bancada, máquinas de corte), costura (máquinas de costura, máquinas de passar, caseadeira/botoneira) e acabamento/expedição (controle de qualidade, estocagem e escritório).

Planejamento da produção

Os principais fatores que direcionam a produção na Confecção de Roupas Indústria e Comércio Ltda. são:

❏ demanda de mercado;
❏ capacidade real das máquinas, dos equipamentos e das instalações;
❏ capacidade de produção da mão de obra.

Basicamente, o processo de produção é realizado na forma de linha de montagem.

No estágio de encaixe e risco, estende-se na mesa de corte a peça do tecido na qual são encaixados os moldes, tendo-se sempre em vista o aproveitamento integral da matéria-prima. Depois de encaixados os moldes, risca-se o tecido para corte.

No corte, o tecido é cortado com máquina elétrica. Em seguida, na separação, as peças são separadas de acordo com o tamanho e características como frente, costas, golas etc.

Na costura, as peças são enviadas para as costureiras, que possuem funções diferenciadas (gola, punho, manga, etiquetas etc.), obedecendo a uma sequência. No estágio de aviamentos, providencia-se a colocação de botões e outros detalhes assemelhados. Na etapa seguinte, as peças são levadas para a máquina de passar.

continua

Finalmente, na expedição, as peças são inspecionadas e embaladas em sacos plásticos ou colocadas em caixas de papelão. O tipo de embalagem é definido em função do cliente: se atacadista, as peças são agrupadas em grandes lotes; se varejista, elas são individualizadas.

Planejamento econômico-financeiro

A Confecção de Roupas Indústria e Comércio Ltda. adota como estratégia econômica e financeira:

- ❏ o dimensionamento das metas de vendas e produção, a partir do seu capital de giro, evitando empréstimos bancários, em razão dos seus altos custos financeiros;
- ❏ a seleção criteriosa de clientes, para assim evitar a inadimplência;
- ❏ a preservação dos estoques em níveis mínimos, quer sejam matérias-primas ou produtos acabados;
- ❏ a minimização da necessidade de capital de giro através do uso, na medida do possível, de mão de obra terceirizada na sua linha de produção: corte, montagem, costura, acabamento e demais estágios.

O *investimento inicial* requerido para a implantação do empreendimento foi composto pelos valores do *investimento fixo* (máquinas industriais, novas ou usadas, e demais equipamentos da linha de produção) e do *capital de giro*.

O capital de giro engloba os recursos necessários para adquirir estoque de material para a confecção de modelos para amostragem, para pagar as despesas administrativas (custos fixos) dos primeiros meses e para cobrir outras despesas (registro, divulgação, promoção e itens assemelhados).

Os *custos totais de produção* da Confecção de Roupas Indústria e Comércio Ltda. são constituídos por:

- ❏ custos variáveis (mão de obra direta e materiais diretos);
- ❏ custos fixos (que dependem, entre outros fatores, do valor que cada sócio pretende retirar da empresa como pró-labore, de o imóvel ser próprio ou alugado, das tarifas de serviços públicos e da contratação ou não de pessoal de apoio administrativo).

Para a fixação dos preços de vendas, a Confecção de Roupas Indústria e Comércio Ltda. emprega o método do *mark-up* divisor, que pode ser calculado mediante a seguinte operação:

continua

Mark-up divisor = { 100 – índice de comercialização + margem de lucro } : 100

A Confecção de Roupas Indústria e Comércio Ltda. adota a margem de lucro de 15% para todas as peças constantes de seu portfólio de produtos (catálogo de produtos). Além desse índice, foram considerados 30% como: taxa de comercialização para cobertura dos custos dos impostos sobre os produtos vendidos (20%), comissões de vendas (5%), divulgação (3%) e perdas de matérias-primas e materiais secundários (2%).

Substituindo os valores na fórmula, tem-se:

Mark-up divisor = { 100 – (30 + 15) } : 100

Mark-up divisor = { 100 – 45 } : 100 = 55 : 100 = 0, 55

Dividindo-se o custo unitário de produção pelo *mark-up* divisor, chega-se ao preço de venda por unidade produzida. Consultando a planilha de custos da Confecção de Roupas Indústria e Comércio Ltda., tem-se um custo unitário para cada peça confeccionada igual a R$15,23.

Dessa forma, tem-se como preço unitário de venda:

Custo unitário de produção: *mark-up* divisor = 15,23 : 0,55 = R$ 27,69

Para apurar o resultado operacional, a Confecção de Roupas Indústria e Comércio Ltda. utiliza as informações relativas ao valor da receita operacional (número de peças vendidas multiplicado pelo preço de venda), aos custos variáveis (custos que variam de acordo com o volume de produção, correspondendo aos materiais diretos e às despesas de comercialização) e aos custos fixos.

Os custos de comercialização são calculados aplicando-se o percentual definido (30%) sobre as receitas operacionais. Com esses dados é possível calcular a *margem de contribuição* (diferença entre a receita operacional e os custos variáveis). Essa margem de contribuição (ou contribuição marginal) é considerada fundamental no modelo de gestão adotado pela Confecção de Roupas Indústria e Comércio Ltda.

Outro instrumento importantíssimo no modelo de gestão da empresa é o *ponto de equilíbrio*, calculado pela divisão do custo fixo pela margem de contribuição.

O modelo de gestão da Confecção de Roupas Indústria e Comércio Ltda. utiliza, ainda, o *indicador de lucratividade*, que corresponde à divisão do valor do lucro líquido pela receita operacional (em %), e a *taxa de retorno*, resultado da divisão do valor do investimento inicial (ou investimentos poste-

continua

riores, como expansão e/ou modernização/renovação tecnológica) pelo lucro líquido multiplicado por 12.

Premissa didática (os casos trabalham os processos em vez de proporcionar a simples resposta): a) introduzir a ideia de objetivos estratégicos e foco estratégico no negócio; b) introduzir o conceito de cadeia produtiva/cadeia de agregação de valores com a definição dos principais: fornecedores, processos produtivos e clientes; c) utilizar os preceitos de criação de um plano de negócios, entre outros possíveis de serem formulados. Longe de constituir um modelo único, meramente prescritivo, a proposta é a de que qualquer outra forma de diagnóstico e formulação de plano de negócios que se adote sirva para os mesmos fins didáticos almejados.

Parte II

O que deve ser considerado no empreendedorismo e na criação de novos negócios

No início era uma pequena empresa e, apesar de nada sabermos a respeito de conceitos de administração, conseguimos sobreviver e crescer, tornando-a uma grande empresa.

Visão geral

Nesta parte II, composta dos capítulos 4, 5 e 6, serão discutidas questões relativas à transformação das ideias em empreendimentos concretos. O empresário de micro e pequenas empresas terá elementos de análise para avaliar as possibilidades do negócio antes de sua efetiva implementação.

Não serão abordados os aspectos relacionados ao registro de uma MPE junto ao Cartório de Registro Civil de Pessoas Jurídicas, Receita Federal, Prefeitura Municipal e demais repartições públicas, uma vez que tal providência depende do tipo de empresa a ser constituída (sociedade civil, sociedade mercantil ou firma individual) e varia de acordo com a região onde esta vai ser estabelecida. Tal matéria é sobejamente encontrada em literatura específica (obras de direito comercial, legislação fiscal-tributária e demais instrumentos legais).

Também não será abordada de forma detalhada a elaboração de planos de negócios para obtenção de financiamento e de aporte de capitais, visto ser questão para obras especializadas.

Em ambos os casos sugere-se contratar os serviços de um contador (ou escritório de contabilidade), não só pela especialização que o assunto requer como também pela natureza transitória desse tipo de providência, exigida apenas no início da constituição e operação da empresa.

Se a contratação de serviços de contabilidade é recomendável na fase inicial de funcionamento de uma MPE, torna-se imprescindível na fase de operação normal, dada a exigência de lidar com questões relacionadas a INSS, IPI, IRRF, IRPJ, Simples, Refis, contribuição sindical, contribuição social sobre o lucro (CSL), Finor, Finam, Funres e demais questões legais/fiscais/tributárias rotineiras.

Finalmente, recomenda-se em termos de gestão que o empresário se concentre nas atividades realmente essenciais e indelegáveis de seu negócio, a serem executadas por ele próprio. Uma abordagem gerencial para compreensão das micro e pequenas empresas e os diferentes tipos de negócios é tratada no capítulo 6.

Capítulo 4

Colocando as ideias de negócio no papel

Aspectos legais

A variável legal, embora incidente sobre qualquer tipo e porte de organização, se faz notar de maneira extremamente intensa no âmbito das MPEs. A legislação nas esferas federal, estadual e municipal procurou inicialmente regular e incentivar o funcionamento das MPEs, e só mais recentemente foram incluídas as empresas de pequeno porte (EPPs).

A Lei nº 9.841, de 5-10-1999, por exemplo, estabelece normas para as microempresas (denominadas, simplificadamente, *Estatuto da Microempresa*), relativas ao tratamento diferenciado, simplificado e favorecido, nos campos administrativo, tributário, previdenciário, trabalhista, creditício e de desenvolvimento empresarial.

Essa lei federal foi regulamentada pelo Decreto nº 3.474 (2000), que estabelece procedimentos para registro, enquadramento, regime previdenciário e trabalhista, apoio creditício, desenvolvimento empresarial e demais providências correlatas. Legislação complementar é baixada constantemente tanto na esfera federal, estadual como municipal, e é tratada pela literatura disponível sobre o assunto.

Essa variável legal cria oportunidades e restrições que exigem estratégias específicas por parte dos gestores das MPEs/EPPs. Como oportunidades, surgem as fontes de crédito e financiamento a juros diferenciados e inúmeras medidas conjunturais de apoio creditício. Como restrições a serem administradas, destaca-se o regime tributário, nas esferas federal, estadual e municipal, específico para as MPEs/EPPs.

Os resultados da pesquisa nacional Sebrae apresentados no capítulo 2 apontaram a excessiva *carga tributária*, juntamente com a falta de *capital de giro* e a *recessão econômica*, como fator inibidor dos negócios no âmbito das MPEs. De fato, tal fator, ao lado da legislação extremamente dinâmica e diluída nas três

116 Criação de novos negócios

esferas, faz com que as MPEs contratem os serviços especializados de contador ou de escritório de contabilidade.

Aspectos econômico-financeiros (plano de negócios)

Para se transformar a ideia num negócio de fato, é necessário confirmar a sua viabilidade. O caminho para isso é explicitar a ideia mediante um cuidadoso planejamento que leve em conta os aspectos econômicos e financeiros do empreendimento. Tal processo é descrito de forma didática a partir da implantação de um estabelecimento de ensino superior privado, aqui designado de Escola de Criação de Negócios (ECN). Posteriormente, quando já em operação, o negócio é gerenciado financeiramente, conforme será apresentado no capítulo 8.

O planejamento econômico-financeiro da ECN abrange um período de quatro anos e tem por finalidade a criação dos seguintes cursos de graduação: administração com habilitação em administração geral, administração com habilitação em gestão de negócios internacionais e administração com habilitação em sistemas de informação. Nesse planejamento foram contemplados três cursos diurnos e noturnos com nove turmas de 50 alunos cada (450 no total), para funcionamento no primeiro ano. Ou seja, para os três cursos, cogita-se implementar uma turma de cada curso no período noturno (150 alunos) e duas turmas de cada curso no período diurno (300 alunos). Além disso, considerou-se também a criação de dois cursos de especialização, com duração de no máximo um ano, para funcionamento no período noturno.

O projeto de credenciamento procurou estabelecer um planejamento econômico-financeiro da entidade, abrangendo as receitas e despesas inerentes a tais cursos. O preço dos serviços educacionais e as relações entre a mantenedora e o aluno (ou seu responsável legal) serão fixados em contrato de prestação de serviços educacionais, elaborado na forma da lei e firmado entre as partes, no ato da matrícula, em cada período letivo. Os valores relativos à receita têm por base as mensalidades, taxas e outras contribuições educacionais, fixadas e cobradas de acordo com a legislação que rege a matéria. A mensalidade dos cursos de administração, a valores de julho de 2000, foi fixada em R$500,00; a taxa do primeiro concurso vestibular em R$35,00; as demais taxas em R$20,00 por evento; a multa por atraso de pagamento superior a 30 dias em 10% sobre o valor da mensalidade; os juros de mora em 1% ao mês de atraso. Como despesas foram consideradas aquelas relativas ao corpo docente, pessoal técnico-administrativo e demais despesas administrativas.

Para fins de análise econômico-financeira, foi adotada uma técnica simplificada de investimento de capital, uma vez que, a curtíssimo prazo, o valor das entradas de caixa se iguala ao investimento inicial requerido pelo projeto de criação dos cursos, conforme evidenciado pelo presente planejamento econômico-financeiro. Desse modo, não foram calculados indicadores como taxa interna de retorno, períodos de *payback*, valor atual líquido e demais métodos/técnicas de análise de investimento de capital. No entanto, a incerteza e os riscos inerentes a decisões desse tipo foram minimizados à medida que os embolsos e desembolsos financeiros relativos às receitas e despesas operacionais se tornavam palpáveis.

Da mesma forma, eventuais desembolsos inerentes aos investimentos de capital que excedam aos valores originariamente previstos pelo presente estudo podem ser amplamente compensados por receitas adicionais, autossustentadas operacionalmente, oriundas de pagamentos de mensalidades por parte dos alunos de cursos de especialização e sequenciais que podem ser implementados, dentro dos contornos da estrutura de custos fixos e da infraestrutura física da instituição de ensino a ser criada.

Definição dos clientes

Para fins de cálculo das receitas definiu-se, previamente, a composição do alunado, conforme evidenciado na tabela 9. Esse quadro foi calculado com base no número de alunos matriculados nos períodos iniciais, acrescido do alunado dos períodos subsequentes, tendo sido também considerada a evasão normal, à qual se atribui uma taxa de 10%.

Tabela 9
Demonstrativo de ingresso de alunos

Alunos em nove turmas			
Ano	Total	Evasão	Real
Ano 1	450	45	405
Ano 2	450	45	810
Ano 3	450	45	1.215
Ano 4	450	45	1.620

Nesse planejamento econômico-financeiro foram considerados, portanto, os três cursos de graduação já mencionados.

Composição da receita

Para efeito de cálculo da receita inerente a vestibular, estimou-se uma relação de aproximadamente 2,7 candidatos por vaga, o que redundou num total de 1.200 candidatos, multiplicado pelo valor da taxa de R$35,00.

Os encargos educacionais serão constituídos de taxas de matrícula, transferências, expedição de documentação complementar e 12 prestações mensais no valor de R$500,00.

Criação de novos negócios

As receitas específicas dos cursos de administração, calculadas a partir da estimativa do alunado para os três primeiros anos do curso, podem ser resumidas na tabela 10. Considerando um índice de inadimplência de 10% sobre o valor das receitas previstas, tem-se os seguintes valores anuais calculados: R$243 mil (ano 1), R$486 mil (ano 2), R$729 mil (ano 3) e R$972 mil (ano 4). Como juros financeiros, calculados sobre os valores de inadimplência, considerados em torno de 10%, tem-se: R$24.300,00 (ano 1), R$48.600,00 (ano 2), R$72.900,00 (ano 3) e R$97.200,00 (ano 4). Tais valores representam os custos financeiros relacionados aos atrasos nos pagamentos das mensalidades e, portanto, devem ser deduzidos dos valores de receita previstos para os quatro primeiros anos.

Tabela 10
Receita

Discriminação	Ano 1	Ano 2	Ano 3	Ano 4
Mensalidades	2.430.000	4.860.000	7.290.000	9.720.000
Taxas de vestibular	63.000	63.000	63.000	63.000
Outras taxas	20.000	40.000	60.000	60.000
Multas/juros	4.000	8.000	12.000	12.000
Total	2.517.000	4.971.000	7.425.000	9.855.000
Despesas financeiras (-)	(24.300)	(48.600)	(72.900)	(97.200)
Recebimentos líquidos	2.492.700	4.922.400	7.352.100	9.757.800

Composição das despesas

Despesas do corpo docente

Para fins de cálculo das despesas com o corpo docente, inicialmente apurou-se o número de horas/aula por período. Essa estimativa foi feita em função do número de turmas por ano, conforme evidenciado na tabela 11.

Tabela 11
Demonstrativo da carga horária

Ano	Carga horária		
	Semanal	Mensal	Anual
Ano 1	180	900	12.600
Ano 2	360	1.800	25.200
Ano 3	540	2.700	37.800
Ano 4	720	3.600	50.400

Aplicando-se o valor médio da hora-aula sobre a carga horária calculada, obtém-se o demonstrativo descrito a seguir. O valor médio da hora-aula, acima da média do mercado, foi calculado com base nos salários de docentes praticados na Grande São Paulo, diferenciados em função das várias categorias de professores (professor graduado, especialista, mestre e doutor).

Tabela 12
Despesas com o corpo docente

Ano	Carga-horária anual	Valor médio hora-aula (R$)	Despesa total (R$)
Ano 1	12.600	80,00	1.008.000
Ano 2	25.200	80,00	2.016.000
Ano 3	37.800	80,00	3.024.000
Ano 4	50.400	80,00	4.032.000

Obs.: Foram considerados INSS, FGTS, 13º salário e 1/3 de férias.

Despesas com pessoal técnico-administrativo

As despesas com pessoal técnico-administrativo se referem aos empregados necessários ao funcionamento inicial dos três cursos de graduação previstos para os primeiros anos. São custos fixos que tendem a se diluir nos demais cursos, implementados ao longo do tempo.

Tabela 13
Despesas com pessoal técnico-administrativo

Cargo/função	Despesa mensal	Valor apropriado
Diretor	5.000	86.800
Coordenadores	8.000	138.760
Pessoal técnico em informática	3.000	52.000
Secretaria geral	2.400	41.600
Bibliotecária	2.400	41.600
Chefia e *staff*	3.000	52.000
Pessoal de apoio	4.000	69.380
Rescisões		20.000
Total anual		**502.140**

Obs.: Foram incluídos os encargos sociais, 13º salário e 1/3 de férias.

Despesas consolidadas

Consolidando-se todos os elementos de custos calculados nas tabelas 12 e 13, e considerando outras despesas administrativas, obtém-se o demonstrativo geral, conforme explicitado na tabela 14.

Tabela 14
Despesas consolidadas: pessoal e demais despesas

Discriminação	Ano 1	Ano 2	Ano 3	Ano 4
Despesas do corpo docente	1.008.000	2.016.000	3.024.000	4.032.000
Pessoal/técnico--admininstrativo	502.140	502.140	502.140	502.140
Subtotal "A"	**1.510.140**	**2.518.140**	**3.526.140**	**4.534.140**
Despesas de RH	30.000	60.000	120.000	120.000
Serviços de terceiros	75.000	150.000	180.000	180.000
Implantação do PCD	15.000	30.000	60.000	60.000
Implantação do PCS	15.000	30.000	60.000	60.000
Plano de benefícios	15.000,00	30.000,00	60.000	60.000
Subtotal "B"	**150.000**	**300.000**	**480.000**	**480.000**
Material de expediente	12.000	24.000	45.000	45.000
Material de laboratório	15.000	30.000	72.000	72.000
Material didático	18.000	36.000	78.000	78.000
Material de limpeza	9.000	18.000	45.000	45.000
Outros materiais de consumo	6.000	12.000	36.000	36.000
Encargos diversos	9.000	18.000	30.000	30.000
Subtotal "C"	**69.000**	**138.000**	**306.000**	**306.000**
Total despesas de custeio	**1.729.140**	**2.956.140**	**4.312.140**	**5.320.140**

Como despesa operacional acrescentou-se, ainda, o aluguel das instalações a serem utilizadas pela ECN, que é um valor anual de R$180.000,00, considerado uma edução do resultado obtido na análise econômico-financeira.

Despesas de capital-investimentos

Para os gastos com investimentos, que são compromissos financeiros com bens de capital que beneficiam vários períodos, à exceção daqueles relativos a *edificações* e *instalações*, já efetivados e desembolsados pela mantenedora, tem-se a programação de desembolsos conforme a tabela 15.

Tabela 15
Demonstrativo de gastos de capital-investimentos

Discriminação	Ano 1	Ano 2	Ano 3	Ano 4
Equipamentos, máquinas e afins	195.000	1.020.000	1.170.000	2.170.000
Acervo para biblioteca	90.000	200.000	530.000	630.000
Outros ativos de tipo permanente	60.000	130.000	635.000	535.000
Total	**345.000**	**1.350.000**	**2.335.000**	**3.335.000**

Os investimentos de R$345.000,00, relativos ao primeiro ano, assim foram considerados para simplificação da análise. A rigor, os mesmos começam a ser efetivados no segundo semestre do ano anterior (ano 0). Tais valores, desembolsados efetivamente nesse segundo semestre, de forma programada e mensal, incorrem em custos financeiros que, calculados com base em uma taxa de 10% a.m., resultam em valores conforme explicitado a seguir: R$6.900,00 (primeiro mês); R$13.800,00 (segundo mês); R$20.700,00 (terceiro mês); R$27.600,00 (quarto mês); e R$34.500,00 (quinto mês).

Tais valores totalizam R$103.500,00 como despesas financeiras a serem consideradas no primeiro ano da análise econômico-financeira. Os desembolsos financeiros para os demais anos, resultantes dos investimentos de capital, têm como fonte de recursos financeiros os superávits já alcançados a partir do primeiro ano.

Devem ser classificadas como investimento as despesas relativas a consultoria para elaboração de projetos arquitetônicos, projetos pedagógico-acadêmicos, taxas de inscrição para o credenciamento, passagens aéreas e hospedagem, inclusive para a Comissão de Professores Especialistas do MEC.

Os valores de investimentos, apesar de terem sido deduzidos como desembolso do período, conforme análise econômico-financeira do curso, são valores que contabilmente devem ser amortizados ao longo de cinco a 10 anos, período em que se pode valer das benfeitorias, conforme permite a legislação em vigor.

Os valores de investimentos relativos a edificações e instalações já foram efetivados em projeto arquitetônico específico, para fins de adequação da área física ao projeto pedagógico dos cursos. Portanto, como já foram desembolsados previamente, tais valores não afetaram os resultados apurados na análise econômico-financeira da ECN.

Análise econômico-financeira da ECN

Na análise econômico-financeira do projeto de criação da ECN são confrontadas as receitas com as despesas do período.

Tabela 16
Análise econômico-financeira

Discriminação	Ano 1	Ano 2	Ano 3	Ano 4
Recebimentos líquidos	2.492.700	4.922.400	7.352.100	9.757.800
Despesas operacionais (-)	(1.729.140)	(2.956.140)	(4.312.140)	(5.320.140)
Investimentos (-)	(345.000)	(1.350.000)	(2.335.000)	(3.335.000)
Despesas financeiras	(103.500)	- 0 -	- 0 -	- 0 -
Aluguel	(180.000)	(180.000)	(180.000)	(180.000)
Tributos e impostos	(125.000)	(200.000)	(200.000)	(200.000)
Resultado operacional	**10.060**	**236.260**	**324.960**	**722.660**

Considerando a observação referida no item anterior quanto à possibilidade de amortização dos gastos de investimentos a médio e longo prazos, e levando em conta os elementos operacionais envolvidos, obteve-se um resultado favorável, conforme evidenciado no demonstrativo de análise. Tal resultado positivo já se faz notar no primeiro ano, melhorando nos demais exercícios, devido ao aumento da receita mais do que proporcional ao aumento dos custos operacionais.

No caso de serem implementados cursos na modalidade sequencial e/ou de especialização, estimam-se receitas e despesas operacionais coerentes com a necessidade diferenciada de professores e o perfil de alunos que demandam esses tipos de cursos, como é demonstrado na tabela 17.

Tabela 17
Receitas e despesas operacionais

Discriminação	Ano 1	Ano 2	Ano 3	Ano 4
Receitas	240.000	300.000	300.000	300.000
Custos operacionais	240.000	260.000	260.000	260.000
Resultado operacional	**-0-**	**40.000**	**40.000**	**40.000**

Tais resultados devem ser agregados aos resultados operacionais apurados na tabela 16. Ou seja, com a implementação de cursos na modalidade sequencial

Colocando as ideias de negócio no papel   123

e/ou de especialização, os resultados econômico-financeiros certamente serão melhorados na medida em que seria criada uma fonte de receita autossustentada.

Conforme se evidencia pelo planejamento econômico-financeiro, tem-se como viável a implementação da instituição e dos cursos propostos, dentro dos contornos delineados pelas suas respectivas fontes de receita e principais elementos de despesas.

Estudo de caso
ANÁLISE ESTRATÉGICA DA ESCOLA DE CRIAÇÃO DE NEGÓCIOS – ECN

Conjuntura e cenários

Análise da conjuntura

- ❑ Os próximos anos serão marcados por uma extraordinária incerteza na área econômica, devido, basicamente, ao excesso de intervenção do governo na economia. Por outro lado, no setor educacional, existe certa previsibilidade, dado o desenvolvimento recente de proposta de orientações, de caráter geral, que tendem a configurar novas diretrizes educacionais.
- ❑ Outro fator que se apresenta com razoável previsibilidade é o relativo à regulamentação governamental, uma vez que a produção e a demanda por serviços educacionais devem enquadrar-se em um conjunto de leis, regulamentos e outros instrumentos legais voltados para assegurar a eficácia, a segurança e a qualidade dos cursos oferecidos pelas instituições de ensino.
- ❑ Há previsibilidade e tendências claras com relação ao setor educacional, quando considerado em nível mundial, devido à progressiva globalização do processo ensino-aprendizagem nas instituições de ensino dos diferentes países. Essa inequívoca propensão é corroborada, no plano nacional, pela crescente demanda por serviços educacionais (crescimento vegetativo da população, aumento do número de estudantes formados no segundo grau, de jovens em idade escolar de terceiro grau, e demanda reprimida de potenciais alunos do ensino superior).
- ❑ Entretanto, no que diz respeito aos vários parâmetros essenciais que poderiam nortear as ações das instituições de ensino no Brasil, estimativas fidedignas são extremamente complexas, para não dizer impossíveis de ser elaboradas.

continua

❏ Diante desses fatos, formulou-se o cenário mais provável para o desenvolvimento de análises que compatibilizem as propostas de gestão estratégica, em suas várias etapas, observando-se as dimensões macroeconômica e o setor educacional.

Uma visão geral da influência do meio ambiente e suas variáveis controláveis e não controláveis no processo de gestão estratégica da ECN é ilustrada na figura 4.

Figura 4
O meio ambiente e a ECN

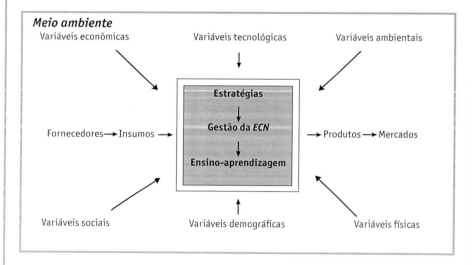

Cenários

Cenário macroeconômico

❏ Diminui parte do custo Brasil.
❏ Aumenta a arrecadação de impostos na esfera federal.
❏ Os gastos públicos diminuem.
❏ A política monetária fica mais restritiva.
❏ As taxas de juros, em termos de longo prazo, tendem a diminuir para pessoas jurídicas.
❏ A atividade econômica é mantida de forma coerente com o atual plano macroeconômico federal.

continua

Colocando as ideias de negócio no papel 125

- A oferta de crédito a longo prazo, para pessoas jurídicas, tende a aumentar.
- A correção do câmbio será maior que a inflação, ocasionando aumento das reservas.
- As exportações crescem de volume.
- As importações diminuem, com melhoria nas contas externas.
- O déficit público diminui em virtude do alongamento dos prazos da dívida, da rolagem da dívida a custos mais baixos, com o controle de parte dos gastos públicos e o aumento da arrecadação com recursos advindos das privatizações.
- O desemprego conserva o nível atual, com pequena melhoria a longo prazo.
- A importância do Brasil no cenário geopolítico internacional aumenta ou, no mínimo, se mantém como está.
- Consolidação do país na liderança das decisões para a América Latina.
- Criação de algumas barreiras alfandegárias localizadas, temporárias, como forma de defesa da agressividade dos países emergentes.
- O volume dos negócios no Mercosul aumenta gradativamente.

Cenário para o setor educacional

O momento atual é de significativo aumento do número de alunos matriculados no ensino médio (antigo segundo grau). Em 1999, as escolas de ensino médio do país receberam 799 mil novos alunos, o que representa um acréscimo de 11,5% em relação a 1998 (o maior da década). O MEC projeta ampliações de 12% para os próximos anos.

Segundo dados de 1999, existiam aproximadamente 8,9 milhões de jovens de 15 a 17 anos no sistema de educação básica e, desse total, apenas 32% cursavam o ensino médio. Nos cursos supletivos, as matrículas de ensino médio cresceram em ritmo mais acelerado, registrando 27% de aumento. Há mais jovens concluindo o ensino fundamental. Mais alunos o estão fazendo com menos idade, em condições portanto de dar continuidade aos estudos. Aumentou a demanda jovem por maior escolaridade, até por exigência de um mercado de trabalho cada vez mais competitivo. Como a meta do MEC é atingir 100% de matriculados, a tendência é um expressivo crescimento de formandos do ensino médio. Por consequência, a procura por vagas no ensino superior deverá crescer de forma considerável.

continua

O país conta atualmente com 1.024 instituições de ensino de graduação, assim classificadas: 153 universidades, 85 faculdades integradas, 768 estabelecimentos isolados e 18 centros universitários. Segundo dados do Censo do Ensino Superior de 1999, esse sistema absorve aproximadamente 2 milhões e 400 mil alunos de graduação, dos quais 61% estão matriculados na rede privada, e 87 mil alunos de pós-graduação. Apesar da expressividade dos números, vale destacar que o ensino superior absorve pouco mais de 10% da população entre 20 e 24 anos.

A demanda pelo profissional graduado em administração, com perfil multidisciplinar, está ganhando cada vez mais espaço no mercado de trabalho. Não apenas na área pública e acadêmica, mas principalmente na iniciativa privada, requisita-se um profissional com visão ampla e analítica, aliada a uma capacidade de lidar de modo perspicaz com as mais diversas situações do processo decisório nos negócios empresariais.

Uma outra tendência que aflora no setor educacional são os cursos superiores sequenciais. Aprovados pelo Conselho Nacional de Educação no início de 1999, tais cursos têm uma duração menor que os cursos de graduação tradicionais e abrem o leque de opções profissionais devido à flexibilidade de oferta de disciplinas específicas (antes restritas ao currículo de graduação em administração).

Como cursos superiores de curta duração, normalmente os sequenciais podem adotar dois enfoques diferentes: ou voltados para uma formação específica, ou então para a complementação dos estudos. Podem ser feitos após a conclusão do ensino médio, juntamente ou depois da graduação. Esses cursos foram criados para suprir uma demanda de alunos não atendidos pelas instituições de ensino tradicionais.

Outra característica dos sequenciais é sua flexibilidade para satisfazer a um mercado carente de novas qualificações (como a área de tecnologia da informação), sendo ágeis o bastante para atender a essa demanda nas mais diversas esferas. Agrega-se a isso a tendência à educação contínua, que se realiza ao longo de toda a vida das pessoas.

A importância desses cursos pode ser comprovada pelo 1,5 milhão de alunos que estão concluindo o ensino médio, enquanto as ofertas de vagas nas instituições de ensino superior não passam de 776 mil.

Visão

Tornar-se um centro de excelência como escola de negócios na América Latina.

continua

Missão

A ECN tem como compromisso desenvolver atividades de ensino, pesquisa e extensão voltadas para o mercado educacional de terceiro grau, com a formação dos melhores profissionais em gestão de negócios do país. Para tanto, procurará atrair os mais destacados vestibulandos provenientes das escolas particulares de segundo grau consideradas de excelência.

Objetivos

Objetivo central

Ser reconhecida como líder no mercado em que atua, suprindo-o com cursos de graduação em gestão de negócios de alto nível. Este é o foco da instituição e para onde devem ser canalizados todos os seus esforços. As suas estratégias devem ser formuladas de modo a traduzir esse foco institucional.

Objetivo imediato

Realização, no último trimestre de 2001, do primeiro vestibular para seu curso de Administração em três habilitações (administração geral, sistemas de informação e gestão de negócios internacionais), com a aprovação de 450 alunos, os melhores da região, em uma relação candidato/vaga de 4/1.

Mercado

O mercado será constituído de alunos egressos de escolas particulares de segundo grau.

Figura 5
O mercado da ECN

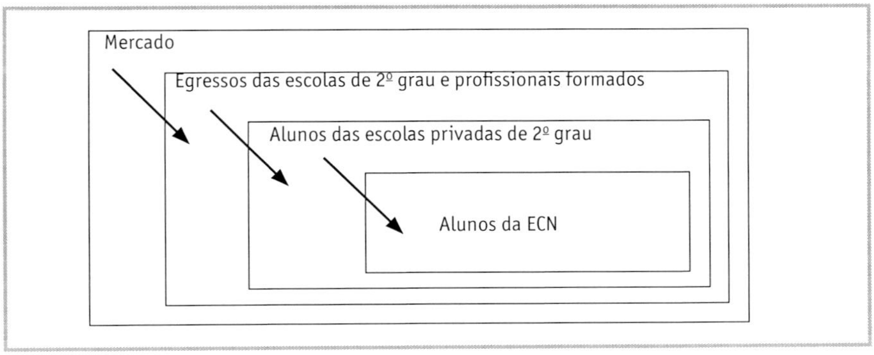

Mercado

Egressos das escolas de 2º grau e profissionais formados

Alunos das escolas privadas de 2º grau

Alunos da ECN

continua

Produdos

- ❑ Cursos de graduação em administração com habilitação em administração geral.
- ❑ Cursos de graduação em administração com habilitação em administração de sistemas de informação.
- ❑ Cursos de graduação em administração com habilitação em gestão de negócios internacionais.
- ❑ Cursos sequenciais em gestão de negócios.
- ❑ Cursos sequenciais em gestão de tecnologias da informação.

Concorrentes

As melhores escolas/faculdades com foco em cursos de gestão de negócios do país.

Estratégias e ações estratégicas

Estratégias

As estratégias delineadas para a ECN, consideradas imprescindíveis para alcançar seus objetivos, estabelecem medidas para cumprir o objetivo central e ao mesmo tempo reforçar a sua posição competitiva. Levando-se em conta as variáveis ambientais próprias do setor educacional, essas estratégias visam a:

- ❑ criação e manutenção de um banco de dados de escolas de segundo grau bem como de talentos (professores), dada a exigência de mão de obra altamente qualificada;
- ❑ diferenciação estabelecida em nível de qualidade e serviços agregados, em face da homogeneidade dos produtos/cursos;
- ❑ ampliação da capacidade instalada, com oferta de novos cursos, antecipando possível crescimento do mercado;
- ❑ adoção de tecnologias educacionais inovadoras, a fim de obter um posicionamento competitivo;
- ❑ melhoria da qualidade da ECN como um todo, com maior rigor acadêmico em relação ao corpo docente e aos cursos oferecidos;
- ❑ implementação de cursos sequenciais, de ensino a distância e outras formas de ensino complementares aos cursos de graduação, com estreita interação teoria-prática;

continua

Colocando as ideias de negócio no papel 129

- ❏ implementação de novos produtos/cursos para fazer frente à concorrência, inclusive com a preparação de cursos a serem lançados quando a conjuntura assim permitir ou em função de mudanças havidas no mercado;
- ❏ formas alternativas de prestação de serviços ao mercado, do tipo empresa júnior, com a consequente criação de espaço de atuação onde docentes e alunos possam aliar a teoria à prática, na medida em que sejam desenvolvidos projetos de apoio às organizações empresariais;
- ❏ desenvolvimento de programas de integração com a comunidade empresarial da região, promovendo uma interação nos dois sentidos: visitas de alunos às organizações locais, ou palestras de representantes dessas organizações na ECN;
- ❏ convênios e parcerias com instituições de ensino similares, nacionais e estrangeiras, visando a intercâmbio de alunos, de conhecimentos, de programas conjuntos e projetos de pesquisa;
- ❏ programa permanente de pesquisa socioeconômica (e projetos correlatos) junto às organizações de seu entorno, com a participação do corpo docente e discente, com vistas a conhecer seu perfil e a servir de centro de informações sobre a comunidade local (criação e preservação de acervo e banco de dados);
- ❏ programa permanente de consulta e pesquisa junto às organizações empresariais para se conhecer o tipo de profissional e o tipo de curso e disciplinas solicitados pelo mercado;
- ❏ parcerias com fornecedores de tecnologia e equipamentos na área educacional;
- ❏ participação ativa nas entidades de classe, de modo a exercer influência sobre a regulamentação legal do setor;
- ❏ incentivo ao corpo docente para a publicação de trabalhos científicos e de iniciação científica, como artigos, livros, relatórios de pesquisas e outros equivalentes, por meio de mídia própria ou veículos da comunidade acadêmica e não acadêmica;
- ❏ utilização das tecnologias da informação mais para a gestão do conhecimento do que para a administração de dados e de informações;
- ❏ convênios com bibliotecas de instituições de ensino e demais entidades, para acesso *on-line* ao acervo disponível na comunidade;

continua

- ênfase na redução dos custos operacionais, cujos custos fixos representam parcela significativa na estrutura dos custos totais.

Ações estratégicas

As ações estratégicas da ECN estabelecem as medidas para pôr em prática as estratégias traçadas.

Em um primeiro momento, suas ações estratégicas consistem em:

- relação de escolas particulares de segundo grau da região;
- relação das empresas da região (identificação das pessoas-chave em cargos gerenciais em RH e na diretoria);
- identificação das entidades de classe da região;
- formação de um banco de dados contendo empresas, escolas de segundo grau, entidades de classe e demais instituições de interesse da ECN;
- integração das atividades dos atuais cursos MBA com as atividades da ECN (por exemplo, projetos de pesquisa desenvolvidos pelos alunos do MBA com defesa em banca examinadora aberta à participação dos alunos de graduação e de empresários/executivos das empresas da região).

Ações estratégicas que devem ser implementadas como marketing institucional para a inserção da imagem da ECN no mercado:

- realização de palestras junto aos alunos das escolas de segundo grau da região (assuntos comunitários e neutros relacionados ao mercado de trabalho das profissões levadas em conta pelas faculdades existentes);
- realização de palestras nas dependências da ECN sobre o mercado de profissões/trabalho;
- publicação de artigos com matéria jornalística de interesse da comunidade local;
- contato com as principais empresas da região para apresentar a ECN e iniciar negociação com vistas a convênios de estágios para futuros alunos (convênios com organizações para fins de colocação dos profissionais formados pela ECN);
- criação de um conselho de empresários, executivos e lideranças locais para delinear o perfil do profissional a ser formado pela instituição.

continua

Com isso se objetiva não só estabelecer um canal de comunicação com professores e alunos, mas também subsidiar a gestão estratégica da instituição em seus diferentes níveis (plano estratégico, plano pedagógico, currículo do curso e avaliação institucional).

❑ indução/estímulo à criação de associação de ex-alunos de MBA, congregando executivos/empresários que atuam no mercado;

❑ participação em seminários, cursos, encontros e demais eventos realizados pelas entidades de classe e demais associações da área de administração, tanto para disseminar o bom conceito da ECN como para manter-se atualizado diante das constantes mudanças que ocorrem no setor educacional.

Capítulo 5

Criação e desenvolvimento de uma nova empresa

Criação do negócio

A proposta deste capítulo é explicar a criação e o desenvolvimento de um negócio utilizando como exemplo uma empresa fictícia. Consideremos que o sr. Francisco resolva abrir um pequeno negócio com sua amiga, sra. Ana Almeida. O negócio em questão é a compra e venda de veículos usados. Para viabilizá-lo, os empreendedores analisam cuidadosamente os seguintes dados:

- ❑ o tipo de produto que a empresa irá comercializar;
- ❑ para quais clientes os produtos serão vendidos (mercado-alvo);
- ❑ que empresas concorrentes vendem o mesmo tipo de produto;
- ❑ o ambiente em que esse produto será comercializado e as políticas econômicas do governo para esse ramo de atividades (cenário econômico atual);
- ❑ o valor inicial do investimento necessário para implantar o negócio.

No caso de serem contratados técnicos especializados, devem estes ter acesso aos dados para desse modo confirmar a viabilidade do empreendimento.

Um contador é contratado para prestação de serviço eventual, providenciando toda a documentação legal junto a órgãos competentes, tais como Junta Comercial, Receita Federal, Secretaria da Fazenda e Prefeitura.

> A regulamentação governamental vigente constitui um exemplo da influência das variáveis legais nas empresas.

Recomenda-se a contratação de contador ou escritório de contabilidade devido à alentada legislação que regulamenta a abertura de empresas (principalmente as micro e pequenas) e à extrema frequência com que são feitas alterações legais/governamentais. É uma sugestão bastante válida na medida em que os empreendedores, ao subcontratarem tais serviços, ficam com mais tempo disponível para pensar e atuar no negócio imaginado.

> Foco no negócio principal é um conceito válido em qualquer tipo de empreendimento.

Os sócios, com o assessoramento do contador, percebem que existem várias opções de apoio creditício e de financiamento do novo negócio. Entretanto, resolvem bancar o próprio negócio para iniciar o empreendimento sem dívidas!

> Mesmo sem perceber, os empreendedores adotam decisões estratégicas do tipo trabalhar apenas com capital próprio, evitando o endividamento externo/bancário. Ou seja, é uma estratégia financeira relacionada ao capital de giro.

A decisão de contratarem o contador/escritório de contabilidade na verdade apoiará de forma permanente as atividades da empresa, pois tais atividades necessitam da devida escrituração contábil, conforme a legislação vigente (as exigências mais imediatas surgem com as implicações fiscais e tributárias, como imposto de renda e demais impostos, que variam em função do tipo de atividade empresarial). Embora não tenham nenhuma formação técnica em gestão empresarial, os sócios-proprietários acabam por adotar o conceito de terceirização na empresa recém-criada.

Influência do ramo de atividades

Os empreendedores dão à empresa o nome de Comercial Fran Ltda. e alugam um ponto comercial num bairro da Grande São Paulo, onde moram.

Figura 6
Comercial Fran Ltda. e os setores econômicos

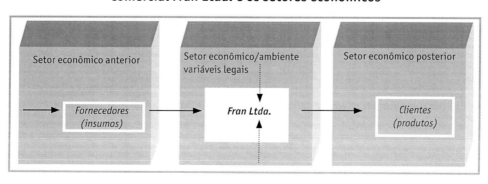

Criação e desenvolvimento de uma nova empresa 135

A Fran caracteriza-se como entidade jurídica, normalmente chamada de empresa, com expectativa de funcionamento por prazo indeterminado. A sua finalidade ou objeto social, que o mundo empresarial denomina missão, consta como primeira cláusula do contrato social de criação da empresa: "compra e venda de veículos usados".

A partir desse momento, a empresa é constituída como pessoa jurídica (estabelecida de acordo com as leis vigentes) e concebida conceitualmente como organismo vivo que passa a existir num ambiente mais amplo (setor econômico), do qual depende para obter seus insumos produtivos e satisfazer necessidades ambientais e de colocação de seus produtos. A cadeia de agregação de valores fundamentada nas atividades-fim da organização (missão) começa nos fornecedores de insumos produtivos e termina na entrega de produtos aos consumidores finais (clientes), podendo atravessar vários setores econômicos. Por exemplo, a Comercial Fran, que faz parte do setor econômico competitivo e adquire insumos produtivos (veículos) de fornecedores (montadoras) pertencentes ao setor econômico diferenciado. A Fran pode também vender seus produtos a clientes industriais (empresas pertencentes a diversos setores econômicos), ao governo (setor econômico de serviços públicos) e a consumidores finais (pessoas físicas). Visualizando o mundo real das organizações, podem-se identificar diferentes tipos de empresas em setores econômicos diversos.

> Decisões estratégicas devem ser adotadas de forma diferenciada, a partir da constatação de que existem diferentes tipos de empresas (ou diferentes negócios).

Missão ou finalidade maior da empresa

A missão pode ser identificada diretamente da leitura do contrato social de criação legal da empresa. Ou seja, a finalidade maior do negócio recém-criado encontra-se descrita na cláusula relativa ao *objeto social* da empresa.

> Missão: compra e venda de veículos usados na região da Grande São Paulo

Nos primeiros meses de funcionamento da empresa, os sócios-proprietários, Francisco e Ana, resolvem trabalhar sem contratar nenhum empregado. Do ponto de vista técnico de gestão empresarial, a organização é composta de dois empregados, que na prática se confundem com a figura dos sócios-proprietários, remunerados na base de pró-labore (retirada monetária pela participação societária). O conceito de *empowerment* para a criação de cargos enriquecedores e motivadores, que encorajariam as pessoas no exercício de sua capacidade de autocontrole e iniciativa, não se faz necessário, porquanto se trata de microempresa em que a figura do sócio proprietário dispensa a implementação de conceitos inovadores de gestão de negócios.

> 1º pressuposto: a missão da organização determina as atividades-fim a serem desenvolvidas.
>
> Tais atividades-fim, portanto, decorreriam da missão/estatutos sociais da empresa. As atividades-meio, incluindo a administração de recursos humanos, que complementam aquelas atividades-fim, são todas as demais funções necessárias ao funcionamento normal da empresa.
>
> ---
>
> O porte/tamanho da empresa influencia as estratégias de gestão de negócios a serem implementadas.

Decisões e cadeia produtiva

Com o delineamento das atividades-fim da Fran é possível identificar as principais decisões a serem tomadas na empresa. Tais decisões constituem, basicamente, a cadeia produtiva (ou cadeia de agregação de valores). Como tais decisões são escolhas deliberadas a serem feitas pelos sócios-proprietários, há necessidade de estratégias que auxiliem o acerto dessas escolhas. As decisões inerentes à gestão do nível operacional devem complementar o processo decisório da organização como um todo.

Figura 7
Comercial Fran Ltda.: estratégias e decisões

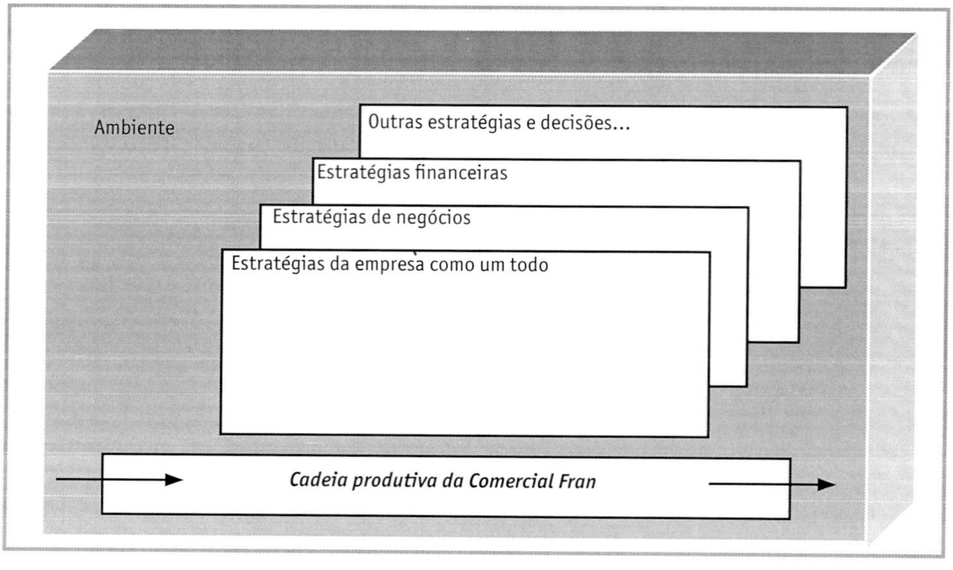

As estratégias da Fran como um todo permitem que as decisões (por exemplo, compra e venda de veículos usados) sejam executadas por um grupo de pessoas.

A identificação de tais decisões subsidia, ainda, a determinação da configuração organizacional, com seus respectivos cargos/postos de trabalho (o que depende também do porte/tamanho e estágio de vida da organização).

> 2º pressuposto: identificar as decisões e estratégias genéricas da empresa em função do tipo de ramo de negócios (setor econômico) e, posteriormente, identificar as decisões inerentes à gestão de negócios. Cumpre estabelecer diferentes estratégias de gestão de negócios, já que existem diferentes tipos de organizações inseridas nos diferentes setores econômicos. A partir daí, podem-se definir as estratégias de negócios como escolhas deliberadas em função do contexto em que se insere a empresa.

Expandindo o negócio

O negócio vai muito bem, com as vendas de veículos aumentando a cada dia. Nessa fase de otimismo, o sr. Francisco e a sra. Ana resolvem contratar mais pessoas para ajudá-los (a rigor, a expansão de um negócio depende do tempo disponível das pessoas que nele trabalham). Nesse momento surgem decisões do tipo:

- ❏ que tipo de pessoa contratar? (perfil ou pré-requisitos do cargo a ser preenchido);
- ❏ qual fonte de recrutamento adotar?;
- ❏ que funções atribuir ? (descrição do cargo);
- ❏ que salário inicial deve ser pago? (definir valor salarial).

Os sócios resolvem contratar duas pessoas com experiência na venda de veículos e transferir-lhes parte de suas atribuições. Embora não percebam, os sócios estão atuando de forma focada, concentrando-se nas principais atividades da empresa (decisões estratégicas) e repassando as atividades "menos importantes" (decisões operacionais) aos seus colaboradores imediatos.

> 3º pressuposto: delegar autoridade ao pessoal, reservando para os gestores principais a tomada das decisões mais importantes

O recrutamento dessas duas pessoas é concretizado e, como ainda não são suficientemente conhecidos, passam a exercer a função com responsabilidade limitada. Por decisão dos sócios, a remuneração salarial será em bases fixas mais comissões por negócios fechados.

> 4º pressuposto: as decisões referentes à gestão de negócios podem ser de ordem estratégica (que contribuem para a melhoria dos resultados da organização em suas atividades-fim) e de nível operacional (atividades rotineiras relacionadas ao dia a dia da empresa).

Após quatro anos de prosperidade, e graças ao crescimento da economia nacional e à consequente ampliação dos prazos de financiamentos de veículos (variável ambiental/econômica), os dois sócios resolvem ampliar o negócio, contratando mais vendedores e passando a prestar serviços de oficina.

> Missão redefinida: compra e venda de veículos usados, e prestação de serviços de oficina na região da Grande São Paulo.

Para tanto, contratam dois mecânicos e um funileiro. Nessa fase, os sócios-proprietários resolvem conceder maior autonomia aos vendedores devido à confiança que inspiram à empresa. A estratégia então adotada é criar condições para que os colaboradores da Fran se sintam úteis e importantes, oferendo-lhes cargos com autonomia, responsabilidade e reconhecimento. O objetivo dessa estratégia é aumentar a produtividade e a satisfação no trabalho, melhorando a qualidade dos serviços executados de forma compatível com a redução dos indicadores de desempenho (absenteísmo e *turnover*/rotação de mão de obra).

> 5º pressuposto: manter equilíbrio entre a responsabilidade que se cobra dos subordinados e a autoridade que lhes é concedida. A organização informal, baseada em relações de amizade e interações não planejadas, pode coexistir pacificamente com a organização formal (estrutura hierarquizada/organograma).

Como o negócio continua a prosperar graças ao tino comercial do sr. Francisco e ao sentido de organização da sra. Ana, os dois resolvem entrar no negócio de comercialização de veículos novos. Negociam com uma grande montadora de veículos, apresentam seus balanços, que evidenciam boa margem de lucratividade e excelente garantia patrimonial, representada pelo montante de seu ativo imobilizado, e obtêm concessão para comercializar os veículos da marca Alfa.

> Missão redefinida: comercialização de veículos novos, compra e venda de veículos usados, e prestação de serviços de oficina na região da Grande São Paulo.

Criação e desenvolvimento de uma nova empresa 139

Assim, contratam mais três funcionários para trabalhar no almoxarifado de peças, mais dois vendedores de veículos e mais seis pessoas para trabalhar na oficina autorizada. Apesar do crescimento, os sócios-proprietários resolvem ser cautelosos, optando por não criar departamentos ou setores aparentemente úteis ao cumprimento do objetivo maior da empresa (missão), mas que posteriormente poderiam revelar-se desnecessários.

> 6º pressuposto: evitar criar um número excessivo de níveis hierárquicos. Os cargos e as relações interpessoais podem ser estruturados mediante organização formal (estrutura organizacional/organograma) para criar condições de crescimento pessoal que ao mesmo tempo ajudem a atingir as metas empresariais.

Os sócios-proprietários resolvem implementar um processo para verificar o desempenho dos seus empregados nos diversos setores da empresa. Por conhecerem melhor os empregados, decidem promover os melhores, concedendo-lhes aumentos salariais, e substituir os que se mostram ineficientes.

> 7º pressuposto: colocar as pessoas certas nos lugares certos. As atividades empresariais são influenciadas pela natureza das pessoas que compõem a organização, bem como pela organização formal. Este é o escopo da gestão de uma empresa: integrar as necessidades individuais e organizacionais.

Como o volume de negócios continua crescendo, o responsável por oficina e peças já não consegue mais supervisionar os subordinados, que passam a aguardar definições de cima e a trabalhar sem orientação e sem nenhuma cobrança de prazos e qualidade.

Reorganizando a empresa

Os sócios-proprietários resolvem proceder a uma redistribuição de funções entre os atuais membros do quadro de pessoal. Como os aspectos técnicos e humanos da Fran são indissociáveis, cabe à direção da empresa compatibilizar a natureza técnica (modelo de gestão, estrutura organizacional e tecnologia empregada nos processos empresariais) e a social (necessidades das pessoas/equipes que compõem a organização).

> 8º pressuposto: a configuração organizacional e a definição do modelo de gestão devem ser um processo a merecer revisões periódicas. A estratégia de gestão é função direta das características da organização e do ambiente (setor econômico) em que se está atuando. O crescimento e a sobrevivência da empresa passam a depender cada vez mais de um modelo de gestão que integre num todo coeso o porte, o estágio de vida, a tecnologia empregada no produto e nos processos produtivos, e as relações interorganizacionais vigentes no setor econômico (ambiente) no qual a organização está inserida.

A direção da Comercial Fran, agora uma organização de porte, precisa enfatizar ainda mais as interações com os agentes do setor econômico no qual está inserida (fornecedores, clientes, bancos, concorrentes, governo e afins), além de administrar as interações com seus colaboradores internos.

As decisões da empresa em função do ramo de negócios

Por um enfoque sistêmico, tem-se a Fran como uma organização inserida em um ambiente mais amplo, que é o setor econômico ao qual pertence, dividida internamente em departamentos/divisões com suas respectivas equipes de trabalho, que por sua vez se compõem de indivíduos (a menor unidade divisível da organização, que funciona como uma molécula com atividades próprias como se fosse uma empresa independente).

Conforme conceitos estudados nesta obra, a ênfase na gestão da empresa vai depender do tipo de negócio a que essa se dedica. Assim, para uma organização do tipo da Comercial Fran, que pertence ao ramo de comércio varejista, a ênfase deve se concentrar na pronta disponibilidade de produtos. Ou seja, deve-se dar especial atenção ao controle dos estoques dos produtos a serem comercializados. Nesse sentido, um indicador de desempenho global como a rotação dos estoques de produtos é de suma importância para avaliar o andamento dos negócios. É uma métrica extremamente útil, inclusive para monitorar a concorrência e realizar *benchmarking*, processo mediante o qual são feitas comparações com empresas do mesmo setor de atuação.

Figura 8
Comercial Fran e as decisões de gestão de negócios

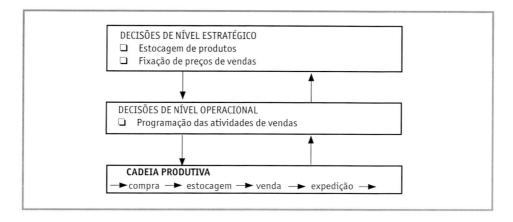

Ordenação das decisões

Nesse estágio de sua vida, a Comercial Fran necessita ampliar a visão sociotécnica para abranger as interações entre os requisitos técnico-humanos e os estratégicos e ambientais.

Figura 9
Comercial Fran e a visão sociotécnica

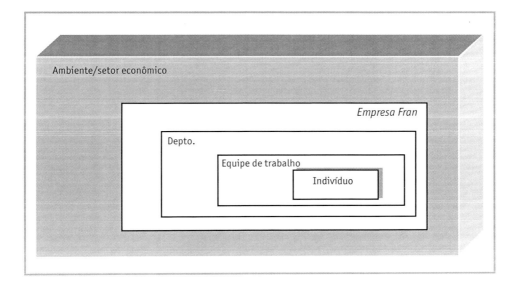

Com a aplicação dos conceitos de determinação de decisões na gestão empresarial, obtém-se uma estratificação do processo decisório da Comercial Fran Ltda., conforme ilustrado a seguir (exemplificada com decisões da gestão de pessoas/recursos humanos).

Figura 10
Comercial Fran e as decisões da gestão de pessoas

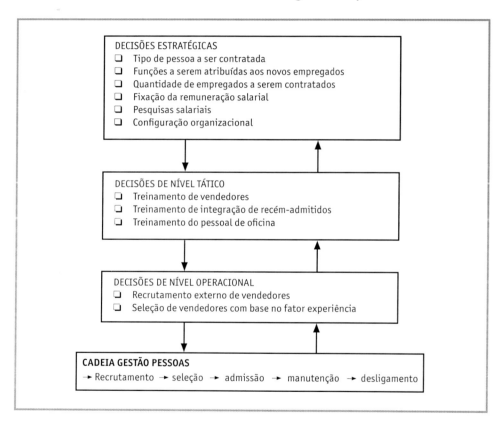

Capítulo 6

Compreendendo as MPEs e os diferentes tipos de negócios

Estabelecendo uma visão global de uma MPE

Toda teoria e conceitos utilizados para criar e gerenciar uma MPE são construídos a partir da observação do funcionamento das empresas em atividade num país. O que a teoria faz é explicitar e formalizar conceitos empiricamente eficazes para posterior aplicação em empresas inseridas em contexto semelhante àquele no qual a teoria foi criada. Como a prática nunca está dissociada da teoria, nem sempre se tem consciência da teoria que serve de base ao processo de gestão de negócios.

Um dos grandes problemas que uma empresa enfrenta é a visão extremamente segmentada, setorizada ou atomística que a maioria das empresas tem delas mesmas. Isso leva a conflitos e divergências operacionais que minimizam o resultado dos esforços. Portanto, a empresa deve buscar uma visão sistêmica, global, abrangente e integrada, que possibilite visualizar as relações de causa e efeito, o início, o meio e o fim, ou seja, as relações entre os recursos captados e os valores obtidos pela empresa.

Na abordagem sistêmica, o foco da atenção se transfere da análise da interação das partes para o todo, contrariamente ao pensamento pré-sistêmico, no qual o método analítico procurava chegar à compreensão do todo a partir do estudo independente das partes. No método analítico, o comportamento de um todo não é interpretado em função de sua inserção num contexto mais amplo, que é o sistema maior do qual faz parte.

Desse modo, a empresa deve ser considerada um conjunto de partes em constante interação, constituindo-se num todo orientado para determinados fins, em permanente relação de interdependência com o ambiente externo. A adoção

144 Criação de novos negócios

do enfoque sistêmico, que vê a organização como um macrossistema aberto interagindo com o meio ambiente, pode ser entendida como um processo que procura converter recursos em produtos (bens e serviços), em consonância com seu modelo de gestão adotado e os objetivos corporativos.

A visão sistêmica ou horizontal de uma empresa representa uma perspectiva diferente que permite visualizar:

- ❏ o cliente, o produto e o fluxo de atividades empresariais;
- ❏ como o trabalho é realmente realizado por meio de processos que atravessam as fronteiras funcionais;
- ❏ as relações internas entre cliente-fornecedor, por intermédio dos quais são obtidos produtos e serviços.

O enfoque sistêmico possibilita uma visão global da empresa, que é o ponto de partida para a criação do modelo de gestão de negócios que permita responder eficazmente à nova realidade de concorrência acirrada e de expectativas mutáveis dos clientes. Essa macrovisão permite perceber a organização como um macrossistema que converte diversas entradas de recursos em saídas de produtos e serviços, que são fornecidos a sistemas receptores ou mercados.

A organização é guiada por seus próprios critérios e *feedbacks* internos, mas é em última instância conduzida pelo *feedback* de seu mercado. A concorrência também está recorrendo aos mesmos recursos e fornecendo seus produtos e serviços ao mesmo mercado. Tudo isso ocorre no ambiente social, econômico e político.

Visualizando internamente as organizações, podem-se identificar funções que, interligadas na forma de sistemas, visam a converter as diversas entradas em produtos ou serviços. A organização como um todo tem um mecanismo de controle, que é o seu processo de gestão, que reage ao *feedback* interno e externo, a fim de equilibrá-la em relação ao ambiente externo.

Com a aplicação do enfoque sistêmico, a organização tende a se constituir em um conglomerado de unidades de negócios ou centros de resultados que atuariam como *empresas independentes* (equivalentes às micro e pequenas empresas) dentro do todo maior da organização.

O enfoque sistêmico pode ser aplicado à análise global das atividades da empresa, a qual está em permanente interação com o meio ambiente. Portanto, o ambiente externo é um fator contingencial que estabelece parâmetros, limites, propostas e desafios que têm que ser interpretados de acordo com a escala de valores da empresa.

Essa macrovisão proporcionada pelo enfoque sistêmico facilita a compreensão dos conceitos de gestão de uma micro/pequena empresa (figura 11).

Figura 11
Conceitos de gestão de uma MPE

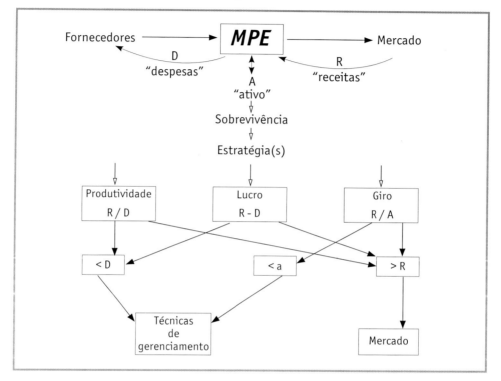

Na interação com o meio ambiente, a empresa contrata seus insumos produtivos e por eles desembolsa despesas D e, na outra ponta, consegue R valores pelos produtos (bens ou serviços).

Complementarmente, tem-se a alocação de ativos A, constituídos de máquinas, equipamentos e instalações para a transformação dos insumos produtivos, que não podem ficar parados ou estocados, devendo ser o mais rapidamente aplicados e manipulados mediante processos que visam à obtenção dos produtos.

Os produtos também não podem ficar estocados, devendo ser vendidos o mais rapidamente possível. Vender e comprar se complementam, uma vez que tanto as pessoas só compram alguma coisa quando precisam, como a empresa vende seus produtos para satisfazer às necessidades de alguém, que no seu conjunto compõe o mercado. Este é um conceito fundamental para a empresa, pois a sua sobrevivência depende em grande parte de sua capacidade em satisfazer às necessidades do mercado, constituindo dessa forma a sua razão de ser, a sua missão, o seu negócio.

A preocupação em otimizar os recursos e melhorar a qualidade dos processos para a obtenção dos produtos conceitua-se por *eficiência* (produto ÷ recursos consumidos). Em contrapartida, define-se *eficácia* como a preocupação em conseguir o maior valor possível para o produto junto ao mercado (valor conseguido ÷ produto obtido). Esse valor, que na ilustração está representado como receita R, será tanto maior quanto maior for o valor que o mercado atribui ao produto, na medida em que satisfaz as suas necessidades.

Atualmente as organizações dão mais ênfase à *produtividade* que à eficiência ou à eficácia, consideradas isoladamente. Se de um lado o incremento dos níveis de eficiência exige das organizações um processo de aperfeiçoamento contínuo para aumentar sua competitividade, de outro, tem-se a produtividade como um conceito econômico que une a visão mercadológica de *eficácia* à preocupação de rendimento operacional, que é a ênfase do fator *eficiência*.

Para esse efeito, pode-se dizer que o aumento da produtividade está relacionado à obtenção de melhores resultados econômicos, que por sua vez dependem da inteligência, da sinergia das pessoas e da qualidade dos processos. Essa qualidade dos processos, sobretudo a qualidade da gestão de tais processos, é que determina em última instância a produtividade da organização, assim como a sua evolução e continuidade.

Para a sua sobrevivência, a empresa deve atender aos aspectos de lucratividade, mercado e tecnologia. A *lucratividade* $(R - D)$ é afetada pelo menor valor de despesas $(< D)$ e, principalmente, pelo maior valor conseguido $(>R)$. A empresa pode obter níveis de lucratividade acima dos de seus concorrentes mediante a estratégia de preços mais altos ou de menores custos que os da concorrência. A disparidade de preços ou de custos entre os concorrentes pode decorrer de diferenças na produtividade, da aplicação de melhores práticas de gestão de negócios ou da estratégia adotada.

Além disso, o *mercado* afeta diretamente o volume de receitas R, valor que compõe também o indicador de giro $(R ÷ A)$, que mensura a rotação e o grau de imobilização e estocagem dos recursos produtivos da empresa.

Já a *tecnologia*, seja em relação a produtos e processos, ou aplicada à gestão de negócios, induz de forma direta ao menor valor de despesas $(< D)$ e ao menor valor dos ativos e recursos alocados ao processo $(< A)$.

Assim, para entender as organizações e os diferentes tipos de negócios, nada melhor que analisar uma empresa da concepção até a maturidade. É o que se pode verificar no estudo de caso apresentado no capítulo 5, em que se desenvolve uma análise das finalidades e missão da empresa, identificando-se produtos e mercados, assim como fornecedores, concorrentes e órgãos normativos oficiais.

Seguindo essa linha metodológica, constata-se que existe uma tipologia de organizações a partir da análise de suas características em função do setor econômico a que pertençam. Dessa forma, podem-se estabelecer diferentes tipos de negócios, que exigem gestão diferenciada.

Tipo de negócio	Ênfase
Supermercado	Giro de estoques
Recursos energéticos	Investimentos de longo prazo
Aeroportuário	Logística
Comércio varejista	Disponibilidade de produtos
Comunicações e correios	Automação
Veículos automotores	Produção em escala
Aeronáutico	Confiabilidade
Satélites	Complexidade
Seguradoras	Serviços
Química	Integração
Engenharia	Acervo técnico e *know-how*
Publicidade e propaganda	Talentos humanos

Em suma, como a MPE não compete e não cresce no vácuo, mas sim refletindo a lógica e a dinâmica do setor econômico em que atua, parte da estratégia genérica das organizações reflete, necessariamente, essas características.

No *macroambiente* tem-se maior amplitude das forças externas e das variáveis não controláveis que afetam todos os agentes no meio ambiente da organização, sejam elas as econômicas, demográficas, físicas/ecológicas, tecnológicas, político-legais ou socioculturais.

Tais entidades externas operam num macroambiente cujas forças e megatendências criam oportunidades e ameaçam a organização. Trata-se de variáveis não controláveis, que a organização deve monitorar e com as quais vai interagir.

Figura 12
O ambiente da MPE

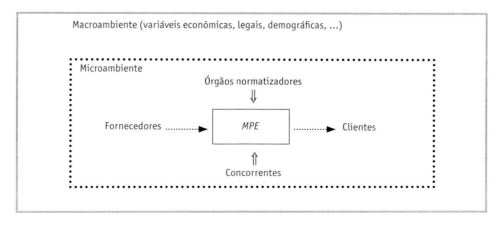

A variável ambiental econômica assume frequentemente a forma de taxa cambial, taxa de juro, política de concessão de crédito e outros fatores afins manipulados pelo governo, que não podem ser controlados pela organização e afetam diretamente as MPEs. Exemplo da influência dessa variável é o caso da JL Indústria de Peças Técnicas, fábrica de etiquetas especiais e peças técnicas que, com a abertura de mercado a partir de 1990, importou tecnologia e insumos e passou a fabricar etiquetas com código de barras para automação comercial. A partir daí, obteve certificação norte-americana da qualidade de produtos e o certificado ISO 9000, passando a exportar para o mercado externo. Seu faturamento aumentou mais de 60%, com expectativa de crescimento devido a sua estratégia de diversificação de produtos e a seus preços competitivos propiciados pela produção em maior escala. A variável demográfica refere-se ao crescimento vegetativo da população. A nova geração de clientes, de faixa etária menor e em maior número que as gerações anteriores, parece explicar a recente explosão da demanda por novos produtos. As variáveis socioculturais refletem-se nos novos usos e costumes influenciados pela mídia. As variáveis tecnológicas provocam enorme impacto, evidenciando que as organizações devem gerenciar não apenas dados e informações, mas sobretudo o conhecimento, valorizando-se assim mais o capital humano do que o capital tradicional. O impacto dessa variável será examinado em detalhe na parte IV.

A observação empírica da realidade das organizações nos leva a constatar a existência de diferentes tipos de empresas, instituições e outras formas jurídicas de entidades. Tal constatação é da maior importância, uma vez que, para cada tipo de organização, existem tecnologias mais eficazes e apropriadas à melhoria do desempenho gerencial. Propomos inicialmente uma classificação simples, para depois considerar uma tipologia mais completa de organizações com ou sem fins lucrativos. As organizações poderiam ser classificadas da seguinte forma:

- ❑ organizações do setor industrial;
- ❑ organizações do setor comercial;
- ❑ organizações de prestação de serviços.

As características próprias de cada setor fazem com que as estratégias genéricas das organizações que formam os diversos setores da economia reflitam essas peculiaridades. Podemos assim estabelecer os elementos que definem a postura adotada pelas organizações perante o mercado, inclusive as suas estratégias genéricas, quaisquer que sejam os seus objetivos corporativos próprios. Poder-se-ia dizer que a melhor maneira de se organizar uma instituição depende da natureza do ambiente com o qual ela deve se relacionar.

Figura 13
Estratégias genéricas e específicas

O modelo de gestão de uma MPE proposto considera a existência de estratégias genéricas e estratégias específicas, cujo agregado configura estratégias próprias de cada organização. Ou seja, o modelo de gestão apresentado é sistêmico e metodológico, separando as variáveis estruturais que são comuns a todas as MPEs daquelas que são específicas e singulares a cada organização.

Caracterização e delineamento estratégico de uma empresa

Trata-se de desenvolver um processo dedutivo que estruture um referencial metodológico que permita a caracterização e o delineamento estratégico de uma MPE. É preciso inicialmente compreender a organização como um todo e sua inter-relação com o setor econômico ou ramo de negócios ao qual pertença, para depois analisar sua finalidade e missão, identificando produtos e mercados, fornecedores, concorrentes e órgãos normativos oficiais.

Na análise da missão deve-se enfocar a razão social pela qual a organização existe.

Quanto a produtos/processos produtivos, relacionam-se os produtos principais, complementares, substitutos e produtos concorrentes, devendo ser analisados aspectos como marcas inerentes ao composto de produtos da empresa e grau de diferenciação de produtos através de marcas, modelos e versões.

No que diz respeito ao mercado, deve-se procurar estabelecer a infraestrutura de comercialização e a forma de venda dos produtos — incluindo atividades de pós-venda, na forma de assistência técnica e/ou garantia de produtos vendidos —, bem como a possibilidade de integração vertical para a frente.

Com relação a fornecedores, devem-se mapear as principais matérias-primas, o potencial humano, a tecnologia e a escala mínima econômica e/ou de requisitos/especificações técnicas e analisar elementos, tais como o grau de controle de intermediários e fornecedores de matérias-primas no mercado fornecedor, a facilidade/dificuldade de acesso às fontes de matérias-primas e a eventual existência de restrição à rede de distribuição e comercialização, onde os atacadistas atuam com maior ou menor poder de negociação e maior ou menor possibilidade de integração vertical para trás, visando a apoderar-se das fontes de matérias-primas.

Quanto a concorrentes, devem-se identificar suas origens e sua segmentação, e também os esforços de vendas em termos de propaganda, prazo de atendimento, distribuição, garantia e assistência técnica, segmentação de mercado e inovação de produtos.

Quanto aos órgãos normativos oficiais, é importante observar a sua influência no comportamento da organização.

Com relação ao ramo de negócios, deve-se ter, mediante um planejamento estratégico revisto periodicamente, perfeito conhecimento do mercado de atuação.

Constata-se, nessa linha metodológica, a existência de uma tipologia de empresas a partir da análise das características que elas apresentam em função do setor econômico a que pertençam. Embora devamos reconhecer que cada setor econômico tem suas características particulares, torna-se imprescindível agrupar as empresas que genericamente apresentem características similares, para verificar o funcionamento de blocos de empresas e o comportamento das forças competitivas dentro de cada bloco.

Os fatores que permitem agrupar em blocos empresas mais ou menos equivalentes entre si são o grau de concentração (que é basicamente determinado pelas barreiras à entrada de novas empresas no setor) e o grau de diferenciação de produtos. Complementarmente, podem-se considerar fatores essenciais à aplicação da metodologia sugerida os produtos e processos produtivos adotados pelas empresas. Esses fatores, quando correlacionados, permitem situar os diferentes tipos de empresas na matriz de enquadramento e caracterizações de organizações, o que implica maior diversidade de produto e sua alteração mais rápida, ou produtos mais automatizados, rígidos e eficientes em relação a custos.

Verifica-se que no mercado existem empresas que podem ser agrupadas em categorias diferenciadas, conforme se caracterizem por ganho no giro do ativo, ou na margem de rentabilidade, somente para citar dois elementos de análise.

Segundo a publicação *Melhores e Maiores* da revista *Exame* em sua edição de 1999/2000, a margem de lucro dos maiores supermercados é pequena, variando de 0,3 a 6%, com um ganho no giro total que está em torno de quatro vezes ao ano. Já outras empresas ganham no giro total de seus ativos, como por exemplo distribuidoras de petróleo, empresas de transporte coletivo, organizações do comércio varejista, distribuidoras de veículos etc.

Ainda segundo a revista *Exame*, as empresas pertencentes ao setor dos minerais não metálicos (cimento) caracterizam-se pelo ganho na margem de lucratividade, conforme mostram seus balanços, que registram altos índices de lucratividade, em torno de 20-30%, concomitantemente a indicadores de giro por volta de 0,5 a 1 (empresas que necessitam de grandes investimentos terão dificuldades em vender o correspondente a uma vez o seu ativo durante o ano, ou então de vários anos para vender o equivalente ao ativo apenas uma vez). As empresas desse setor, que metodologicamente constituem o bloco de indústria concentrada, exigem elevados volumes de investimento, necessitando, portanto, ganhar na margem de lucratividade. Outras que ganham na margem são as empresa têxteis, de serviços públicos e aquelas pertencentes a indústrias (ramo de negócios) oligopolizadas ou mesmo monopolizadas (caso das telecomunicações na fase estatizada).

Para efeito de ilustração das diferenças decorrentes das características próprias do ramo de negócios, são relacionados a seguir alguns dos melhores e piores desempenhos apurados pela *Exame*:

- ❑ uma organização estatal monopolista foi a maior empresa do país por volume de vendas;
- ❑ uma organização de controle estatal na área de prestação de serviços públicos monopolizados foi a maior empregadora de mão de obra do país;
- ❑ uma empresa da indústria diferenciada, produtora na área de bebidas e fumo, teve a maior rentabilidade;
- ❑ uma empresa estatal municipal na área de serviço de transporte foi a mais endividada;
- ❑ uma empresa do setor da construção civil foi a de maior capital de giro próprio;
- ❑ uma empresa estatal de energia elétrica foi a que apresentou o maior prejuízo em termos absolutos.

Todos esses tipos de organização foram aqui descritos, digamos, em sua forma pura. Na realidade, há várias nuanças que dificultam seu enquadramento em qualquer uma dessas categorias. Tal dificuldade é confirmada por Hall (1984), para quem uma tipologia genericamente aceita das organizações é inexistente, apesar do consenso geral quanto à necessidade de uma boa tipologia. Ou seja, a essência do esforço tipológico deve residir na determinação das variáveis críticas para a diferenciação dos fenômenos que são investigados. Assim, visto que as organizações são entidades altamente complexas, os esquemas classificatórios devem refletir essa complexidade. Uma classificação global adequada, enfim, teria que levar em conta o conjunto das condições externas, o espectro total das ações e interações da organização e o resultado dos comportamentos organizacionais.

Segundo a *Gazeta Mercantil*, as atividades empresariais podem ser classificadas nos seguintes setores: agricultura; alimentos; autopeças e material de transportes; bebida e fumo; cana, açúcar e álcool; carne e pecuária; comércio atacadista; comércio exterior; comércio varejista; comunicação-agência; comunicação-veículo; construção; distribuidores de veículos e peças; eletroeletrônica; farmacêuticos e higiene; finanças; *holdings*; informática; madeira, móveis e papel; mecânica; metalurgia; mineração; não metálicos; plásticos e borrachas; química e petroquímica; seguros e previdência; serviços; telecomunicações; têxtil e couros; transportes e armazenagem.

152 Criação de novos negócios

Ainda segundo a *Gazeta Mercantil*, tais setores, agrupados em categorias maiores, podem conter segmentos na forma relacionada a seguir:

- alimentos e rações: fruticultura, indústria de conservas, mercado de refeições, mercado de rações, biotecnologia-alimentos, transgênicos;
- atacado e varejo: varejo de material de construção, comércio atacadista, farmácias e drogarias, *shopping centers*;
- setor automobilístico: mercado de pneus, indústria de ônibus, concessionárias de veículos;
- bebidas e fumo: bebidas destiladas, indústria do fumo, indústria de refrigerantes e águas;
- comunicações: telefonia fixa, telefonia móvel, equipamentos de telecomunicações, serviço móvel pessoal e de terceira geração;
- informática: computadores pessoais, componentes eletrônicos;
- energia: mercado de gás, indústria do petróleo;
- finanças: crédito direto ao consumidor, *leasing*, financiamento ao comércio exterior, corretoras de valores, câmbio e mercadorias, *factoring*, cartões de crédito e débito;
- infraestrutura: saneamento, ensino superior, hospitais e prestação de serviços de saúde;
- indústria de base: embalagens, mineração, celulose e papel, indústria do vidro; cimento e concretagem, indústria cerâmica, alumínio;
- química e petroquímica: indústria de tintas e vernizes, higiene pessoal; gases industriais, indústria farmacêutica, mercado de plástico, indústria de fertilizantes;
- turismo: locadoras de veículos, operadora de turismo e agências de viagens, indústria hoteleira;
- têxteis e calçados: indústria da moda, mercado de calçados, fiação e tecelagem;
- transportes: terminais marítimos de cargas, terminais alfandegados, rodovias, terminais de cargas aéreas, transporte rodoviário de cargas, terminais portuários.

Já na classificação de 1998 da Fundação de Amparo à Pesquisa do Estado de São Paulo (Fapesp), as empresas podem ser classificadas em:

- produtos minerais não metálicos: produtos de pedra cerâmica, concreto e vidro;
- metalúrgica: indústria de metal primário, produtos fabricados de metal, exceto máquinas e equipamentos de transporte;

Compreendendo as MPEs e os diferentes tipos de negócios

- ❏ mecânica: máquinas industriais e comerciais e equipamentos de computação, instrumentos de medição, análise e controle, artigos fotográficos, médicos e óticos, relógios;
- ❏ material elétrico e de comunicações: equipamentos e componentes eletrônicos, exceto equipamentos para computador;
- ❏ material de transporte;
- ❏ papel e papelão;
- ❏ borracha e produtos de matérias plásticas;
- ❏ química, farmacêutica e perfumaria;
- ❏ sabões e velas;
- ❏ têxtil (produtos de tecelagens);
- ❏ vestuário e calçados;
- ❏ produtos alimentares;
- ❏ artefatos de tecidos e bebidas.

Assim como uma mesma empresa pode apresentar diferentes formas organizacionais, outras têm características homogêneas e se ajustam perfeitamente à tipologia estabelecida. Portanto, cada empresa precisa determinar suas estratégias corporativas, podendo orientar-se pela referida classificação. Pela abordagem metodológica aqui proposta, as empresas analisadas e enquadradas nos diferentes tipos de setores a partir de amostra extraída da revista *Exame* foram classificadas nos seguintes blocos de empresas (*setor econômico*):

- ❏ setor de empresas competitivas;
- ❏ setor econômico concentrado;
- ❏ setor de empresas diferenciadas;
- ❏ setor econômico misto;
- ❏ setor econômico semiconcentrado;
- ❏ setor de serviços financeiros;
- ❏ setor de serviços especializados;
- ❏ setor de serviços públicos.

Os diferentes tipos de empresa

O mundo empresarial constituído pelo conjunto de organizações da economia do país pode ser considerado um conjunto de diferentes classes (famílias ou grupamento) de empresas afins em termos de características organizacionais. Tais características são identificadas em função da forma diferenciada com que as organizações se adaptam ao meio ambiente para sobreviver. Elementos como a escassez de insumos produtivos, a competição reinante, o tipo de produtos (bens/

serviços) gerados etc. configuram diferentes tipos de organizações.

Uma rápida análise do *ranking* da revista *Exame* ou a leitura diária do Caderno Empresas & Carreiras da *Gazeta Mercantil* evidenciam a existência de diferentes tipos de empresas brasileiras em diferentes tipos de ambientes (setores econômicos).

Figura 14
Ambientes e setores econômicos

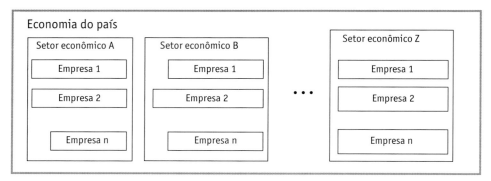

Nessa diversidade de organizações podem-se encontrar também diferentes modelos de gestão intrínsecos a cada classe/grupamento (família ou espécie) de empresas. Existem desde organizações do tipo taylorista, fordista, toyotista, *adhocráticas* e assim por diante até organizações virtuais.

Na verdade, não há um único tipo possível de forma organizacional, e sim modelos de gestão diferenciados (fruto de escolhas dos gestores em função das interações entre organização e ambiente) conforme o tipo de organização, o qual por sua vez depende diretamente do meio ambiente (setor econômico) em que ela está inserida.

Na medida em que os gestores têm que atender às expectativas e necessidades dos indivíduos e equipes de trabalho que compõem as organizações, e considerando que estas últimas sofrem influência do setor econômico em que estão inseridas, especial atenção deve ser dada ao impacto (que varia conforme o tipo de organização) das variáveis ambientais na formulação das estratégias corporativas e, consequentemente, das estratégias de gestão de MPEs.

São caracterizados, a seguir, os diferentes blocos/grupamentos de empresas (*setor econômico*), em termos de elementos estratégicos genéricos e, posteriormente, em termos de estratégias básicas de gestão de MPEs. Essa classificação não esgota todos os tipos de empresas existentes na economia brasileira, mas estabelece os contornos metodológicos para uma análise singular em qualquer organização em que se queira estabelecer estratégias inerentes à gestão empresarial. Da mesma forma, a depender do porte (grandes organizações ou multinacionais/transnacionais) e do grau de diferenciação funcional existente na organização (*holding* ou estruturas departamentalizadas por produtos), pode-se tratar de várias "empresas" dentro de uma mesma organização (que estariam demandando enfoques diferenciados de gerenciamento).

Setor de empresas competitivas

O setor de empresas competitivas ou ramo de negócios competitivos abrange organizações relacionadas ao comércio varejista, autopeças e distribuidora de veículos, que se caracterizam por alto giro total de seus ativos. Tal setor apresenta os seguintes elementos estratégicos:

- não existem barreiras à entrada de novas empresas;
- nenhuma empresa detém, isoladamente, parcela significativa do mercado;
- há grande número de pequenas empresas, menores que a média do setor, com curva de custos mais elevada e menor taxa de lucratividade em comparação com outras do setor;
- os intermediários e os fornecedores de matérias-primas normalmente têm presença mais destacada que os fabricantes e estão também vinculados a outros setores econômicos;
- o nível de desenvolvimento tecnológico é incipiente;
- os bens e serviços ofertados fazem parte da rotina de compra e uso dos consumidores;
- a competição básica é via preços, pois há certeza de captação de novos consumidores à custa de outras empresas.

Esse setor da economia possibilita que empresas com maior produtividade ganhem participação de mercado (*market share*) em detrimento daquelas menos eficazes. É um ramo de negócios que, devido à influência das variáveis ambientais, normalmente é favorecido pela ampliação do poder aquisitivo, pela ampliação das linhas de crédito, pela redução de alíquotas de importação e por um cenário de juros nominais menores e estabilidade de empregos.

Uma empresa desse setor pode ter como fornecedores e clientes MPEs e organizações de grande porte, como ilustrado na figura 15.

Figura 15
Cadeia produtiva do setor de empresas competitivas

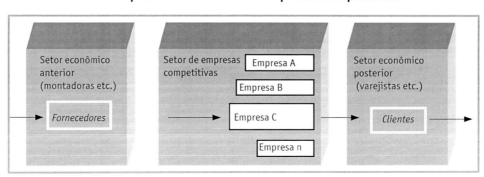

Certos segmentos desse setor caracterizam-se pela alta densidade de conhecimento e de capital, como a indústria de autopeças, podendo adotar medidas estratégicas como:

- ❏ competição básica, via preços, com certeza de ampliação de sua participação no mercado (*market share*);
- ❏ associação com capitais de entidades nacional e do exterior, e abertura de capital para a efetivação de saltos tecnológicos;
- ❏ aquisição de tecnologias como meio de obter posicionamento competitivo.

Nesse setor, as organizações normalmente implementam estratégias de gestão de negócios com ênfase em salários e benefícios, bem como na remuneração variável (e por resultados) em função do desempenho comercial. São empresas que atuam com unidades de negócios (lojas) autônomas e que, portanto, exigem um corpo gerencial qualificado e com poder de decisão.

As empresas desse setor são das mais influenciadas pelas novas tecnologias da informação (*business-to-business*), que eliminam a intermediação de distribuidores e varejistas. Por outro lado, não se trata de considerar que a Internet irá acabar com os vendedores varejistas, que os *shopping centers* irão prevalecer ou que o comércio tradicional de rua irá à falência, pois haverá espaço para todos os segmentos da cadeia econômica. Entretanto, as empresas do setor competitivo terão que adotar estratégias de negócios diferenciadas, com foco maior no cliente, maior segmentação de mercado e uma agregação de valor ao serviço prestado. Exemplos de agregação de valor podem ser encontrados no Centro do Rio, onde lojas, bares e restaurantes inaugurados na época do Império continuam de portas abertas até hoje.

Essas MPEs que sobreviveram graças ao diferencial nos serviços prestados e ao atendimento de determinado nicho de mercado testemunharam gerações, tendo resistido aos mais adversos cenários políticos e econômicos. Um bom exemplo é o Bar Luiz, inaugurado em 1887, que se tornou um ícone da boemia carioca. Da mesma época é a Guitarra de Prata, ponto de encontro de músicos e clientes com a realização de pequenos concertos. Com essas características tem-se também a Confeitaria Colombo, aberta como armazém e transformada em 1895 em confeitaria, ainda hoje a mais famosa do Brasil. Já em 1915, surge a Casa Turuna, inicialmente como armarinho (tecidos e material de costura), passando mais tarde a loja especializada em fantasias de carnaval e festas.

Tais estratégias de negócio induzem, naturalmente, a um novo perfil de empregados, o que exige uma estratégia de gestão que privilegie tais mudanças. Tal estratégia de gestão deve enfatizar o conhecimento em profundidade do perfil

Compreendendo as MPEs e os diferentes tipos de negócios   157

do consumidor da nova economia digital, a fim de atender a suas mutáveis expectativas e exigências. Por exemplo, capacitar os profissionais dessas empresas a trabalharem com um composto de produtos e serviços diversificados para atender às necessidades de consumo de um público-alvo, seja ele qual for.

Outro exemplo de estratégia de gestão de negócios induzida pelas novas tecnologias é o dos supermercados e lojas de departamentos que já estão na Internet com significativo número de lojas virtuais. A rigor, a Internet não acabará com o comércio físico, mas permitirá às empresas atender a clientelas de regiões distantes com mais rapidez e menores custos, oferecendo-lhes, por exemplo, alimentos, CDs, eletrodomésticos e outros produtos reclamados por um consumidor cada vez mais informado e exigente.

A princípio, as redes de supermercados e as lojas de departamento adotavam estratégias de gestão para apoiar um negócio de autosserviço e de competição via preços. Atualmente, o comércio de todos os tamanhos e segmentos do setor econômico competitivo procura melhorar o contato com o consumidor, convivendo com o comércio virtual ou *e-commerce*, que começa a competir diretamente com as lojas tradicionais e já atrai grandes redes varejistas e atacadistas. As novas estratégias de gestão de negócios devem atender às exigências de mão de obra criadas por tais mudanças empresariais.

Setor econômico concentrado

As empresas pertencentes ao setor de indústria concentrada têm por característica básica a interdependência, uma vez que o comportamento e desempenho de uma tem reflexo direto sobre as demais.

Outras características que distinguem as organizações do setor são a formação de preços, as barreiras à entrada de novas empresas (vantagens da economia de escala, vantagem absoluta de custos, barreiras institucionais e governamentais), as características do produto e dos clientes e o nível de desenvolvimento tecnológico.

As poucas empresas desse setor são extraordinariamente estáveis: minerais não metálicos (cimento), química e petroquímica, transporte ferroviário, construção pesada, papel e celulose, máquinas e equipamentos, comunicações e fertilizantes. Essas organizações, que antes se achavam fechadas em seu mundo, hoje se preocupam em utilizar estratégias de gestão "limpa", como a Cesp, Cosipa/Cubatão (SP) e a Central de Tratamentos de Efluentes Líquidos do Polo Petroquímico de Camaçari (Cetrel); outras vêm mudando sua estratégia para se adequar às demandas do meio ambiente externo.

Um exemplo de empresas do setor concentrado encontra-se na figura 16.

Figura 16
Cadeia produtiva de empresa do setor concentrado

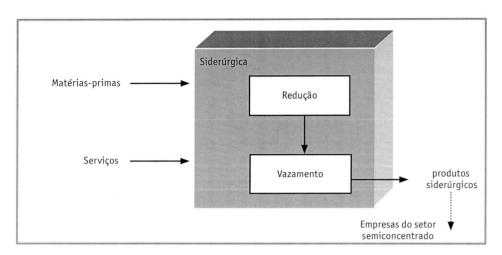

Uma siderúrgica, empresa que pertence ao setor econômico concentrado, gera produtos (lingotes de ferro) que podem ser processados por empresa do setor semiconcentrado (metalúrgica). Esta última normalmente processa tais insumos através da laminação, gerando laminados, trefilados e afins, que são produtos acabados comercializados por empresas atacadistas/varejistas (setor de empresas competitivas) até chegar ao consumidor final.

Esse setor econômico apresenta as seguintes peculiaridades:

- produtos normalmente homogêneos, cuja diferenciação se dá no nível da qualidade e das especificações técnicas;
- elevado grau de concentração, havendo poucas empresas responsáveis por grande parcela de mercado;
- altíssima exigência de capital e recursos financeiros para entrada no setor;
- as empresas já instaladas exercem certo controle sobre a tecnologia empregada no setor e têm acesso direto às fontes de matérias-primas;
- a competição via preços não é comum, visto que certas empresas líderes do setor induzem a fixação dos preços.

Dadas as variáveis ambientais, o setor é eventualmente influenciado pelo crescimento da demanda por investimentos, com o correspondente acréscimo das vendas das empresas, o que tende a reduzir a normal capacidade ociosa existente nesse ramo de negócios. É um setor que normalmente tem dificuldade para aumentar a capacidade produtiva, sendo bastante favorecido e influenciado pela reativação dos investimentos privados.

Figura 17
Cadeia produtiva do setor econômico concentrado

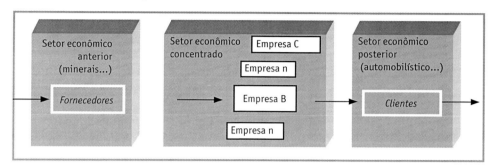

Nesse setor econômico encontram-se empresas que, dada a estrutura do mercado em que se inserem, podem posicionar-se estrategicamente em função dos seguintes elementos estratégicos (intrínsecos e não contingenciais):

- integração vertical para trás, em direção a fontes de matérias-primas, ou integração para frente, mediante canais de comercialização próprios, com significativa otimização dos custos em ambos os processos;
- a possibilidade de ampliar a capacidade produtiva aumentando a base instalada e antecipando um possível crescimento de mercado (capacidade ociosa pré-planejada para dificultar a entrada de potenciais concorrentes);
- melhoria da qualidade do produto, pesquisas e desenvolvimento de produtos, e aperfeiçoamento dos processos produtivos e da base tecnológica instalada;
- condições propícias de vendas e financiamentos diretos ou através de instituições específicas;
- acordo sobre encomendas com empresas congêneres, o que pode significar volumes financeiros expressivos e evitar a degradação dos preços; tais acordos são induzidos e coordenados pela empresa-líder e consensualmente fixados no setor;
- ênfase na redução dos custos de produção, cujos custos fixos representam parcela significativa na estrutura dos custos totais.

É um setor econômico em que se faz sentido pensar em economia de escala, com maior volume de produção para obter menores custos unitários de produção. As condições técnicas e de mercado são relativamente conhecidas. Quando uma empresa desse setor se verticaliza, isso significa uma maior diversidade no tipo de mão de obra. Ou seja, a empresa passa a ter pessoas alocadas a diferentes processos produtivos. Por exemplo, uma empresa produtora de cimento, com processo produtivo altamente automatizado, ao se integrar para frente e passar a produzir matérias-primas (minerais não metálicos), passará também a empregar intensamente mão de obra não especializada. Isto significa adotar estratégias de gestão diferenciadas em função do tipo de mão de obra.

O setor abrange poucas organizações que, salvo alterações ambientais conjunturais e transitórias, se caracterizam por significativa estabilidade. A organização das atividades empresariais se baseia em postos de trabalho/cargos claramente definidos e estruturados nos padrões hierárquicos tradicionais, com as respectivas responsabilidades que lhes são associadas. Tal característica influencia sobremaneira a estratégia de cargos e salários a ser adotada.

A natureza da autoridade é claramente definida e atribuída de acordo com a posição hierárquica formal, prevalecendo, normalmente, a antiguidade, que é um elemento a ser considerado na definição do método de avaliação a ser adotado pela organização.

As organizações pertencentes ao setor econômico concentrado devem contemplar estratégias de gestão que enfatizem o treinamento, a educação continuada e o desenvolvimento da mão de obra qualificada que está alocada a processos produtivos altamente automatizados.

Nesse setor econômico incluem-se as empresas de construção civil (pesada), que se caracterizam pelo emprego intensivo de mão de obra e são altamente influenciadas, contingencialmente, pela situação de equilíbrio vigente no mercado de trabalho. Nesse caso, a abordagem de gestão é típica de empresa que emprega mão de obra não qualificada. Normalmente, a ênfase estratégica está voltada para terceirização da mão de obra e recrutamento e seleção de pessoal.

A estratégia de terceirização de pessoal, quando adotada no âmbito geral da empresa, permite à direção concentrar-se nas atividades produtivas ao longo da cadeia de agregação de valores e foco nos negócios. A terceirização pode ocorrer, inclusive, no tradicional departamento de pessoal das organizações, evitando-se assim a burocracia que envolve a atualização sobre legislação trabalhista e contribuições sociais e previdenciárias.

Setor de empresas diferenciadas

Caracterizado por estrutura de mercado inerente a empresas produtoras de bens de consumo não duráveis e altamente diferenciados, como fármacos, bebidas e fumo, e higiene e limpeza. As empresas pertencentes ao setor têm as seguintes peculiaridades:

❑ não há grande diversidade entre a tecnologia de processos utilizadas pelas empresas;

❑ normalmente operam com várias unidades fabris, devido à natural racionalização da distribuição, da comercialização ou do acesso às matérias-primas;

❑ é expressivo o número de pequenas empresas que atuam na demanda criada pelas grandes organizações;

❏ o grau de participação relativa no mercado (*market share*) é estável em face da equivalência dos gastos em publicidade e propaganda entre os concorrentes e das naturais barreiras criadas pela fidelidade a determinadas marcas.

Em função das influências ambientais, é um setor da economia normalmente beneficiado pelo aquecimento do mercado interno e consideravelmente tributado pelas políticas governamentais.

Figura 18
Setor de empresas diferenciadas

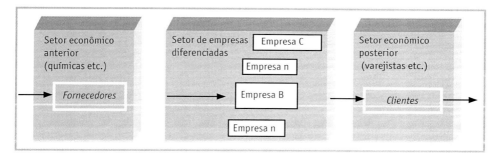

As empresas desse setor podem posicionar-se em face do mercado adotando os seguintes elementos estratégicos:

❏ investimentos em publicidade e propaganda, dada a necessidade de prolongar o ciclo de vida relativamente curto de seus produtos e de preservar a fidelidade dos clientes, que é antes fruto da maciça publicidade do que de critérios objetivos;
❏ lançamento de novos produtos e projetos de produtos a serem lançados futuramente graças a investimentos em pesquisa e desenvolvimento para fazer frente à concorrência e às mudanças no mercado;
❏ introdução de várias marcas competindo dentro do próprio composto de produtos da empresa;
❏ aceleração do lançamento de novos produtos, quando a capacidade de produção instalada ou potencial for maior que a demanda, ou redução dos gastos com pesquisa & desenvolvimento e lançamento de produtos, quando a demanda for maior que a capacidade da produção;
❏ segmentação do mercado com faixas diferenciadas e ajustamento entre oferta e demanda, mediante administração de estoques e prazos dos pedidos em carteira;

162 Criação de novos negócios

❑ permanente monitoramento do mercado, em face da possibilidade de ingresso de novos concorrentes, e adoção de políticas de preços, se isso vier mesmo a ocorrer.

A estratégia de pessoal deve estar voltada para a qualificação da mão de obra empregada num processo produtivo em permanente transformação tecnológica, visando a otimizar a programação da produção. Essa mão de obra deve estar igualmente capacitada para incrementar a qualidade e outras dimensões que elevam o valor de seus produtos.

Setor econômico misto

Esse setor abrange as empresas produtoras de bens de consumo duráveis, típicos dos ramos automobilístico e eletroeletrônico.

Figura 19
Empresa do setor misto (automobilístico)

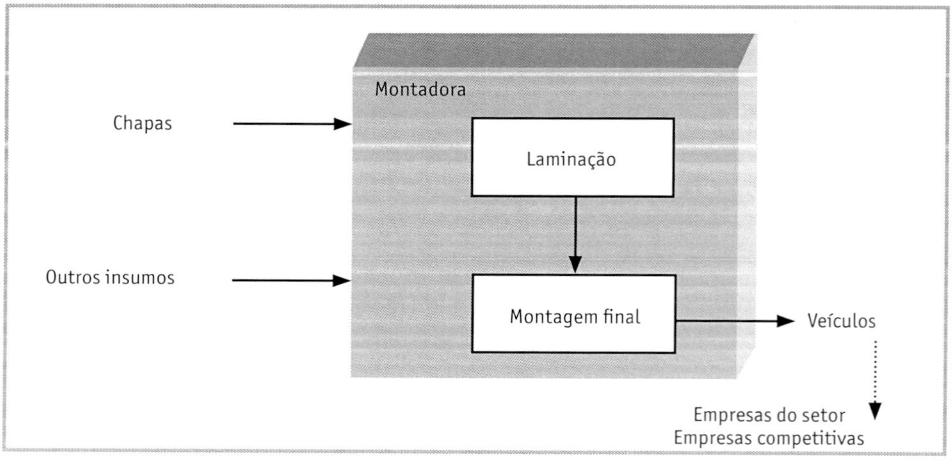

Suas características principais são:

❑ alta concentração com diferenciação de produtos;

❑ capacidade ociosa planejada para absorver maior participação quando da expansão do mercado;

❑ barreiras ao ingresso de novos concorrentes, quer pela escala e custos absolutos, ou então pela diferenciação de produtos, que exige expressivos investimentos na estrutura de vendas e serviços;

❑ controle sobre a demanda, de forma limitada mas efetiva, através de lançamentos de novos produtos, uma vez que estes se caracterizam pela rápida obsolescência, por se destinarem a clientes de rendas elevadas e também a fazer face aos lançamentos dos concorrentes;

- forte dependência das grandes empresas do setor, como os produtores de bens intermediários;
- estabilidade relativa quanto à participação no mercado, mantendo-se num mesmo nível os gastos publicitários das empresas do setor.

É um setor da economia que, dadas as variáveis ambientais, está diretamente vinculado à ampliação imediata do poder aquisitivo das classes de média e baixa rendas e a futuros programas que envolvam a melhoria do nível de emprego. No contexto do macroambiente, é bastante vulnerável às políticas cambiais fixadas pelo governo e, portanto, à redução das tarifas alfandegárias.

Figura 20
Cadeia produtiva: setor econômico misto

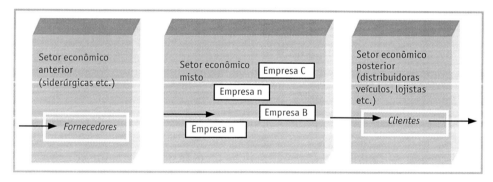

Nesse setor podem-se delinear certos elementos estratégicos a serem considerados pelas organizações, quais sejam:

- diferenciação de produtos mediante aumento do número de modelos e constantes modificações em seus desenhos e características físicas;
- segmentação de mercado, com adoção de modelos diferenciados por classes de renda;
- financiamento aos clientes através de estrutura própria ou de entidades financeiras especiais;
- ênfase na prestação de serviços aos clientes, o que implica controle direto ou indireto sobre a rede de distribuição e revenda;
- inovação tecnológica constante, com expressivos investimentos em pesquisa & desenvolvimento, amortizando-os em amplos mercados.

No setor misto, as empresas normalmente têm a possibilidade de implementar estratégias de gestão de negócios que enfatizem salários e benefícios, bem como as relações trabalhistas em sua esfera de atuação.

As frequentes mudanças que ocorrem em seu ambiente obrigam as empresas desse setor a promover constantes inovações tecnológicas em seus produtos e processos produtivos, visando a atender a segmentos específicos e a superar a concorrência. Seu ambiente se caracteriza por alto grau de mudança exigindo inovação tecnológica em seus produtos e processos produtivos para fazer face às condições do mercado. A concepção, produção e comercialização de novos produtos num mercado altamente competitivo exigem estratégias de gestão visando à requalificação constante da mão de obra.

A prestação de serviços pós-venda, na forma de garantia e assistência técnica, demanda uma estratégia de gestão de negócios voltada para a capacitação de mão de obra de empresas parceiras (ou de distribuidores, intermediários e varejistas). Outra estratégia adotada por essas empresas é a subcontratação de pessoal externo para exercer atividades passíveis de terceirização.

Em face das recentes tecnologias de comércio eletrônico (*e-commerce*) adotam-se estratégias de negócio que privilegiam a criação de lojas virtuais e vendas diretas ao cliente final. Tal desintermediação de distribuidores e lojistas leva à recapacitação do pessoal das organizações desse setor, uma vez que as transações via Internet exigem outro tipo de mão de obra.

Exemplo marcante desse setor é o das montadoras automobilísticas cujas novas fábricas de carros adotam como estratégia produtiva um grau menor de robotização e maior flexibilidade da linha de montagem. Ou seja, a robotização está ficando confinada a setores produtivos padronizados de escala, como a pintura, em contraste com a montagem propriamente dita, onde prevalece o trabalho humano. Tal estratégia, que visa a um menor custo da mão de obra e à maior qualidade no processo de montagem final, assemelha-se àquela adotada nas empresas montadoras aeronáuticas.

O aparente conflito entre a robotização e a flexibilidade da linha de montagem na verdade é decorrente de uma estratégia de gestão de negócios que contempla a automação industrial em atividades de alta periculosidade e extrema insalubridade para os empregados da empresa. Ou seja, é uma estratégia que evita o risco real para a saúde dos trabalhadores e proporciona maior qualidade, na medida em que também padroniza os produtos e estabiliza o processo produtivo.

A essência dessa estratégia de gestão de negócios é a simplificação dos processos produtivos aliada ao menor custo da mão de obra. Ou seja, ainda que o menor grau de robotização signifique maior número de empregados, o custo de produção é menor, diferentemente de outros países onde o salário dos trabalhadores chega a ser o sétuplo daquele pago no Brasil para as mesmas funções da linha de montagem. Outras estratégias alternativas de gestão de negócios nesse tipo de empresa podem ser adotadas na forma de instrumentos de flexibilização da jornada de trabalho, banco de horas ou horas extras, novos turnos de produção e medidas trabalhistas correlatas.

A estratégia de atrair fornecedores do exterior para instalarem fábricas no Brasil é uma característica marcante das empresas montadoras desse setor econômico. Além da chegada de gigantes como a Bosch, a Krupp e a Mahle, o setor cria condições favoráveis para também trazer de fora micro e pequenas empresas de autopeças.

Essas MPEs que se instalam no país fornecem os componentes antes importados pelas montadoras de veículos, que assim evitam riscos como oscilações da moeda ou insegurança logística. Com capacidade de investimento em alta tecnologia, tais empresas se encontram entre os fornecedores do primeiro, segundo ou terceiro escalão das montadoras.

As empresas pertencentes ao setor econômico misto tendem a adotar a Internet para recrutamento e seleção de pessoal. Além dos *sites* de currículos, existem portais de recursos humanos, com conteúdo, treinamento (cursos *on-line*) e ofertas de empregos e profissionais.

Setor econômico semiconcentrado

Corresponde a uma estrutura de mercado inerente às empresas tradicionais de bens de consumo não duráveis, tais como alimentos, têxtil, confecções, metalurgia, plásticos e borracha, madeira e móveis.

Figura 21

Cadeia produtiva de empresa do setor semiconcentrado

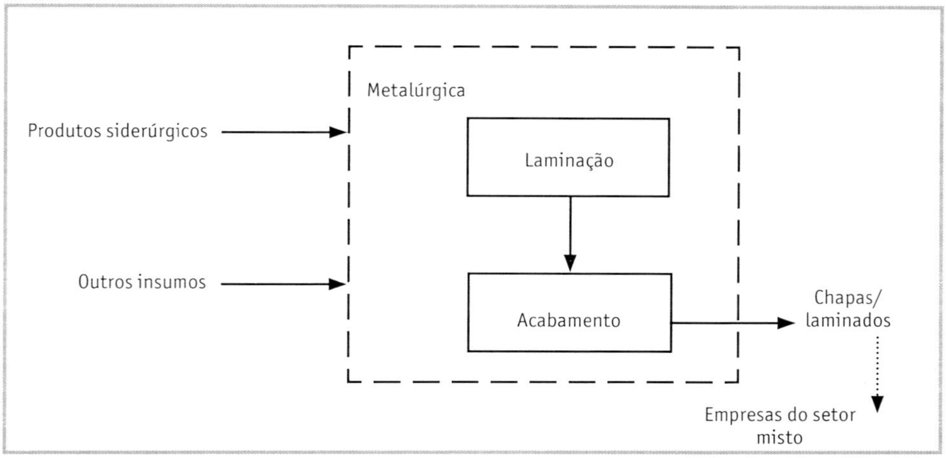

Tal setor tem por características:

- baixo grau de concentração, sem participação majoritária de nenhuma empresa, havendo poucas empresas de significativo porte;
- pouca diferenciação de produtos por parte das empresas, que, como produtoras de bens consumidos por assalariados, são extremamente dependentes da taxa de crescimento de emprego;

- barreira à entrada constituída pelo restrito acesso à rede de distribuição e comercialização, na qual intermediários e atacadistas têm alto poder de negociação.

Figura 22
Cadeia produtiva do setor econômico semiconcentrado

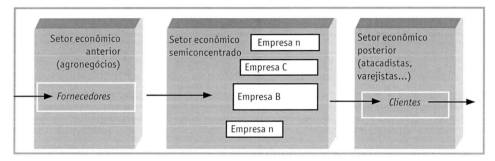

É um setor de baixo grau de concentração, ou de indústria semiconcentrada, com empresas cujos produtos são relativamente homogêneos, o que pode induzir um posicionamento estratégico genérico, efetivado através de medidas como:

- modernização dos canais de distribuição, incluindo rede de revendedores próprios ou exclusivos (integração vertical para frente);
- implementação de sistemas de franquias mediante parcerias com clientes intermediários;
- ênfase na competição via preços, que nesses ramos de negócios tem mais importância do que em outras estruturas de mercado.

As empresas têxteis pertencentes a esse setor econômico, por exemplo, são extremamente influenciáveis pela variável tecnológica do meio ambiente. Eventos recentes provocados pela abertura indiscriminada do mercado aos produtos importados evidenciaram o atraso tecnológico de tais empresas. Houve uma seleção natural, e as empresas sobreviventes tiveram que investir na renovação tecnológica para recuperar o atraso tecnológico dos processos produtivos das fábricas, que não se modernizavam há décadas. Tal situação induz a adoção de uma estratégia de gestão que privilegie a formação e requalificação da mão de obra existente nessas empresas, para renovar o parque têxtil instalado.

As empresas têxteis se inserem numa cadeia produtiva que integra, numa ponta, as fontes produtoras de algodão e fios sintéticos, e, na outra ponta, empresas de confecção (empresas de vestuário) e lojas varejistas, que são as que de fato vendem ao consumidor final. Além disso, existe o segmento da moda, aquele que de fato puxa toda a cadeia econômica, na medida em que define o que deve ser produzido por todos os elos (empresas que de forma independente respondem pela matéria-prima, os tecidos, a distribuição e a venda ao cliente) da corrente (cadeia produtiva que atravessa os diferentes setores econômicos: setor primário/agricultura; setor secundário/transformação industrial; e setor terciário/distribuição e serviços).

O setor econômico semiconcentrado, em face das recentes tecnologias de comércio eletrônico (*e-commerce*), induz suas empresas a adotar estratégias de negócio que privilegiem a criação de lojas virtuais e as vendas diretas ao cliente final. Tal desintermediação de distribuidores e lojistas leva à recapacitação do pessoal das organizações desse setor (principalmente empresas têxteis), uma vez que tais transações via Internet exigem outro tipo de mão de obra.

É um setor da economia que, dada a atuação das variáveis ambientais, sofre influência negativa da abertura de mercado decorrente da globalização da economia. Além disso, é altamente influenciável pelas políticas e medidas sociais estabelecidas pelo governo. Tudo isso tende a tornar o mercado de trabalho francamente ofertante de mão de obra, o que se reflete diretamente na estratégia de recrutamento e seleção de pessoal a ser adotada pelas organizações do setor. Estas em geral são levadas a utilizar estratégias de recrutamento num sentido mais amplo do que o simples recrutamento local de mão de obra, dada a necessidade de pessoal mais qualificado e especializado.

Na estruturação dos postos de trabalho/cargos nesse setor costuma observar-se uma segmentação rudimentar das atribuições e responsabilidades de trabalho, coerente com um padrão hierárquico modificado para atender às mudanças ambientais. A natureza da autoridade é claramente definida e atribuída de acordo com a posição hierárquica da estrutura organizacional.

As organizações pertencentes ao setor econômico semiconcentrado devem contemplar, ainda, estratégias de gestão que deem ênfase ao treinamento de sua força de venda e do pessoal da área de marketing, uma vez que o setor se caracteriza pela alta competição via preços. Deve-se enfatizar também o desenvolvimento do pessoal pertencente às empresas parceiras (e franqueadas) que atuam na distribuição de seus produtos.

Setor de serviços financeiros

Este setor econômico abrange organizações como bancos, seguradoras, financeiras, crédito imobiliário, *leasing*, corretoras e distribuidoras de valores, apresentando as seguintes características:

- existência de barreiras institucionais e governamentais à entrada de novas empresas;
- elevada regulamentação estatal;
- a competição básica é via lançamento de novos serviços financeiros, visando a conquistar novos clientes;
- significativo volume de investimento e de capital para entrada no setor.

É um setor em que a rentabilidade das empresas está diretamente vinculada às macropolíticas econômicas. Os períodos de alta inflacionária estão associados a altas margens de rentabilidade, enquanto nos períodos estáveis a rentabilidade se baseia na intermediação financeira e na expansão das operações normais.

O incremento das fusões e aquisições de empresas, a captação de recursos externos e a tendência de privatização da economia influenciam sobremaneira o desempenho do setor como um todo.

No setor de instituições financeiras, que congrega empresas como bancos e seguradoras, existe a possibilidade de adotar estratégias voltadas para:

- deslocamento da prestação de serviços do ambiente intraorganizacional para o ambiente externo, buscando-se a massificação dos serviços eletrônicos para esvaziar as agências bancárias;
- diversificação dos serviços financeiros prestados aos clientes efetivos e potenciais, como diferencial competitivo;
- maior eficiência no armazenamento e recuperação do grande volume de documentos operacionais, de modo a racionalizar e agilizar a prestação de serviços aos clientes.

No setor de serviços financeiros, as organizações normalmente têm a possibilidade de implementar estratégias de gestão que priorizem salários e benefícios, bem como as relações trabalhistas em sua esfera de atuação.

As instituições desse setor procuram diferenciar-se de seus concorrentes lançando novos produtos financeiros e promovendo a imagem da organização. Isso demanda estratégias de gestão específicas, voltadas principalmente para o pessoal do nível gerencial e da alta administração.

Por outro lado, a adoção de outras estratégias corporativas voltadas para a descentralização do atendimento, bem como de tecnologias de automação bancária e tecnologias da informação visando à integração com os clientes (pessoas físicas e jurídicas), exige estratégias de preparação da mão de obra do nível operacional.

Setor de serviços especializados

O setor de serviços especializados, constituído de empresas como agências de publicidade e propaganda, firmas de consultoria e auditoria independentes, e escritórios de engenharia consultiva e de projetos, induz à ênfase estratégica na formação e especialização de sua mão de obra.

Seu produto final tem alto conteúdo tecnológico e de conhecimento, e a mão de obra é altamente especializada. Para sobreviver nesse setor, a empresa necessita de um verdadeiro banco de dados de talentos, além de conhecimento e informações específicos. O meio ambiente é extremamente imprevisível, havendo aí expressivos avanços tecnológicos e possibilidades ilimitadas de mercado, bem

Compreendendo as MPEs e os diferentes tipos de negócios   169

como forte pressão por mudanças tecnológicas em face das novas demandas de mercado.

Em termos organizacionais, a estratégia corporativa exige uma postura proativa e de gerenciamento interno por projetos, de configuração matricial ou *adhocrática* (formato temporário ou próximo da estruturação orgânica com utilização de equipes de projeto). Os cargos/postos de trabalho normalmente não são delimitados de forma rígida, mas em função da necessidade de estabelecer as interações de trabalhos em equipe inter e multidisciplinar. Em geral, formam-se equipes de projeto para desempenhar uma atividade, podendo elas se desfazerem quando esta termina e seus membros se reagruparem em outras equipes em outros projetos. De modo geral, prevalecem padrões de autoridade informal, que mudam à medida que os papéis são definidos em função dos projetos e trabalhos em equipes. A comunicação é menos vertical e mais horizontalizada, sendo completamente livre e informal, dada a preponderância da organização por processos e matricial em vez das tradicionais formas verticalizadas e hierárquicas. A estrutura matricial ou *adhocrática* privilegia o produto final, e não apenas as contribuições funcionais, o que estimula o comportamento flexível, inovador e adaptativo, requerendo, portanto, mão de obra altamente especializada. Tal modelo organizacional favorece a participação de empregados de todos os níveis, bem como a eliminação de barreiras entre as especializações, permitindo aos empregados de diferentes especialidades funcionais conjugarem suas aptidões e habilidades para solucionar problemas comuns.

As empresas do setor de serviços especializados têm por vocação a implementação de políticas de gestão voltadas para a capacitação gerencial e educação continuada, visando à formação de um banco de dados de talentos.

Em geral, as empresas desse setor são induzidas a utilizar estratégias de recrutamento num sentido mais amplo que o de mero recrutamento local de mão de obra, dada a necessidade de pessoal mais qualificado e especializado. Em alguns casos, permite-se o recrutamento e seleção de pessoal especializado proveniente de outros países.

A terceirização dos recursos especializados é usual nesse tipo de organização. Empresas de engenharia consultiva, por exemplo, podem contar com arquitetos, engenheiros, projetistas e demais profissionais do ramo subcontratados por tempo determinado ou por projetos. Isso exige estratégias de gestão específicas.

As empresas pertencentes ao setor de serviços especializados tendem a criar, como parte de sua estratégia de gestão, programas de incentivo de longo prazo para retenção de executivos e de seus profissionais qualificados. Pressionadas pelas agressivas empresas virtuais e por um mercado cada vez mais ávido e carente de profissionais qualificados, as empresas desse setor adotam estratégias como a opção de compra de ações, concessão de bônus, participação nos lucros, prêmios-incentivo e outras modalidades que complementam a tradicional remuneração salarial. Tais estratégias tendem a resultar num menor índice de rotação de pessoal, bem como em maior motivação e produtividade empresarial.

Devido à influência das novas tecnologias da informação, empresas de recursos humanos também pertencentes ao setor de serviços especializados tendem a adotar a Internet como principal estratégia de negócio. Além dos *sites* de currículos, a estratégia de negócios preponderante é adoção de portais de recursos humanos, com conteúdo, treinamento (cursos *on-line*) e ofertas de empregos e profissionais. Essa estratégia também possibilita a integração virtual de vários escritórios/agências geograficamente dispersos pelo país e pelo mundo, bem como a criação de um banco de dados virtual (*on-line*) de profissionais, acessível a empresas de qualquer setor que estejam em busca de mão de obra, principalmente a especializada. Isso requer, além de uma equipe de profissionais especializados em conteúdo Internet, parcerias com universidades, institutos de pesquisas e organizações nacionais e internacionais, bem como profissionais qualificados disponíveis ou não no mercado de trabalho. É uma mudança radical em relação às tradicionais e conservadoras empresas de recrutamento e seleção de pessoal, o que requer também um novo tipo de profissional de gestão (algo além do tradicional *headhunter*).

Setor farmacêutico

O setor econômico que agrupa as empresas farmacêuticas destaca-se pelas seguintes peculiaridades:

- ❑ produtos normalmente heterogêneos, cuja diferenciação se dá ao nível da qualidade e das especificações técnicas;
- ❑ grande número de organizações com pequenas participações no mercado;
- ❑ altíssima exigência de capital e recursos financeiros para entrada no setor;
- ❑ empresas já instaladas exercem certo controle sobre o setor e têm acesso direto às fontes de matérias-primas;
- ❑ fontes de matérias-primas situadas no país e no exterior, o que exige alto controle das encomendas junto a poucos fornecedores e reduz o poder de barganha quanto a preços;
- ❑ prática de preços extremamente competitiva, o que exige permanente otimização de custos;
- ❑ observância rigorosa de prazos na entrega de produtos é um dos meios de obter vantagem sobre a concorrência;
- ❑ alta tecnologia e qualidade reconhecida, que contribuem para o aumento da credibilidade dos produtos e exigem significativos investimentos em pesquisa e desenvolvimento de produtos e em processos produtivos.

Nesse setor econômico encontram-se organizações que, devido à estrutura do mercado no qual se inserem, podem posicionar-se estrategicamente em função dos seguintes elementos estratégicos específicos (intrínsecos e não contingenciais):

- ❏ possibilidade de parcerias com fornecedores, em direção a fontes de matérias-primas, ou de integração para frente, via parceria com canais de comercialização, propiciando significativa otimização de seus custos;
- ❏ possibilidade de ampliar a capacidade operativa aumentando sua base instalada e antecipando um possível crescimentos de mercado (capacidade ociosa pré-planejada que pode dificultar a entrada de potenciais concorrentes);
- ❏ concentração da produção num limitado número de plantas fabris estrategicamente localizadas;
- ❏ melhoria da qualidade do produto, pesquisa e desenvolvimento de produtos e aperfeiçoamento dos processos produtivos e da base tecnológica instalada;
- ❏ condições propícias de vendas e financiamentos diretos ou através de instituições específicas;
- ❏ acordo sobre encomendas com empresas congêneres, o que pode significar volumes financeiros expressivos e evitar a degradação dos preços;
- ❏ ênfase na redução dos custos operacionais, cujos custos fixos representam parcela significativa na estrutura dos custos totais;
- ❏ previsões de vendas sintonizadas com as demandas do mercado e com os projetos de desenvolvimento de novos produtos;
- ❏ programação da produção elaborada de forma antecipada e coerente com as previsões de marketing/vendas;
- ❏ programação e contratação de insumos produtivos coerente com a programação da produção.

Setor de instituições de ensino superior

O setor educacional constituído de instituições de ensino superior (IES), quando se analisam apenas os estabelecimentos privados, tem como características:

- ❏ diferenciação das instituições de ensino tanto em termos qualitativos (porte, tipo de cursos oferecidos, qualificação do corpo docente e demais peculiaridades), como em termos quantitativos em face do diferente grau de concentração por região do país (no Sudeste, por exemplo, é maior);

- baixa concentração de IESs nas suas áreas geográficas de atuação, sem participação majoritária de nenhuma instituição, havendo poucas de significativo porte;
- interdependência entre as IESs da mesma região, uma vez que o comportamento e desempenho de uma tem reflexo direto sobre as demais; quanto menor for o número de instituições e quanto mais semelhante for o seu porte, maior será a sua interdependência;
- não há grande diversidade nas tecnologias educacionais e nos processos utilizados pelas instituições;
- existência de barreiras legais e governamentais à entrada de novas instituições;
- elevada regulamentação estatal/governamental;
- competição básica via lançamento de novos cursos, buscando conquistar novos clientes;
- significativo volume de investimentos e de capital para entrada no setor;
- produto gerado (alunos) possui alto conteúdo tecnológico e de conhecimento;
- produtos normalmente homogêneos, cuja diferenciação se dá no nível da qualidade e das especificações didático-pedagógicas e cuja demanda é extremamente dependente da taxa de crescimento da população estudantil;
- instituições de ensino já instaladas exercem significativo controle em sua área de atuação, com predomínio dos fornecedores/docentes da região.

As estratégias genéricas de uma IES típica, em função das variáveis ambientais próprias do setor educacional, devem visar principalmente a:

- criação e manutenção de um verdadeiro banco de dados de talentos (professores), dada a exigência de mão de obra altamente qualificada;
- diferenciação no nível de qualidade e serviços agregados, em face da homogeneidade dos produtos/cursos;
- ampliação da capacidade instalada, com oferta de novos cursos, antecipando possível crescimento do mercado;
- adoção de tecnologias educacionais inovadoras de modo a obter um posicionamento competitivo;
- melhoria da qualidade da IES como um todo, com maior rigor acadêmico em relação ao corpo docente e aos cursos oferecidos;
- implementação de cursos de especialização, cursos sequenciais e outras formas de ensino complementares aos cursos de graduação, com estreita interação teoria-prática;

Compreendendo as MPEs e os diferentes tipos de negócios   173

❑ implementação de novos produtos/cursos para fazer frente à concorrência, inclusive com a preparação de cursos a serem oferecidos futuramente, se a conjuntura assim o permitir ou em função de mudanças havidas no mercado;

❑ formas alternativas de prestação de serviços ao mercado, tipo empresa júnior, com a consequente criação de um espaço onde docentes e alunos possam unir a teoria à prática, na medida em que projetos de apoio às organizações empresariais são desenvolvidos;

❑ convênios com potenciais organizações empregadoras da mão de obra formada pela instituição de ensino, visando à colocação desses profissionais;

❑ desenvolvimento de programas de integração com a comunidade empresarial da região, promovendo uma interação nos dois sentidos: visitas de alunos às organizações locais e palestras de membros dessas organizações na IES;

❑ convênios e parcerias com instituições congêneres, nacionais e estrangeiras, visando a intercâmbio de conhecimentos, programas conjuntos e projetos de pesquisa;

❑ programa permanente de pesquisa socioeconômica (e projetos correlatos) junto às organizações de seu entorno, com a participação dos corpos docente e discente, visando a conhecer bem seu perfil e a servir de centro de informações sobre a comunidade local (criação e preservação de acervo e banco de dados);

❑ programa permanente de consulta e pesquisa junto às organizações empresariais, visando a conhecer o tipo de profissional demandado pelo mercado;

❑ criação de um conselho de empresários, executivos e lideranças locais, visando não só a estabelecer um canal de comunicação com professores e alunos, mas também a subsidiar a gestão estratégica da instituição de ensino em seus diferentes níveis (plano estratégico, plano pedagógico, currículo do curso e avaliação institucional). De forma análoga, incentivar a criação de uma associação de ex-alunos, congregando profissionais formados que atuam no mercado;

❑ parcerias com fornecedores de tecnologia e equipamentos na área educacional;

❑ participação intensa nas entidades de classe, visando a influenciar na regulamentação legal do setor;

❑ incentivo ao corpo docente para a divulgação de trabalhos científicos, através de mídia própria ou veículos da comunidade acadêmica e não acadêmica;

174 Criação de novos negócios

- ❑ utilização das tecnologias da informação para fins de gestão do conhecimento em substituição à ênfase na administração de dados e de informações;
- ❑ convênios com bibliotecas de instituições de ensino e demais entidades, para acesso *on-line* ao acervo disponível na comunidade;
- ❑ ênfase na redução dos custos operacionais, cujos custos fixos representam parcela significativa na estrutura dos custos totais.

Estudo de caso
COMÉRCIO DE ÓCULOS LTDA.

Estudo de caso elaborado com base na publicação
Como montar um comércio de ótica. *Sebrae-SP.*
(Série Guia Prático.)

Descrição do negócio

A empresa Comércio de Óculos Ltda. pertence ao setor econômico terciário (ramo de atividade: comércio). Seus produtos são: óculos para sol e de grau, lentes e armações.

Como em qualquer negócio, os riscos são vários e o comerciante deve conhecê-los.

Missão

A missão da Comércio de Óculos Ltda. é "comercializar e prestar serviços voltados para o atendimento de potenciais consumidores de óculos para sol e de grau, lentes e armações".

Cenário

Os avanços no setor ótico provocaram mudanças na relação do comerciante com seus consumidores. A indústria de armações oferece a cada ano mais opções de modelos, o que evidencia grande preocupação não só com a estética, mas com o conforto do usuário de óculos. As lentes de contato, e os respectivos produtos de higiene e assepsia, também disputam a preferência do consumidor, daí a variedade de itens comercializados pelas óticas. Nesse contexto, cria-se um novo conceito para esse tipo de comércio, que deixa de ser um local para aviar receitas, passando a orientar o cliente sobre o melhor produto para cada caso. A tendência atual é aumentar o leque de opções, comercializando-se produtos de outros setores, como artigos de cine, foto, áudio e até relógios e joias.

---

continua

A divulgação do empreendimento é feita através de faixas colocadas no ponto de venda e de anúncios em jornais e revistas especializadas.

O órgão que rege o comércio de óticas é o Serviço Nacional de Fiscalização da Medicina.

Mercado

O mercado consumidor da Comércio de Óculos Ltda. foi pesquisado com vistas a se conhecer o seu perfil em termos de sexo, classe social, nível de instrução, faixa etária, altura e peso. Com base nesse estudo, definiu-se a linha de produtos mais adequada. Para tanto, foram considerados os seguintes pontos:

- ❑ que tipo de cliente meu produto/serviço se destina;
- ❑ que pessoas quero atingir;
- ❑ quais são os anseios da clientela;
- ❑ que característica meu produto/serviço deve apresentar;
- ❑ onde está a concorrência;
- ❑ qual a sua dimensão;
- ❑ que recursos (financeiros, materiais, humanos) serão necessários para me adequar às necessidades do mercado.

Nesse mercado, a comunicação com os clientes é uma estratégia fundamental, devendo ser implementada através de anúncios em revistas especializadas, TVs, rádios e jornais, além de patrocínios esportivos e culturais.

A relação entre distribuidores atacadistas e lojas de varejo também é de grande importância, exigindo uma estratégia de marketing que leve em conta a máxima: "só é possível crescer se o atacadista ou varejista vender bem o seu produto". Tal estratégia, adotada pela Comércio de Óculos Ltda., visa a empenhar esforços para que os produtos girem rápido, especialmente as peças que entram e saem de cada ponto de venda, reciclando qualquer produto que venha a encalhar. Mesmo que a preço promocional, dada a alta sazonalidade das vendas e os significativos custos financeiros de manter estoques, é preciso girar o capital o mais rápido possível.

O público consumidor de produtos óticos é muito amplo, sendo conquistado através de boas ofertas, vinculadas a um atendimento gentil, eficiente e a preços justos.

Fornecedor

A Comércio de Óculos Ltda. conta atualmente com um grande número de fornecedores, constituídos em sua maioria de empresas nacionais de mé-

continua

dio porte, o que possibilita ampla liberdade de escolha ao empreendedor. Os fabricantes ou seus distribuidores normalmente enviam vendedores às óticas. Quanto às armações importadas, serão adquiridas junto a distribuidores.

Concorrentes

Na análise da concorrência da Comércio de Óculos Ltda. foram considerados o tamanho, porte, localização e poder de penetração. Essa análise criteriosa permite estabelecer os pontos fortes e fracos da concorrência. Entre esses pontos incluem-se a qualidade do produto, o prazo médio de entrega, o sistema de atendimento e o preço praticado pelo mercado concorrente.

A concorrência existe, porém não é muito acirrada. Devem ser observadas áreas onde haja carência desse tipo de negócio. É possível distinguir-se através de atendimento adequado, bons preços, facilidades de pagamento e diversidade de produtos.

A criação de convênios com empresas, beneficiando seus empregados com prazos de pagamentos ou descontos à vista, representa uma estratégia fundamental da Comércio de Óculos Ltda.

Infraestrutura

A Comércio de Óculos Ltda. localiza-se próximo a consultórios oftalmológicos, o que facilita o acesso e o estacionamento, bem como o fluxo de pessoas.

O imóvel alugado para se instalar o negócio exigiu o pagamento de luvas (cobrança pelo ponto comercial) ao proprietário, além de reformas e consulta à legislação vigente.

No início, as instalações e os equipamentos foram dispostos numa única área, em espaço aberto, para abrigar as funções de atendimento, laboratório, circulação de pessoas e demais aspectos de um *layout* funcional.

Processo de trabalho

O principal serviço prestado por uma ótica é o aviamento de receitas de óculos de grau e venda de óculos para sol. A Comércio de Óculos Ltda. ainda não comercializa lentes de contato, pois para isso seria necessário contratar um profissional especializado.

O processo de aviamento de receitas para óculos de grau, apesar de simples, requer muito cuidado. No verso da receita do médico oftalmologista

continua

Compreendendo as MPEs e os diferentes tipos de negócios

deve constar o carimbo da ótica, pois qualquer erro na confecção das lentes é de responsabilidade do empresário.

A escolha da armação merece especial atenção. É necessário que os óculos, além de confortáveis, combinem com o rosto do cliente, formando um conjunto harmonioso. Daí ser importante que o empreendedor se mantenha atualizado quanto às tendências da moda e a novos materiais, para oferecer produtos de boa aceitação e competitivos. Como muitas vezes os clientes pedem sugestões, o atendimento deve ser feito por pessoas com senso estético apurado para melhor orientá-los.

Planejamento econômico-financeiro

A Comércio de Óculos Ltda. adota como estratégia econômica e financeira:

- ❏ o dimensionamento das metas de vendas e produção, a partir do seu capital de giro, evitando empréstimos bancários devido aos seus altos custos financeiros;
- ❏ a escolha criteriosa de clientes, a fim de evitar a inadimplência;
- ❏ a preservação dos estoques em níveis mínimos, quer sejam matérias--primas ou produtos acabados;
- ❏ a minimização da necessidade de capital de giro mediante o uso de mão de obra terceirizada, na medida do possível, nas atividades da empresa.

O investimento inicial para implementar a Comércio de Óculos Ltda. foi composto pelos valores do investimento fixo (máquinas, novas ou usadas, e demais equipamentos utilizados nas atividades-fim) e do capital de giro.

O capital de giro engloba os recursos necessários para a aquisição do estoque inicial de mercadorias, para o pagamento das despesas administrativas (custos fixos) dos primeiros meses e para a cobertura de outras despesas (registro, divulgação, promoção etc.).

Os custos totais de produção da Comércio de Óculos Ltda. compõem-se de:

- ❏ custos variáveis (mão de obra direta e materiais diretos); e
- ❏ custos fixos (que dependem, entre outros fatores, do valor que cada sócio pretende retirar da empresa como pró-labore, de o imóvel ser próprio ou alugado, das tarifas de serviços públicos e da contratação ou não de pessoal de apoio administrativo).

continua

Para a fixação dos preços de vendas, a Comércio de Óculos Ltda. pode adotar o método do *mark-up* divisor, calculado mediante a seguinte operação:

Mark-up divisor = {100 – índice de comercialização + margem de lucro} : 100

Outra alternativa para obtenção do preço de venda dos produtos é a seguinte: calculados o custo unitário, as despesas de comercialização incidentes e a margem bruta desejada, aplicar a fórmula:

$$\text{Preço de venda} = \frac{\text{Custo unitário de aquisição (deduzido o ICMS)}}{1 - (\%\text{ despesas comercialização} + \text{margem bruta desejada})}$$

A margem bruta incluída na fórmula envolve o lucro líquido e a cobertura das despesas fixas. A margem bruta é também conhecida como margem de contribuição.

Não se deve esquecer que, seja qual for o ramo escolhido, existe o fator limitante de preços, que é a concorrência. Se o preço estiver maior que o da concorrência, certamente haverá dificuldade para vender os produtos da empresa.

Para efeito de controle dos gastos com despesas fixas, pode-se apurar a representatividade das despesas fixas em relação ao faturamento bruto, ou seja, quanto do faturamento está sendo consumido pelas despesas fixas, dividindo-se o total das despesas fixas pelo faturamento.

A Comércio de Óculos Ltda. tem um custo unitário de R$41,00 (sem o ICMS) para a aquisição do produto comercializado.

Suas despesas variáveis representam 24,81% (ou 0,2481), e a margem bruta é de 27,37% (ou 0,2737). Na margem bruta, foram considerados 8% de lucro líquido mais 19,37% de despesas fixas, no valor de R$3.652,52 (as despesas de mão de obra foram também consideradas despesas fixas).

Substituindo os valores na fórmula, tem-se:

$$\text{Preço de venda} = \frac{41,00}{1 - (0,2481 + 0,2737)} = \frac{41,00}{0,4782} = 85,74$$

Chega-se, portanto, ao preço de venda por unidade comercializada igual a R$85,74.

continua

Para apurar o resultado operacional, a Comércio de Óculos Ltda. utiliza as informações relativas ao valor da receita operacional, que compreende o valor bruto das vendas do período (número de itens vendidos multiplicado pelo preço de venda e igual a R$18.862,40), aos custos variáveis (custos que variam de acordo com o volume de produção, que correspondem aos materiais diretos e às despesas de comercialização) e aos custos fixos.

Os custos de comercialização são calculados aplicando-se o percentual definido (24,81%) sobre as receitas operacionais. Com esses dados é possível calcular a *margem de contribuição* (diferença entre a receita operacional e os custos variáveis resultando em R$5.162,64). Essa margem de contribuição (ou contribuição marginal) é considerada essencial no modelo de gestão adotado pela Comércio de Óculos Ltda. Conhecendo-se a margem de contribuição, é possível calcular o ponto de equilíbrio, parâmetro fundamental para o empresário. Por seu intermédio, pode-se projetar, antecipadamente, se o volume de vendas a ser atingido está dentro do aceitável para se conduzir o negócio.

O lucro da Comércio de Óculos Ltda. é uma informação de extrema importância, uma vez que de sua efetivação decorre a própria continuidade do negócio. Para sua apuração deve-se:

- ❑ reunir as informações do faturamento ou receita operacional e dos custos já determinados anteriormente;
- ❑ calcular os custos de comercialização projetando-os como 24,81% do faturamento;
- ❑ calcular o lucro operacional, que é a diferença entre a receita operacional e o custo total. O custo total, nesse caso, é formado pelo custo de aquisição mais as despesas acessórias incluídas no preço de custo.

O *ponto de equilíbrio*, calculado dividindo-se o custo fixo pela margem de contribuição, corresponde ao nível de faturamento necessário para que a empresa possa cobrir exatamente seus custos, ou seja, atingir o lucro operacional igual a zero.

Acima do ponto de equilíbrio, a empresa terá *lucro* e, abaixo dele, incorrerá em *prejuízo*.

$$\text{Ponto de equilíbrio} = \frac{\text{Despesa fixa}}{(\text{Margem de contribuição : receita operacional})}$$

$$\text{Ponto de equilíbrio} = \frac{3.652,52}{(5.162,64 : 18.862,40)} = \frac{3.652,52}{0,2737} = \text{R\$}13.344,98$$

continua

No modelo de gestão da Comércio de Óculos Ltda. é importante, ainda, calcular o tempo em que será recuperado o capital inicial investido. Para isso, o valor do investimento inicial deverá ser dividido pelo lucro líquido mensal apurado.

$$\text{Prazo de retorno investimento} = \frac{\text{R\$18.856,15}}{\text{R\$1.510,12}} = 12,49 \text{ meses}$$

Ou seja, 12,49 meses para recuperar o valor investido, calculado dividindo-se o valor inicialmente investido pelo lucro líquido mensal apurado.

Premissa didática (os casos trabalham os processos em vez de proporcionar a simples resposta):

- ❏ introduzir a ideia de objetivos estratégicos e foco estratégico no negócio;

- ❏ introduzir o conceito de cadeia produtiva/cadeia de agregação de valores com a definição dos principais: fornecedores, processos produtivos e clientes;

- ❏ utilizar os preceitos de criação de um plano de negócios entre outros possíveis de serem formulados. Longe de ser um modelo único, meramente prescritivo, a proposta é que qualquer outra forma de diagnóstico e formulação de plano de negócios que se adote sirva para os mesmos fins didáticos almejados.

Parte III

Uma forma de diagnóstico e gestão das MPEs

Quando uma MPE busca obter vantagem competitiva através da eficácia de custos, isso traz implicações profundas em todas as partes dessa organização.

Visão geral

Nos capítulos precedentes foram analisados os fatores a considerar na criação e empreendedorismo de novos negócios. Partiu-se das reflexões sobre as diferentes dimensões das micro e pequenas empresas, para daí extrair os conceitos aplicáveis à sua gestão e, particularmente, a caracterizá-las. Os conceitos anteriormente descritos permitiram analisar as organizações por diferentes prismas. Como os conceitos em administração nascem exatamente da observação de fenômenos e eventos organizacionais, sua aplicação na gestão de micro e pequenas empresas torna-se extremamente útil para ampliar a visão e as possibilidades de êxito empresarial. É a constatação de que uma micro e pequena empresa pode ser mais bem compreendida se analisada em diferentes dimensões. Desse modo, pode-se estabelecer um referencial metodológico para a caracterização e o delineamento estratégico de uma empresa.

Coerente com essa linha de análise, no capítulo 7 é apresentado um esquema, entre outros possíveis, para diagnosticar e gerenciar uma micro/pequena empresa. No capítulo 8, propõe-se um conjunto de indicadores de desempenho e de qualidade para fins de monitoramento gerencial de empresas desse tipo.

Capítulo 7

Um esquema para diagnosticar e gerenciar uma MPE

Embora o processo e as técnicas de gestão aplicáveis às micro e pequenas empresas sejam basicamente os mesmos inerentes às grandes organizações, alguns conceitos relacionados às MPEs devem ser explicitados.

O primeiro diz respeito à preponderância de um tipo de organização sobre outra em termos de tamanho. Esse predomínio não deverá ocorrer no futuro. Na verdade, o que vai suceder é o surgimento de mais empresas, não importando se micro, pequenas, médias ou grandes organizações. O setor econômico (ramo de negócios) terá influência no porte das organizações. Assim, um setor econômico com organizações altamente concentradas, como as de cimento, papel/celulose, siderúrgicas, não comporta pequenas e médias empresas. Estas, porém, são predominantes em ramos de negócios como os de serviços especializados e artesanais. Tal influência se deve tanto a fatores genéricos quanto a específicos. Entre estes últimos incluem-se o estilo de gestão do principal gestor, estratégias empresariais adotadas, histórico passado, estágio em que se encontra a organização e demais aspectos subjetivos presentes em qualquer empresa.

Neste trabalho serão abordados apenas os fatores genéricos, aplicáveis a todas as MPEs/EPPs.

Da mesma forma, diferentes técnicas de gestão tendem a acompanhar os diferentes tipos de empresas que surgiram em função das variáveis ambientais.

O esquema para diagnosticar e gerenciar uma MPE é a maneira particular como a organização desenvolve suas atividades empresariais. Retrata o conjunto

184 Criação de novos negócios

de elementos, do nível estratégico ao operacional, que a organização utiliza para desenvolver-se, expandir-se, enfim sobreviver no meio em que atua. Para o estudo de caso da Industrial e Comercial Ltda. pode-se usar, de forma simplificada e sem perder de vista o foco estratégico predefinido, o modelo de gestão de negócios apresentado na figura 23.

Figura 23
Esquema para diagnosticar e gerenciar uma MPE

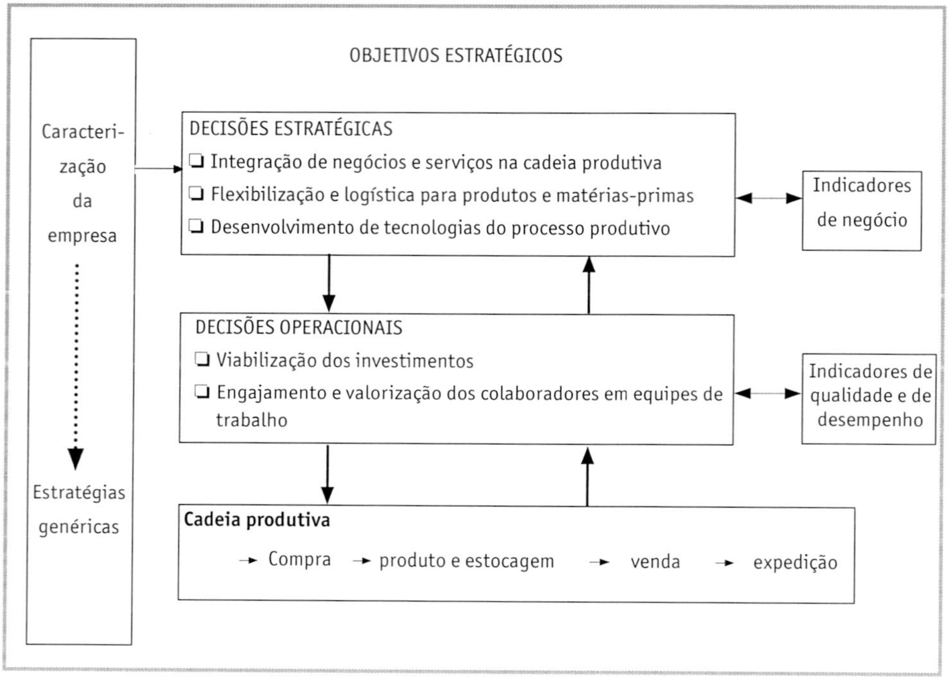

Essa simples representação gráfica do esquema para diagnosticar e gerenciar uma MPE é analiticamente desdobrada a seguir, com a explicitação de seus componentes: a cadeia produtiva, os objetivos, as decisões e indicadores e o processo de *benchmarking*.

O esquema para diagnosticar e gerenciar uma MPE parte de *fora para dentro* da organização e do *geral para o particular*, conforme o enfoque sistêmico adotado. Nesse sentido, é convergente com os conceitos da teoria contingencial e da metáfora da organização como organismo que permite visualizar diferentes tipos de empresas, pertencentes a diferentes segmentos econômicos.

Como todo modelo de organização, que é uma tentativa de representação abstrata de uma realidade do mundo empresarial, ele não é completo. Também não substitui ou invalida o processo de gestão estratégica, que varia de organização para organização. Muito pelo contrário, ambos são complementares, e o modelo proposto se apoia diretamente nas definições dadas pelo empresário/empreendedor no processo de gestão estratégica.

O esquema para diagnosticar e gerenciar uma MPE, proposto de forma simplificada, fundamenta-se nos seguintes pressupostos:

❑ a caracterização da organização distingue diferentes tipos de empresas;

❑ existem estratégias genéricas para cada tipo de empresa;

❑ as estratégias genéricas, comuns a todas as organizações que fazem parte do mesmo setor econômico, podem subsidiar a definição das estratégias específicas (decisões de nível estratégico) que, no seu conjunto, tornam cada empresa singular;

❑ o processo decisório, função direta da cadeia produtiva da organização, pode ser hierarquizado em camadas/níveis decisoriais, dentro dos contornos delineados pelo foco estratégico definido para o negócio da empresa;

❑ o processo decisório compõe-se das decisões necessárias à operacionalização das atividades empresariais (cadeia de agregação de valores/cadeia produtiva);

❑ como resultado da hierarquização em diversas camadas, no modelo proposto sugere-se trabalhar apenas com duas: decisões de nível estratégico e decisões de nível operacional, interagindo estas últimas com as ações da cadeia produtiva da organização;

❑ as decisões estratégicas estabelecem as regras de decisão para a camada de decisões operacionais, que por sua vez retroalimentam a camada decisória de nível superior (estratégica) com dados dos eventos ocorridos no seu nível;

❑ a cadeia produtiva (ciclo operacional ou cadeia de agregação de valores), composta pelos processos sistêmicos produtivos (atividades-fim da organização), tem como suporte os processos de apoio;

❑ os processos sistêmicos, tanto os produtivos como os de apoio, geram eventos econômicos, que são processados e mensurados pelo processo decisório (decisões operacionais), que por sua vez geram as ações no âmbito daqueles processos;

❑ os indicadores de negócios, de qualidade e de desempenho constituem métricas para o monitoramento do processo decisório da empresa.

Numa abordagem simplificada, convém estabelecer, inicialmente, a cadeia produtiva a partir das informações geradas pela caracterização da empresa.

Figura 24
Cadeia produtiva de uma empresa

Utilizando-se como base o estudo de caso da Industrial e Comercial Ltda. e desdobrando-se em detalhes o fluxo sistêmico, tem-se uma cadeia produtiva na forma de matriz. Tal cadeia de agregação de valores (denominada *supply chain management* pela literatura corrente) visa a otimizar o fluxo de insumos, produtos, serviços e informações, desde o fornecedor até o cliente final. Abrange o ciclo completo, integrando todos os elos empresariais, internos e externos à organização, da interpretação das necessidades do cliente até a entrega do produto com respectivo valor agregado.

Cadeia produtiva	Discriminação
Fornecedores (classes de fornecedores)	❑ fornecedores de matérias-primas; ❑ fornecedores de componentes mecânicos e elétricos; ❑ fornecedores de chapas e vergalhões de aço; ❑ fornecedores de serviços
Processos produtivos	❑ compras de componentes e matérias-primas; ❑ fundição; ❑ usinagem; ❑ montagem de produtos; ❑ estocagem e logística; marketing
Cliente (grupo de clientes)	❑ clientes industriais nos mercados interno e externo; ❑ clientes atacadistas; ❑ clientes varejistas no mercado interno

Uma vez definida a cadeia produtiva, identificam-se as decisões que compõem o processo decisório, para sua posterior hierarquização. Essa hierarquização estratifica as decisões de nível estratégico (estratégias genéricas e específicas) e as decisões de nível operacional. Por estratégicas entendem-se as decisões que afetam diretamente os objetivos estratégicos traçados pela alta administração.

De acordo com a metodologia proposta, uma empresa como a Industrial e Comercial Ltda., pertencente ao setor econômico misto (setor de bens de consumo duráveis), tem como características principais:

- alta concentração com diferenciação de produtos;
- capacidade ociosa planejada para absorver maior participação quando da expansão do mercado;

Um esquema para diagnosticar e gerenciar uma MPE

- barreiras ao ingresso de novas empresas, tanto pela escala e custos absolutos, como pela diferenciação de produtos, que exige expressivos investimentos na estrutura de vendas e serviços;
- controle sobre a demanda, de forma limitada mas efetiva, através de lançamentos de novos produtos, uma vez que estes se caracterizam pela rápida obsolescência, por se destinarem a clientes de rendas elevadas e também a fazer frente aos lançamentos dos concorrentes;
- forte dependência das grandes empresas do setor, como os produtores de bens intermediários;
- estabilidade relativa quanto à participação no mercado, mantendo-se num mesmo nível os gastos publicitários das empresas do setor.

Trata-se de um setor da economia que, de acordo com as variáveis ambientais, está diretamente vinculado à ampliação imediata do poder aquisitivo das classes de média e baixa rendas e a futuros programas que envolvam a melhoria do nível de emprego. No contexto do macroambiente, é setor bastante vulnerável às políticas cambiais fixadas pelo governo e, portanto, à redução das tarifas alfandegárias.

Já como elementos estratégicos, normalmente passíveis de serem adotados no posicionamento das organizações do setor, tem-se:

- diferenciação de produtos mediante grande número de modelos e adoção de constantes modificações nos desenhos e características físicas dos modelos;
- segmentação de mercado, com adoção de modelos diferenciados por classes de renda;
- financiamento aos clientes através de estrutura própria ou de entidades financeiras especiais;
- ênfase na prestação de serviços aos clientes, que implica controle direto ou indireto sobre a rede de distribuição e revenda;
- inovação tecnológica constante, com expressivos investimentos em pesquisa & desenvolvimento, amortizando-os em amplos mercados.

Uma vez caracterizada e delineada estrategicamente a organização, pode-se estruturar uma tabela com os objetivos estratégicos, as decisões estratégicas e as decisões operacionais.

Os objetivos estratégicos, que dizem respeito ao objetivo central ou objetivos corporativos (a terminologia pode variar de empresa para empresa), são extraídos do plano estratégico (ou instrumento de planejamento equivalente) com o intuito de preservar o foco estratégico predefinido para os negócios da organização.

As decisões estratégicas advêm das estratégias genéricas e das decisões operacionais formuladas no plano estratégico (ou no plano operacional, devido ao maior ou menor grau de detalhamento adotado no processo de gestão estratégica das diferentes organizações) e confirmadas mediante análise da cadeia produtiva, composta pelos principais processos produtivos e sua interação com os agentes do ambiente operacional da empresa (fornecedores e clientes).

No caso da Industrial e Comercial Ltda., obteve-se uma matriz que continha os elementos explicitados no quadro a seguir.

Objetivos e decisões	Discriminação	Indicadores
Objetivos estratégicos	Fornecer produtos e serviços com qualidade autêntica, voltada para a satisfação das necessidades de nossos clientes	Negócios: - satisfação dos clientes - rentabilidade do patrimônio líquido - evolução dos preços do produto praticados pelo mercado
Decisões estratégicas	Implementar novas tecnologias desenvolvidas e/ou adquiridas no exterior Priorizar os investimentos para ampliação da capacidade produtiva e renovação tecnológica da planta industrial	Qualidade: - vendas por colaborador da empresa - participação nos mercados interno e externo
Decisões operacionais	Programar o processo produtivo para crescimento uniforme e ordenado Engajar os colaboradores em equipes de trabalho e valorizá-los	Desempenho: - produtividade da mão de obra - utilização da capacidade instalada - investimento em treinamento/ faturamento

O conjunto de indicadores (de negócio, de qualidade e de desempenho) é definido de forma associada ao processo decisório da organização. Os indicadores a serem utilizados dependem do porte e do estágio em que se encontra a organização. Assim, para uma empresa de pequeno porte em fase inicial, bastam alguns poucos indicadores que mensurem e monitorem os negócios em nível estratégico.

É o caso de uma distribuidora de defensivos agrícolas e agrotóxicos, à qual, dadas as características de seus produtos, a localização geográfica e os mercados, não é permitido crescer, estabilizando-se como empresa de pequeno porte. Na sua organização foram adotados apenas dois instrumentos de gestão de negócios. O primeiro, um relatório de movimento financeiro, escriturado manualmente num "livro-caixa", registra de forma cronológica todos os eventos monetários da empresa (pode ser convertido em dólar passo a passo, permitindo controlar a emissão de cheques, análise dos recebimentos e pagamentos por natureza de gastos, saldo financeiro e demais dados afins).

O segundo instrumento de gestão, uma planilha de vendas, formatada em *software* do tipo planilha eletrônica Excel, permitiu:

❏ o controle e a análise da rentabilidade de vendas, por cliente e produto;

❏ o controle do montante de juros recebidos;

☐ a capacitação do vendedor para avaliar e tomar ágeis decisões com relação a propostas de pagamentos;

☐ a criação de subsídios para fixar de forma eficiente os preços de venda de seus produtos;

☐ o controle auxiliar de contas a receber.

A planilha de vendas é emitida de forma contínua, com os pagamentos e a liquidação de duplicatas referentes às vendas anotados nos campos próprios do cliente respectivo. Como é uma empresa intermediária que compra os insumos diretamente da indústria química (fornecedor) e revende diretamente ao proprietário agrícola (cliente), basta controlar os valores (em R$ e US$) de compra dos produtos, de venda (nota fiscal) e de recebimentos monetários.

O cálculo e a análise da margem ou de desempenho das vendas é feito mediante os seguintes indicadores:

Recebimento ÷ Compras

No caso de compra = US$100 e um valor de recebimento = US$120, tem-se:

$$\frac{Recebimento}{Compra} = \frac{120}{100} = 1,2$$

Significa que a relação *recebimento : compra* representa um indicador de 1,2, ou seja, uma margem favorável de US$20 (recebeu-se mais do que o valor efetivamente pago, em termos reais);

Venda ÷ Compras

O caso de uma venda = US$110 e compra = US$10 mostra-nos:

$$\frac{Venda}{Compra} = \frac{110}{100} = 1,1$$

Ou seja, o indicador 1,1 indicaria que, em termos reais, o valor de venda foi 10% maior do que o valor de compra (margem favorável de US$10 para cada US$100 vendidos).

Em se tratando de uma organização de porte, como é o caso da Industrial e Comercial Ltda., que atua até em mercados internacionais, é altamente recomendável utilizar indicadores de gestão em três níveis: de negócio, de desempenho e de qualidade.

Para monitoramento, principalmente do meio externo, a organização pode-se valer da técnica do *benchmarking*, definindo referenciais de excelência (*benchmark*) para se comparar com os concorrentes. Para fins de representação dos valores/medidas apurados no processo de *benchmarking* pode-se utilizar tanto a forma gráfica (gráficos de participação relativa — pizza— histogramas e afins) como a tabela.

Na representação por tabela pode-se explicitar:

- número de ordem;
- discriminação das empresas participantes da comparação;
- período utilizado como referência (ano, mês e períodos correlatos).

Os resultados obtidos pela Industrial e Comercial Ltda., entre as melhores e maiores empresas do país, constam da tabela a seguir, segundo dados da *Exame* (2001) para o indicador de negócios "excelência empresarial", que aglutina vários indicadores: liderança de mercado, rentabilidade, crescimento, liquidez, endividamento e vendas por empregado.

Nº de ordem	Discriminação das empresas	Ano 2001
1	Mecânica S/A	762
2	Empresa A	470
3	Empresa B	454
4	Empresa C	418
5	Empresa D	396
6	Empresa E	388
7	Empresa F	376
8	Empresa G	340
9	Empresa H	340
10	Empresa I	328

O indicador "excelência empresarial", criado pela *Melhores & Maiores* da *Exame*, é obtido pela soma de pontos ponderados conseguidos pelas empresas em cada um destes seis indicadores: liderança de mercado (peso 10); crescimento das vendas (peso 10); rentabilidade do patrimônio (peso 25); liquidez corrente (peso 15); investimento no imobilizado (peso 20) e riqueza criada por empregado (peso 20).

O maior peso atribuído ao indicador "rentabilidade do patrimônio", segundo critério da *Exame*, é função direta da premissa clássica de que a finalidade básica de uma empresa é a busca do lucro para a criação de valor. Os outros dois indicadores de maior peso, "investimento no imobilizado" e "riqueza por empregado", resultam da sua importância como indicadores de geração de emprego e renda.

Os resultados obtidos pelo *benchmarking* espelham a liderança da Industrial e Comercial Ltda. nos seis indicadores pesquisados. A decisão a ser adotada é a de preservar essa posição da empresa com melhor resultado em seu setor econômico.

Estudo de caso
INDUSTRIAL E COMERCIAL LTDA.

A empresa

A natureza do negócio da Industrial e Comercial Ltda. é a produção de equipamentos, fornecendo motores elétricos de indução monofásicos e trifásicos de baixa tensão, direcionados à indústria e à aplicação em eletrodomésticos, para clientes situados no mercado nacional e internacional.

Processos produtivos

Como principais processos destacam-se o tratamento de chapas, choque térmico, pintura, fundição, injeção de alumínio, usinagem, trefilação e esmaltação de fios de cobre.

O modelo de gestão de negócios

A organização voltada para a qualidade permeia sua estrutura organizacional em todos os seus níveis hierárquicos.

Existe uma comissão de gestão da qualidade, sob a coordenação do diretor técnico, composta por todos os diretores da empresa, com capacidade técnica e administrativa para superar obstáculos, definir e fazer cumprir metas de acordo com o seu planejamento estratégico e ambiental.

Seu objetivo corporativo está consubstanciado na seguinte expressão: "fornecer produtos e serviços com qualidade autêntica, voltada para a satisfação das necessidades de nossos clientes".

Para a realização dessa política de qualidade são explicitados princípios da qualidade e de responsabilidade pública e cidadania, que normalmente estão presentes nas principais decisões da empresa. Como princípio voltado para a responsabilidade pública e a cidadania, destaca-se aquele relativo às questões ambientais.

O modelo de gestão de negócios está calcado nas premissas de crescimento corporativo contínuo, capacitação para atuação nos mercados internacionais e pesquisa/desenvolvimento tecnológico de produtos e processos produtivos.

O processo de planejamento corporativo é liderado pelo principal executivo da Industrial e Comercial Ltda. com o suporte logístico de um comitê

continua

composto pela alta administração da empresa. O resultado do planejamento corporativo é o plano estratégico com definição de planos operacionais e respectivos orçamentos econômicos e financeiros.

Ao longo do desenvolvimento do planejamento corporativo dos negócios da Industrial e Comercial Ltda. são considerados:

- a projeção de cenários alternativos (otimista, realista e pessimista);
- a identificação de forças e fraquezas, oportunidades e ameaças;
- a definição/redefinição do negócio;
- o estabelecimento das diretrizes empresariais;
- a aprovação pela alta administração da empresa;
- a reunião e o engajamento do corpo gerencial;
- a divulgação e a implementação junto a todos os colaboradores;
- a avaliação e o monitoramento das decisões estratégicas e operacionais implementadas.

Figura 25
Modelo hierarquizado de gestão

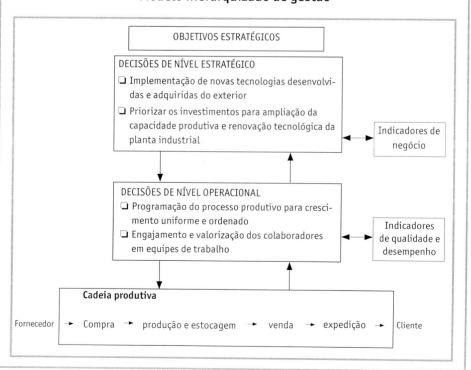

continua

Os principais processos produtivos são: compras de componentes e matérias-primas, fundição, usinagem, montagem de produtos, estocagem e logística, marketing. Entre os fornecedores, destacam-se os que fornecem: matérias-primas, componentes mecânicos e elétricos, chapas e vergalhões de aço, e serviços. Os principais clientes são: os industriais nos mercados interno e externo, os atacadistas e os varejistas no mercado interno.

Como indicadores de negócios associados às decisões estratégicas, tem-se: satisfação dos clientes, indicador de rentabilidade do patrimônio líquido, indicadores da evolução de preços dos produtos comparativamente aos principais concorrentes dos mercados interno e externo.

Quanto aos indicadores de qualidade e de desempenho, os mais destacados são: indicador de vendas por colaborador da empresa, produtividade da mão de obra, utilização da capacidade instalada, participação nos mercados interno e externo, investimento com treinamento/faturamento da empresa, e participação nos lucros distribuídos aos colaboradores da empresa.

No *benchmarking* realizado pela Industrial e Comercial Ltda. no seu mercado de atuação, para o indicador de vendas por empregado foram obtidos os resultados explicitados a seguir.

Empresas	1999	2000	2001
Industrial e Comercial Ltda.	30,5	57,6	62,4
Empresa Alfa	61,8	77,5	78,8
Empresa Beta	161,7	162,2	143,5
Empresa Gama	72,3	125,3	137,5

O indicador de vendas por empregado deve ser interpretado como "quanto maior melhor", significando com isso que a Industrial e Comercial Ltda. está com resultado abaixo dos apurados por seus concorrentes diretos.

De fato, no primeiro ano analisado, a Empresa Beta obteve um indicador de 161,7, considerado o melhor entre todas as empresas analisadas. Isso significa que sua relação entre o volume de vendas, apuradas em reais, atualizados para o valor da moeda em dezembro e convertidos em dólares (assim foram analisados os demais anos), dividido pelo número de empregados (portanto, indicador do tipo vendas *per capita*) foi a mais alta.

Tal desempenho se repete nos outros anos analisados, mantendo-se as demais empresas em posições inalteradas, quais sejam: a Empresa Gama é a segunda melhor colocada, seguida da Empresa Alfa.

continua

Em termos de decisões possíveis de serem adotadas pelos gestores da Industrial e Comercial Ltda. está o aumento das vendas proporcionalmente maior do que o aumento do número de empregados.

Outra decisão alternativa seria adotar medidas para incrementar a automação de sua linha de produção a fim de reduzir a mão de obra.

Premissa didática (os casos trabalham os processos em vez de proporcionar a simples resposta): a) introduzir a ideia de objetivos estratégicos e foco estratégico no negócio; b) hierarquizar o processo decisório da empresa em decisões de níveis estratégico e operacional; c) estabelecer indicadores de negócios; de qualidade; e de desempenho; d) introduzir o conceito de cadeia produtiva/cadeia de agregação de valores com a definição dos principais: fornecedores, processos produtivos e clientes; e) utilizar os preceitos do modelo de gestão sugerido nesta parte III da obra. É um modelo de gestão de negócios entre outros possíveis de serem formulados. Longe de ser um modelo único, meramente prescritivo, a proposta é que qualquer outro modelo de gestão de negócios que se adote sirva para os mesmos fins didáticos almejados.

Questões:

1. Quais são as estratégias genéricas desse tipo de empresa?
2. Que tipo de melhorias poderiam ser introduzidas no ciclo de planejamento dos negócios da empresa?
3. Defina as decisões estratégicas e operacionais que complementem aquelas já definidas.
4. Estabeleça outros indicadores de negócios, de qualidade e de desempenho, além daqueles já definidos na descrição deste estudo de caso.

Capítulo 8

Decisões de níveis estratégico e operacional nas MPEs

Como já visto, com um esquema para diagnosticar e gerenciar uma MPE tem-se a possibilidade de:

- ❑ caracterizar o tipo de MPE de que se está tratando;
- ❑ identificar estratégias genéricas do ramo de negócios a que pertence a empresa;
- ❑ hierarquizar as decisões que compõem o processo de gestão em decisões de níveis estratégico e operacional;
- ❑ identificar as diferentes decisões do processo de gestão que dizem respeito à natureza das atividades empresariais estreitamente ligadas à cadeia produtiva da MPE.

Decisões econômicas e financeiras

A questão financeira — falta de capital de giro — aflorou na pesquisa nacional Sebrae (1999) como a principal dificuldade encontrada pelo dirigente das micro e pequenas empresas na gestão de suas atividades empresariais.

Para implementar e manter em funcionamento uma MPE pode-se contar com várias opções de financiamentos, empréstimos e aporte de recursos externos. As principais fontes de obtenção de recursos financeiros são: recursos próprios, investidor pessoa física/capitalista de risco, fornecedores (obtenção de prazos nas compras efetuadas), capital de risco, e programas oficiais.

Os dirigentes de uma MPE devem conduzir seus negócios preferencialmente com recursos próprios. Qualquer decisão a respeito de como obter recursos financeiros é boa desde que não inclua os pesados ônus que podem advir de operações do tipo cheque especial, cheque descontado (*factoring*), *hot money*, desconto de duplicata, capital de giro prefixado, conta garantida, Resolução nº 63, e operações correlatas.

Os programas oficiais para obtenção de recursos são vários e estão em constantes mudanças, dada a natural dinamicidade do mercado financeiro e da conjuntura econômica, que é extremamente influenciada pelas políticas governamentais. As pequenas e médias empresas, para fins de obtenção de capital de giro junto a bancos oficiais ou privados, podem acessar programas do BNDES, Banco do Brasil, Caixa Econômica Federal ou do próprio banco privado do qual o empresário seja correntista (e que também funciona como agente financeiro de programas governamentais de apoio creditício às MPEs). Os principais programas oficiais são:

- ❑ programas de auxílio às pequenas empresas (Sebraetec e Patme), do Serviço de Apoio às Micro e Pequenas Empresas Brasileiras (Sebrae);
- ❑ programas da Financiadora de Estudos e Projetos (Finep), vinculada ao Ministério da Ciência e Tecnologia;
- ❑ programas de capacitação de recursos humanos para atividades estratégicas (Rhae), do Ministério da Ciência e Tecnologia;
- ❑ Programa de Inovação Tecnológica em Pequenas Empresas (Pipe), da Fundação de Amparo à Pesquisa do Estado de São Paulo (Fapesp);
- ❑ Programa Nacional de Software para Exportação (Softex), do Ministério da Ciência e Tecnologia/Conselho Nacional de Desenvolvimento Científico e Tecnológico (CNPq);
- ❑ Programa Prosoft — linha de crédito para empresas de *software*, do BNDES/Associação das Empresas Brasileiras de *Software* e Serviços de Informática — Assespro/Sociedade Softex.

Conforme descrito ao longo desta obra, a abordagem a ser adotada para a gestão dos negócios de uma MPE vai variar em função do tipo de empresa. Isso ocorre também na esfera das decisões econômicas e financeiras, em que os mecanismos de gestão econômica e financeira (amplamente disponíveis em obras de administração) devem ser aplicados levando-se em conta as peculiaridades de cada tipo de negócio, quais sejam:

- ❑ o sistema contábil (a contabilidade como instrumento de análise e decisão);
- ❑ as demonstrações financeiras (demonstrativos contábeis que refletem a situação econômico-financeira da empresa);
- ❑ a análise das demonstrações financeiras (ou análise de balanços, cujo objetivo é identificar as forças e fraquezas financeiras da MPE através da apuração de indicadores financeiros e econômicos; a análise horizontal e vertical; a análise da taxa de retorno sobre investimentos; e afins). Ou

seja, a análise da empresa em termos de índices de liquidez, lucratividade, giro do estoque, taxa de endividamento e índices correlatos. Dependendo do ramo de negócios, esses índices serão aplicados com maior ou menor ênfase.

De forma complementar, existem instrumentos que podem ser úteis às MPEs, independentemente de seu ramo de negócios, e que são detalhados a seguir:

- ❏ ponto de equilíbrio da empresa; e
- ❏ fluxo de caixa.

Ponto de equilíbrio na MPE

Para a definição do quanto precisa ser vendido na MPE para cobrir os custos e ainda obter lucros, é calculado o ponto de equilíbrio da empresa. É o nível de operações em que as receitas equivalem aos gastos efetuados.

O cálculo do ponto de equilíbrio tem por finalidade indicar teoricamente o volume de vendas necessário para que a MPE não apresente resultados negativos. A partir desse volume de vendas, a empresa passa a apresentar lucro. Para tanto, é necessário calcular a média dos seguintes itens:

- ❏ vendas mensais;
- ❏ custos fixos (despesas fixas + despesas semifixas);
- ❏ custos variáveis (custos das vendas + despesas variáveis).

Por *despesas fixas* consideram-se: aluguel, salários fixos, pró-labore, seguros, imposto predial. Como *semifixas* são classificadas aquelas que variam, mas não proporcionalmente às vendas, quais sejam: encargos sociais, benefícios, viagens/ representações, material de consumo, material de escritório, propaganda, conservação e manutenção, móveis e utensílios e despesas afins. Como *despesas variáveis*, aquelas que variam proporcionalmente ao volume das vendas, tem-se: comissões de vendedores, comissões a terceiros, fretes e carretos, ISS, descontos concedidos, PIS etc.

Observando o roteiro de cálculo do ponto de equilíbrio obtém-se a média de faturamento dos três últimos meses de vendas, conforme explicitado a seguir.

Discriminação	Mês 1	Mês 2	Mês 3	Totais
Venda veículos novos	410.000	530.000	560.000	1.500.000
Venda veículos usados	750.000	480.000	810.000	2.040.000
Receita das oficinas	280.000	320.000	290.000	890.000
Venda de peças	590.000	400.000	650.000	1.640.000
Total geral				6.070.000

Calculando-se a média do faturamento dos três meses, tem-se:

Média vendas = total geral : número meses = R$6.070.000 ÷ R$2.023.333

Uma vez obtida a média das vendas, calcula-se a média dos custos fixos, conforme demonstrado a seguir.

Custos fixos	Mês 1	Mês 2	Mês 3	Totais
Despesas fixas	386.970	329.782	440.345	1.157.097
Despesas semifixas	835.100	711.678	950.276	2.497.054
Total				3.654.151

Calculando-se a média dos custos fixos dos três meses considerados para fins de ponto de equilíbrio, tem-se:

Média custos fixos = total geral ÷ número meses = R$3.654.151 ÷ 3 = R$1.218.050

Posteriormente, deve-se apurar a média dos custos variáveis, utilizando os mesmos três meses de referência.

Custos variáveis	Mês 1	Mês 2	Mês 3	Totais
Despesas com vendedores	184.000	147.999	162.800	494.799
Mão de obra da oficina	173.000	146.680	243.600	563.280
Mão de obra de peças e acessórios	148.000	128.600	114.300	390.900
Despesas variáveis	58.000	43.400	62.400	163.800
Total				2.031.519

Calculando a média dos custos variáveis, tem-se:

Média custos variáveis = total geral ÷ número meses = R$2.031.519 ÷ 3 = R$677.173

Em seguida, uma vez obtidas as três médias, pode-se calcular o ponto de equilíbrio (PE), como evidenciado pela fórmula a seguir.

$$PE = \frac{\text{Custos fixos (despesas fixas + despesas semifixas)}}{1 - \dfrac{\text{Custos variáveis (despesas variáveis + custos das vendas)}}{\text{Vendas (faturamento junto aos clientes)}}}$$

Inserindo os valores na fórmula estabelecida e realizando os cálculos, obtém-se o valor relativo ao ponto de equilíbrio da empresa, conforme demonstrado a seguir.

$$PE \quad = \frac{1.218.050}{\dfrac{677.173}{2.023.333}} = \text{R\$}1.830.553$$

Uma vez obtido o valor do ponto de equilíbrio, pode-se calcular o percentual do ponto de equilíbrio em relação à média de vendas do período.

Ponto de equilíbrio ÷ Média de vendas × 100 =
R\$1.830.553 ÷ 2.023.333 × 100 = 0,9047 × 100 = 90,47%

O indicador obtido (0,9047 ou 90,47%) significa que quanto maior pior. Ou seja, se o índice está abaixo de 75%, sua situação está ótima. Estando o índice do ponto de equilíbrio entre 75 e 80%, a situação é considerada normal. Índice acima de 80%, que é o caso do exemplo, significa que:

- ❑ a empresa está vendendo abaixo do esperado; ou
- ❑ os custos estão bastante altos.

Fluxo de caixa

Para melhorar a gestão na micro/pequena empresa e atenuar a falta de capital de giro, que normalmente é a principal dificuldade na condução das atividades das MPEs, convém utilizar o *fluxo de caixa* como instrumento de planejamento e controle. É uma forma eficaz de analisar o movimento financeiro da empresa evidenciando a fatal diferença entre lucros e a situação do caixa. Ou seja, uma MPE pode estar obtendo altos lucros ao mesmo tempo em que está sem recursos financeiros no caixa (e vice-versa).

O fluxo de caixa pode ser elaborado com os recursos da planilha eletrônica (Excel, por exemplo) ou mesmo manualmente, utilizando-se o livro-caixa.

O livro-caixa é um meio de registrar de forma ordenada, cronológica e contínua todas as operações financeiras da MPE. Os fechamentos mensais do movimento financeiro são parciais, uma vez que os lançamentos referentes ao mês subsequente continuam no mesmo livro-caixa. Quando é feito registro ou lançamento de operação na última página do livro-caixa, deve ser criada uma linha de transporte para o remanejamento de saldo parcial para o início de outro livro-caixa, que deve ser iniciado com a linha "a transportar". Analogamente, deve ser criada na primeira e última linhas de cada página do livro-caixa a linha do total proveniente "de transporte" e "a transportar", respectivamente.

No fechamento mensal do movimento financeiro, a ser feito após o lançamento da última operação referente ao último dia útil do mês, devem ser apurados os dados de fechamento para efeito de análise, observando-se os critérios descritos a seguir.

- totais parciais: totalizar verticalmente os totais das colunas relativas a *recebimentos* e *pagamentos*, exceto a coluna de *saldos*;
- participação relativa em %: calcular o grau de participação relativa correspondente a cada categoria de *recebimentos* ou *pagamentos*, dividindo, em cada coluna, o valor apurado nos *totais parciais* pelo valor total dos recebimentos ou pagamentos, conforme o caso. O somatório, em percentagem, da linha de *participação relativa* deve fechar em 100%. Idêntico critério é aplicado nas colunas relativas a *pagamentos*;
- acumulado até a data: os totais parciais apurados na linha de *totais parciais* devem ser somados ao *acumulado até a data*, referente ao movimento financeiro do mês anterior, dando origem aos novos valores acumulados a serem lançados sob esse título. Os dados devem ser cumulativos a partir do primeiro mês do exercício comercial correspondente. No primeiro mês, a linha de *totais parciais* deve ser igual à linha de *acumulado até a data*;
- participação relativa acumulada em %: deve ser calculado o grau de participação relativa correspondente a cada categoria de *recebimentos* ou *pagamentos*.

Decisões de marketing

A gestão das atividades empresariais relacionadas a marketing diz respeito a decisões a serem tomadas quanto a produto (bens ou serviço), preço, canais de distribuição e promoção/publicidade/propaganda. Os conceitos que fundamentam tais decisões podem ser encontrados nas diversas obras que tratam de marketing.

O impacto dessas decisões em uma MPE depende diretamente do tipo de empresa em que se atua. Dessa forma, se for uma MPE do ramo de negócios de comércio varejista (caso de uma loja de vendas de eletrodomésticos), em geral a ênfase recai sobre as decisões relativas a preços e promoção/publicidade/propaganda. Sendo uma MPE do ramo de serviços (caso de uma empresa de prestação de serviços de engenharia), o enfoque deverá ser relacionado a produto. No caso de MPE pertencente ao segmento industrial (por exemplo, empresa metalúrgica), a abordagem decisorial pode estar direcionada a canais de distribuição.

Como decisão de marketing também se inclui a adoção do *franchising* para comercialização de produtos de uma outra empresa detentora da marca. Essa maneira de criar negócio é formalizada mediante um contrato legal entre duas partes: de um lado, o *franqueado* (proprietário do empreendimento) e de outro, o *franqueador* (dono da franquia, que especifica os métodos e termos de funcionamento).

Desse modo, franquia empresarial caracteriza-se como uma prática de negócio pela qual um franqueador cede ao franqueado o direito de uso de marcas ou patentes, associado ao direito de distribuição exclusiva ou semiexclusiva de produtos ou serviços e, eventualmente, também ao direito de uso de tecnologia de implantação e administração de negócio ou sistema operacional desenvolvidos ou reservados pelo franqueador, mediante remuneração direta ou indireta, sem que, no entanto, fique caracterizado vínculo empregatício.

Esse formato de negócio pode ser de três tipos:

- ❏ o produtor/criador (franqueador) concede uma franquia a um atacadista (franqueado);
- ❏ o atacadista (franqueador) concede uma franquia a um varejista (franqueado);
- ❏ o produtor/criador (franqueador) concede uma franquia a um varejista (franqueado). É a franquia empresarial mais utilizada.

O sistema de *franchising*, regulamentado pela Lei nº 8.955 (1994), é um exemplo típico de decisão de marketing aplicável, principalmente, às micro e pequenas empresas pertencentes ao ramo comercial.

A aplicação prática dos conceitos de marketing é ilustrada com o caso de um pequeno empreendimento de sucesso no ramo de serviços especializados: um salão de beleza.

Embora pequeno, o Salão de Beleza Ipanema é um estabelecimento que completou 41 anos de êxito empresarial atendendo a cinco gerações de clientes. O sucesso empresarial pode ser mensurado não apenas pelo sólido patrimônio que os sócios-proprietários acumularam nesse período e por suas viagens anuais de atualização ao exterior, como principalmente pelo alto grau de satisfação de seus clientes, que continuam a recomendar novos clientes, sobretudo os membros de suas famílias, que se sucedem como futuros clientes. E qual a razão do sucesso de tal empreendimento? As razões são basicamente três:

- ❏ conhecimento do negócio;
- ❏ não dependência de recursos de terceiros desde a sua instalação;
- ❏ qualidade dos serviços prestados.

Embora a dona do salão, sra. Hair, não tenha lido nenhum livro de administração, instintivamente e de forma sistemática, ela tem aplicado conceitos, principalmente de marketing.

Recém-chegada da Inglaterra, onde fez curso de cabeleireiro, a sra. Hair, mesmo com economias suficientes para abrir negócio próprio, resolveu empregar-se num conhecido salão de beleza no Centro da cidade do Rio de Janeiro. É a *primeira lição*: apesar de dispor de recursos financeiros para se tornar empresária, preferiu trabalhar como funcionária, não só para adquirir experiência na profissão, como também para assimilar a cultura e se inserir no contexto de um mercado que ainda não conhecia.

Posteriormente, já com dois anos de trabalho e grande conhecimento da atividade, resolve iniciar negócio próprio com uma sócia, também profissional do ramo. O Salão de Beleza Ipanema é aberto em local criteriosamente escolhido: o bairro de Ipanema, região de classe A da Zona Sul do Rio. Esta é a *segunda lição*: para o negócio que pretendia iniciar, a ideia da empreendedora era atingir uma clientela seleta, pertencente à classe média alta da comunidade em que se inseria o empreendimento. Daí a escolha de um bairro que atendesse a tais características. Foi usado o conceito de localização do negócio, praça ou *place*, um dos quatro Ps de marketing (*produto*, *preço*, *praça* e *promoção*), como uma das principais decisões de marketing. De forma complementar, pode-se dizer que se trata de uma lição de segmentação em marketing, ou seja, em vez de tentar massificar o atendimento ao cliente, procurou-se atingir apenas um determinado segmento do mercado, escolhido em função de seu potencial econômico (classe de renda).

O salão prospera e após alguns anos a sócia se aposenta, tendo a sra. Hair assumido integralmente o negócio. Se no início o salão funcionava em imóvel alugado, agora a preocupação é adquirir um imóvel próprio, mantendo as características originais de localização e com espaço para ampliação, inclusive área de estacionamento para clientes. *Outra lição* é contar, na medida do possível, com *recursos próprios*. Nesse caso, tanto na abertura do negócio como nas futuras expansões, sempre foram dispensados empréstimos bancários ou outras formas de endividamento. Ou seja, reservas financeiras eram acumuladas para possibilitar os próximos passos.

Transcorridos 15 anos, o negócio, consolidado graças ao padrão dos serviços prestados, atinge o auge. O salão de beleza conta agora com 16 funcionários, tendo faturamento suficiente para fazer face às despesas e também para ampliar e modernizar as instalações, que passam a ser referência nesse segmento de serviços da cidade do Rio de Janeiro. Daí se pode extrair *outra lição fundamental*: a qualidade dos serviços prestados e sua continuidade ao longo do tempo. Ou seja, além de estabelecer um padrão de excelência nos serviços prestados, há uma preocupação de estabilizar tal qualidade ao longo do tempo. Essa meta, verdadeira obsessão dos especialistas em qualidade total nas grandes organizações, é conseguida através de uma receita simples que vem desde o início do empreendimento: prestar serviço com gosto pelo que se faz, deixando os resultados financeiros virem como mera decorrência do primeiro.

Nesse ínterim, o irmão da sra. Hair, engenheiro que abandona a profissão, é preparado para dedicar-se à prestação de serviços personalizados de cabeleireiro no Salão de Beleza Ipanema, conseguindo manter o mesmo padrão de excelência. É interessante ressaltar que, embora com 16 funcionárias, a sra. Hair e o irmão, sr. Alexandre, agora sócio-proprietário, executam pessoalmente os serviços prestados aos clientes. Ou seja, as funcionárias preparam os clientes (por exemplo, lavagem dos cabelos) e executam serviços complementares, como manicure e pedicure, maquiagem, limpeza de pele, depilação e serviços afins.

Com o passar do tempo, entretanto, a sra. Hair percebe que os demais serviços, além de não contribuir muito para o faturamento do salão, ainda são sujeitos a eventuais reclamações. Mais ainda, esses serviços acessórios não são executados pelos sócios-proprietários, mas por profissionais especialistas contratados especialmente para esse fim. Assim, perdeu-se o controle sobre a qualidade dos serviços prestados, ficando-se vulnerável às possíveis insatisfações e reclamações dos clientes.

A sra. Hair resolve então eliminar esses serviços, uma vez que não contribuíam positivamente para os resultados finais do negócio. Fica apenas com os serviços de manicure/pedicure, realizados com o mesmo tempo de duração, no mesmo horário e com a mesma frequência do corte/penteado/tintura de cabelos, sendo uma estratégia de produção e logística empregada pelas grandes empresas. Esta é uma *outra grande lição*: a empreendedora, mesmo sem nenhum conhecimento teórico de administração, percebeu que o foco de seus negócios estava na atividade principal (corte/penteado/tintura dos cabelos). As demais atividades (exceto manicure/pedicure, que foi conservada) poderiam ser descartadas. E mais ainda, depois de cinco anos de atividade, percebeu que o faturamento havia crescido, em que pese a redução do número de funcionários (de 16 passou para quatro).

Num momento seguinte, atendendo a solicitações de clientes, a sra. Hair resolveu subcontratar especialistas em depilação, maquiagem, limpeza de pele, em horários preestabelecidos no próprio salão de beleza, sem comprometer sua atividade principal e sem cobrar nenhum centavo a mais da clientela. Ou seja, sem conhecimento de administração a sra. Hair nos dá uma *lição de terceirização*, isto na década de 1960, quando ninguém ainda falava de terceirização como instrumento gerencial para melhoria do desempenho empresarial!

Após 41 anos de êxito nos negócios, outras lições poderiam ser enfatizadas:

- ❏ mesmo sem nenhuma placa de propaganda afixada no imóvel onde se instalava o Salão de Beleza Ipanema, a comunicação em marketing (promoção, publicidade e propaganda) se fazia presente através da formação de opinião de clientes satisfeitos, que repassavam a outros clientes sua satisfação com o atendimento recebido, inclusive para membros da família, que viriam a ser clientes em gerações futuras;
- ❏ o preço, uma decisão fundamental do marketing, não fazia os sócios-proprietários despender muito tempo em pesquisas de mercado ou cálculos contábeis para fixá-lo de forma justa. Isso porque os clientes sabiam distinguir a qualidade intrínseca do serviço, além do asseio/limpeza e serviços complementares prestados, e estavam dispostos a pagar o preço pedido;

204 Criação de novos negócios

- o cuidado na escolha tanto dos fornecedores como de materiais e insumos de primeira, para assegurar a qualidade do serviço prestado, era outro componente fundamental do negócio;
- a contratação de um escritório de contabilidade especializado em salões de beleza foi fundamental, pois eliminou a obrigação de se manter atualizado com respeito à legislação brasileira, extremamente mutável e complexa, permitindo assim que os empreendedores se concentrassem em sua atividade principal;
- conceito como o de fidelização do cliente, tão em voga no momento, já era praticado há 41 anos, através do criterioso cuidado em atender os clientes, em vez da prestação de serviço como obrigação. Ou seja, além do trivial, fazia-se algo mais, como: atendimento a domicílio em caso de impossibilidade de deslocamento; hora marcada para atendimento rigorosamente cumprida, demonstrando com isso respeito aos clientes; tratamento igualitário para com todos, sem privilégios; contratação e preservação de funcionários satisfeitos e treinados com disciplina, valorizando-se a estabilidade na empresa; atualização constante, com o aprendizado de novas técnicas praticadas no Brasil e no estrangeiro, acompanhando as tendências da moda nesse segmento de altíssima dinamicidade; e demais providências correlatas voltadas para a satisfação dos clientes.

Uma última lição que se poderia extrair desse empreendimento é que, mesmo que implantados nos dias de hoje, todos os conceitos adotados ao longo do tempo seriam válidos para essa MPE pertencente ao ramo de serviços especializados. Ou seja, as técnicas e os conceitos de gestão que se mostraram eficazes para a melhoria do desempenho das micro e pequenas empresas continuam viáveis, mesmo com o advento de novas tecnologias. O que pode ocorrer é a incorporação de tecnologias inovadoras que permitam agregar novas possibilidades de alavancar o negócio original.

É o caso da informática, que possibilita a implementação de *software* específico a esse tipo de MPE (programa de computador para salão de beleza, com recursos de multimídia, que simula penteados e cortes de cabelo em função do tipo físico do cliente em potencial).

Outras possibilidades permitidas pelas novas tecnologias da informação seriam *softwares* de banco de dados, correio eletrônico e demais recursos disponíveis via Internet (ver maiores detalhes na parte IV desta obra).

O correio eletrônico (e-mail) poderia ser implementado para interagir sobretudo com clientes e fornecedores. Os clientes enviariam mensagens especificando o tipo de serviço necessário e marcando hora para serem atendidos. Pelo mesmo meio eletrônico, os atendentes do salão de beleza confirmariam esses horários. Junto a fornecedores, os sócios-proprietários solicitariam matérias-primas, materiais e

Decisões de níveis estratégico e operacional nas MPEs   205

demais insumos necessários ao salão de beleza. Uma outra aplicação que poderia promover e divulgar os serviços especializados que o Salão de Beleza Ipanema presta à comunidade seria a criação de *site/home page* da empresa e sua disponibilização em portais especializados na Internet.

O *software* de banco de dados permitiria criar um completo cadastro dos clientes tanto para envio de mala direta como para elaboração de listas de clientes. Classificadas por endereço, classe de renda, data de aniversário, preferências no atendimento, número de pessoas na família e informações afins, tais listas possibilitariam a aplicação de modernos conceitos de marketing, como o de segmentação de mercado.

Decisões inerentes à gestão com pessoas

A gestão das atividades empresariais relacionadas a pessoas (tradicionalmente chamada de recursos humanos) diz respeito a decisões a serem tomadas quanto a recrutamento/seleção, contratação, administração de cargos e salários, avaliação de desempenho, planejamento de carreira, treinamento e desenvolvimento, clima organizacional, e atividades correlatas.

O impacto dessas decisões em uma MPE depende diretamente do tipo de empresa em que se atua. Dessa forma, se for uma MPE do setor de comércio varejista (caso de uma loja de vendas de calçados), em geral a ênfase pode ser nas decisões relativas a treinamento e desenvolvimento dos colaboradores que atendem clientes. Se for MPE do setor de serviços (caso de uma empresa de prestação de serviços de engenharia), o enfoque deve ser no planejamento de carreira, uma vez que a criação de perspectivas de ascensão profissional na empresa torna-se questão prioritária. No caso de MPE pertencente ao segmento industrial (por exemplo, empresa metalúrgica), podem ter mais relevo as decisões direcionadas a cargos e salários, privilegiando questões relativas a pagamento de prêmios-incentivos e demais salários diretos e indiretos.

Uma micro/pequena empresa existe para atender às necessidades dos clientes, com expectativa de justo retorno financeiro pelos produtos vendidos e/ou serviços prestados. Para ser bem-sucedida nesse propósito, a MPE necessita do esforço conjunto do empresário e das pessoas que constituem a sua força de trabalho.

As atividades empresariais da micro/pequena empresa pressupõem uma relação econômico-financeira que acompanha todo o seu processo produtivo, qualquer que seja o setor a que pertença a empresa. A MPE deve possuir recursos adequados e suficientes para adquirir os *insumos* (matéria-prima) necessários a sua produção. Entre esses recursos, estão os financeiros, que podem ser obtidos por diferentes formas de captação, sendo as vendas dos produtos a forma mais clássica, pela consequência natural do processo produtivo.

Quanto maior for a efetividade desse processo produtivo, maiores serão os resultados financeiros para a MPE. Assim, *recursos financeiros* suficientes para o investimento em melhoria contínua e *tecnologia* que promova o permanente incremento das quantidades produzidas e o apuro da qualidade dos produtos são indispensáveis a uma micro/pequena empresa de sucesso.

No entanto, recursos financeiros e tecnologia não se viabilizarão se as *pessoas* que se utilizam dos mesmos não estiverem suficientemente motivadas e capacitadas para a concretização dos objetivos da organização. O dinheiro investido no processo tem que retornar ao caixa da MPE, de preferência em valor que expresse os custos incorridos e um *plus* que represente os ganhos da iniciativa da produção.

Esse retorno financeiro está diretamente ligado à satisfação dos clientes e será tanto maior quanto maior for a produtividade alcançada pela micro/pequena empresa. Os recursos financeiros e a utilização de tecnologia de ponta tendem a aumentar a *produtividade da mão de obra*, influindo fortemente na sobrevivência da MPE.

Um dos requisitos para as micro/pequenas empresas obterem resultados cada vez melhores é a *otimização dos recursos*. Dessa maneira, quanto mais otimizada for a utilização dos recursos financeiros para investimentos, mais possibilidade terá a MPE de ampliar e até diversificar a sua linha de produção, atendendo a novos clientes. Da mesma forma, a adequação de equipamentos de uso multivariado e a prática de modernos métodos de trabalho permitirão a otimização dos recursos da tecnologia. Em decorrência, a otimização do trabalho das pessoas poderá ser crescente, na medida em que programas específicos mantenham a sua motivação e desenvolvam a sua capacitação.

Desse modo, a otimização do trabalho das pessoas estará impactando favoravelmente o desempenho econômico-financeiro da MPE. Ou seja:

$$\textbf{Produtividade} = \frac{\text{produtos obtidos}}{\text{pessoas}} \times \frac{\text{valor de mercado}}{\text{produtos obtidos}} \ \textbf{ou} = \frac{valor\ de\ mercado}{pessoas}$$

Essa produtividade evidencia que uma MPE somente atingirá seus objetivos se a produtividade das pessoas envolvidas em seus processos for adequada às metas de produção. Quanto maior a produtividade, melhores serão os resultados da micro/pequena empresa.

A produtividade depende de fatores como nível de qualificação da mão de obra, volume de unidades produzidas (economia de escala), modo de produção, localização geográfica, tecnologias da informação e grau de automação das fábricas.

Para conseguir maior produtividade e, consequentemente, melhor resultado econômico, é necessário que a MPE dedique especial atenção à formulação de políticas e diretrizes voltadas para o recrutamento, seleção, contratação, treinamento, desenvolvimento e realização profissional das pessoas que integram seu quadro de colaboradores.

De nada valerão às micro/pequenas empresas os esforços voltados para o mercado e as estratégias para ocupar espaços e obter bons resultados, se não considerarem que tudo depende da boa execução dos procedimentos internos que compõem a sua cadeia produtiva. E que a realização desses procedimentos está diretamente ligada à boa gestão das pessoas no âmbito da empresa. São essas pessoas que, utilizando as facilidades disponíveis, realizam o grande trabalho da produção, atuando direta ou indiretamente nos níveis estratégico e operacional.

Por esse motivo, é muito importante que a MPE estabeleça com os seus colaboradores um relacionamento alicerçado em bases sólidas. Isso só poderá ser conseguido com valores positivos, com políticas e diretrizes compatíveis com a realidade de mercado, com práticas de relações trabalhistas justas e bem aceitas e com um ambiente de trabalho seguro e agradável. Um exemplo de aplicação de decisões em gestão de pessoas pode ser encontrado no estudo de caso desenvolvido no capítulo 5.

Decisões de produção, logística e de operações industriais

A gestão das atividades empresariais relacionadas a produção, logística e operações industriais diz respeito a decisões a serem tomadas quanto à cadeia produtiva/cadeia de agregação de valores da empresa. O impacto dessas decisões em uma MPE depende diretamente do tipo de empresa em que se atue. Dessa forma, se for uma MPE do setor de comércio atacadista (caso de uma distribuidora de alimentos), em geral podem ser enfatizadas as decisões relativas a compras, estocagem e expedição de produtos. Se for MPE do setor de serviços (caso de uma empresa de prestação de serviços de publicidade e propaganda), o enfoque deve ser relacionado a processo de criação e geração do serviço publicitário. No caso de MPE pertencente ao segmento industrial (por exemplo, empresa de confecção de roupas), as decisões podem estar direcionadas à programação da produção para fins de definir *o que* e *quanto* produzir em função das vendas.

Uma MPE dedicada a fazer e servir churrasco também tem a sua estratégia de produção e logística como qualquer grande empresa. A cadeia produtiva de um restaurante especializado desse tipo (churrascaria) começa junto a fornecedores e termina em seus clientes finais. Nessa cadeia de agregação de valores podem-se identificar atividades como: visitar frigoríficos em busca da carne certa e especificar o corte; solicitar fornecimento junto aos frigoríficos e demais fornecedores; reservar mesas; estacionar carros; receber os clientes; preparar o *buffet*; preparar as mesas; assar as carnes; servir churrasco; servir bebidas; servir sobremesa; servir café; fechar a conta; liberar os clientes; retirar carros do estacionamento.

Essas atividades que fazem parte do processo produtivo do restaurante não permitem outra estratégia de produção a não ser um esquema rígido e disciplinado, com a alocação de empregados especializados em cada etapa desse processo. Dessa maneira, em que pese à disponibilidade de novos conceitos de produção flexível (evolução do taylorismo/fordismo), a estratégia que realmente funciona para esse ramo de negócios é a da segmentação do trabalho em tarefas elementares. Ou seja, dependendo do tipo de empresa, ainda se aplica o taylorismo.

Conforme ilustrado na obra *Gestão de negócios: visões e dimensões empresa-riais da organização*, de Tachizawa e outros (2001), numa fábrica de alfinetes, se não existir divisão de trabalho, um único operário dificilmente conseguirá fabricar 20 alfinetes. Entretanto, se a produção de alfinetes for segmentada em tarefas (apro-ximadamente 18 operações), executadas por pessoas diferentes, é possível fabricar centenas, se não milhares de alfinetes por operário. Ou seja:

- uma pessoa que executa uma única tarefa adquire rapidamente maior destreza do que aquela que desempenha várias tarefas;
- evita-se perda de tempo provocada pela mudança de uma tarefa para outra;
- a atenção concentrada numa única tarefa gera maior produtividade na medida em que permite a cada pessoa fazer tarefas, previamente feitas por várias outras (trabalho vivenciado, analisado e otimizado anteriormente).

É o caso da empresa Hocus Focus, de velas decorativas (*Gazeta Mercantil*, 2001), que sistematizou sua linha de produção para atender a grandes clientes, como a rede de franquias para o lar Imaginarium, as Lojas Renner e a Tok & Stock.

A Hocus Focus, com 10 anos de mercado, viu-se obrigada a repensar seus métodos depois que a sua produção passou de 50 velas semanais para 400, o que provocou um acúmulo de três meses de pedidos dos clientes. O novo método de produção adotado evoluiu da situação anterior, em que todas as etapas da produção eram feitas (artesanalmente) numa mesma mesa por cinco funcionários, para uma nova situação (separação das etapas), em que o trabalho começava com um grupo de colaboradores numa área e, posteriormente, tinha continuidade com outras pessoas, em áreas distintas.

Essa nova estratégia de produção fez a empresa expandir-se em termos de área ocupada (de um galpão de 40m² para uma área de 600m²), como também em número de colaboradores (de 10 para 29 pessoas). Além do faturamento maior, sua produção teve um acréscimo de 70%, passando de mil para 8 mil velas ao mês.

Outro exemplo de estratégias de produção, logística e de operações indus-triais aplicadas às micro e pequenas empresas é a Traw-Mac Indústria e Comércio (*Gazeta Mercantil*, 2001), pertencente ao setor de usinagem, que foi criada há seis anos para atender primordialmente a Sachs Automotive Brasil, fábrica de componentes para embreagem que terceirizou algumas atividades. Atualmente, também fornece peças estampadas e tem 12 clientes. Desses, destaca-se a Sachs, que representa 40% das vendas. Além de aumentar o faturamento, essa MPE saltou de 18 para 42 empregados.

A Traw-Mac teve esse crescimento vertiginoso graças à adoção destas estratégias:

- ❏ certificação ISO 9002;
- ❏ rigoroso controle financeiro, com gastos compatíveis com as possibilidades da empresa.

Desde 1995, investiu US$150 mil em equipamentos, como tornos automáticos e prensas, adquiridos de uma multinacional de automação em sistema de *leasing*. Essa empresa, em seu processo de terceirização, transferiu as máquinas e 15 pessoas. Com o maquinário de segunda mão, a Traw-Mac passou a trabalhar também com estamparia e começou a diversificar clientes.

A ISO 9002, obtida em 1999, também contribuiu para o aumento de encomendas e conquista de novos clientes, na medida em que com essa certificação a Traw-Mac pôde participar de mais concorrências. Como a MPE está num setor com muitos concorrentes, seus clientes industriais pesquisam, pedem amostras, visitam a empresa, levantam a ficha cadastral e deixam de trabalhar com empresas não certificadas.

Decisões sobre informatização e tecnologias da informação

A gestão das atividades empresariais relacionadas à informatização e às tecnologias da informação diz respeito a decisões a serem tomadas com respeito a qual tecnologia da informação adotar e que sistemas de informação implantar na empresa (adquirir externamente ou desenvolver na empresa).

Dada a relevância dessas decisões no âmbito das micro e pequenas empresas, tais questões serão abordadas na parte IV.

Capítulo 9

Indicadores de gestão

Introdução

Este capítulo aborda os indicadores de gestão, especialmente para gestão de negócios, na forma de indicadores de negócio, indicadores de desempenho global e indicadores de qualidade e de desempenho.

Por essa abordagem metodológica, é necessário definir os indicadores de gestão, que são estruturados como uma relação entre duas variáveis, na forma de numerador e denominador, devendo seus atributos e valores ser passíveis de medição.

Conceitualmente pode-se dizer que um modelo de gestão de negócios depende de medição, informação e análise. As medições devem ser uma decorrência da estratégia da organização, abrangendo os principais processos e seus resultados. As informações necessárias à avaliação e à melhoria do desempenho se referem, entre outras coisas, aos clientes, ao desempenho dos produtos, às operações, ao mercado, às comparações com a concorrência (*benchmarking*) ou com referenciais de excelência, aos fornecedores, aos colaboradores e aos aspectos financeiros.

O "estado-da-arte" da gestão é descrito como um modelo em que um dos seus elementos estruturais é a chamada inferência científica. Esse elemento define como são tomadas as decisões nas organizações, a partir de fatos, dados e informações quantitativas. A premissa adotada é a de que aquilo que não pode ser medido não pode ser avaliado, não havendo, consequentemente, como decidir sobre as medidas a tomar.

Analisar significa extrair das informações conclusões relevantes para apoiar a avaliação e a tomada de decisões nos vários níveis da organização. A análise serve para revelar tendências, projeções e relações de causa e efeito não evidentes. Esse conjunto de medições, informações e análise é a base para o planejamento,

Criação de novos negócios

a análise crítica do desempenho, a melhoria das operações e comparações com a concorrência ou com referenciais de excelência.

A análise da melhoria do desempenho envolve a criação e utilização de indicadores de qualidade e de desempenho para avaliar resultados globais, produtos, serviços de apoio, processos, tarefas e atividades. Um conjunto de indicadores vinculados aos requisitos dos clientes ou de desempenho da organização representa uma base clara e objetiva para alinhar todas as atividades com as metas da organização.

A análise das informações permite que os próprios indicadores sejam reavaliados e modificados. Por exemplo, para julgar se os indicadores selecionados para monitorar a qualidade do produto são adequados, pode-se correlacioná-los com os resultados das medições referentes à satisfação dos clientes e sua manutenção.

A seleção de objetivos e sua mensuração são o único meio de determinar a eficácia de uma organização, uma vez que as decisões são tomadas com base em fatos, dados e informações quantitativas. Daí a importância dos indicadores de gestão enquanto relação matemática que mede os resultados reais a fim de compará-los com metas preestabelecidas.

Na sua determinação podem ser visualizadas algumas características descritivas, tais como:

❑ é uma relação matemática que resulta em uma medida quantitativa;

❑ identifica-se um estado do processo ou resultado deste;

❑ associa-se a metas numéricas preestabelecidas.

O conjunto de indicadores de negócios a ser utilizado no âmbito da *organização* pode levar em conta dois níveis de abrangência:

❑ indicadores de desempenho global; e

❑ indicadores de qualidade e de desempenho.

Indicadores de desempenho global e de qualidade

Os *indicadores de negócio* servem para avaliar a organização como um todo mediante a mensuração dos parâmetros estratégicos, principalmente em seu processo de interação com o meio ambiente externo.

Os *indicadores de desempenho global* visam a avaliar o desempenho da organização como um todo, mas também podem ser utilizados para a avaliação de clientes institucionais. Servem, basicamente, para uma análise permanente por parte do corpo gerencial da empresa.

O segundo conjunto, os *indicadores de qualidade e de desempenho* (ou indicadores setoriais), destina-se à avaliação da qualidade e do desempenho relativos a cada processo/tarefa. Para tanto, recomenda-se que os indicadores sejam estabelecidos mediante:

Indicadores de gestão 213

- a identificação das saídas mais significativas do processo ou da tarefa;
- a identificação das dimensões críticas do desempenho para cada uma dessas saídas. As dimensões críticas da qualidade incluem precisão, facilidade de uso, confiabilidade, facilidade de ajuste e aparência. As dimensões críticas da produtividade incluem quantidade, índice e cumprimento de prazo. As dimensões críticas do custo incluem mão de obra, despesas gerais, capital e demais recursos materiais. As dimensões críticas devem originar-se das necessidades dos clientes internos e externos, que recebem as saídas, e das necessidades financeiras do negócio;
- o estabelecimento das medidas para cada dimensão crítica;
- o estabelecimento de objetivos ou padrões para cada medida.

Os *indicadores de qualidade* são os índices numéricos estabelecidos para os resultados de cada processo a fim de medir a sua qualidade total. Tais indicadores normalmente medem qualidade, custos e entrega de serviços, estando portanto relacionados a clientes. A recomendação é não estabelecer indicador de qualidade para algo que não se possa controlar, ou seja, agir sobre a causa do desvio.

O resultado de um processo (medido pelos indicadores de qualidade) é afetado por várias causas, mas apenas umas poucas causas afetam um indicador de qualidade (princípio de Pareto: poucas causas são vitais e muitas são triviais). Dessa forma, o gestor de um determinado processo pode verificar essas causas a fim de assegurar um bom nível de resultados.

Os indicadores de qualidade (ou *de resultados*) são, portanto, indicadores que buscam relacionar a opinião do cliente sobre um produto ou serviço com sua expectativa em relação a esse produto ou serviço. Em suma, medem o grau de satisfação do cliente com relação a um dado produto ou serviço.

Já os *indicadores de desempenho* de um processo são os índices numéricos estabelecidos para as principais causas que afetam determinado indicador de qualidade. Portanto, os resultados de um indicador de qualidade são garantidos pelo acompanhamento dos indicadores de desempenho. Os indicadores de desempenho podem ser chamados de itens de controle das causas e são estabelecidos para os pontos de verificação do processo.

Um indicador de desempenho de um processo pode ser um indicador de qualidade de um processo anterior. Isso ocorre tanto na linha hierárquica de uma organização, na qual o indicador de desempenho do gestor é o item de qualidade do subordinado, quanto na relação entre processos, podendo o indicador de desempenho de um processo ser item de qualidade de um processo anterior.

Portanto, os indicadores de desempenho (ou de produtividade) refletem a relação produtos (serviços)/insumos, ou seja, procuram medir a eficiência de um dado processo ou operação em relação à utilização de um recurso ou insumo específico (mão de obra, equipamento, energia, instalações etc.). Tais indicadores

214 Criação de novos negócios

deverão existir na medida em que forem necessários ao controle da qualidade e do desempenho no âmbito do processo/tarefa, podendo ser ampliados, reduzidos ou ajustados.

Uma forma prática para identificar necessidades de indicadores num determinado processo/tarefa é discutir o assunto em grupo, percorrendo a mesma sequência de análise da cadeia produtiva/cadeia de agregação de valores, ou seja:

- identificar os produtos gerados para atender às necessidades dos clientes;
- correlacionar os clientes, identificando os internos e os externos, com cada produto;
- definir a forma de mensuração dos principais atributos de cada produto: *qualidade* — procurando verificar o atendimento das necessidades dos clientes (grau de satisfação, reclamações etc.); entrega de produto — procurando conferir o cumprimento do prazo de entrega para cada produto (percentagem de entregas fora do prazo, percentagem de entregas com dados incorretos etc.);
- definir, para cada indicador, a fórmula de cálculo, frequência de apuração, origem dos dados e forma de interpretação do indicador.

A adoção de indicadores que avaliem o desempenho em termos de clientes e processos, e em nível global é fundamental para a organização viabilizar a configuração organizacional por processos conjugada à estrutura vertical (estrutura funcional ou tradicional).

Num ambiente voltado para o processo, cada gerente funcional é responsável por atingir resultados, alocar recursos e executar as políticas e procedimentos estabelecidos. A única diferença para uma organização tradicional é que cada função é medida com relação a objetivos que reflitam sua contribuição para os processos. Os gerentes de linha têm tanta autoridade quanto em qualquer organização tradicional, não havendo, portanto, atrito entre chefias, como acontece em muitas organizações estruturadas por matriz.

Uma unidade organizacional contribui para o bem geral. Numa estrutura de gerenciamento por processo institucionalizado, o bem geral são os processos que apoiam a estratégia da organização, podendo coexistir com a estrutura tradicional, uma vez que:

- não mudam o direcionamento estratégico;
- não mudam necessariamente a estrutura da organização;
- asseguram que os objetivos funcionais se harmonizem com os objetivos do processo;
- mudam o modo de conduzir a organização somente porque asseguram a racionalidade dos processos existentes.

A definição do que se deve medir na instituição deve estar relacionada aos fatores críticos que influenciam o comportamento e a própria sobrevivência da organização. Tais fatores são função direta do setor ao qual pertence a organização, influindo estrategicamente nos seus resultados, na sua sobrevivência e, portanto, no seu posicionamento competitivo em seu ramo de atividades.

O referencial a ser estabelecido na forma de indicador de desempenho deve ser, em primeira instância, externo à organização, sendo então necessário considerar a compatibilização das medidas apuradas internamente com os indicadores-padrão divulgados por associações, entidades de classe, sindicatos, órgãos governamentais e publicações especializadas do setor econômico em questão.

O indicador de produtividade e qualidade, sem definições detalhadas, pode ter significado diverso para diferentes funções da organização. *Produtividade*, para a área de produção, pode significar *produtos/horas*, enquanto para a área de finanças pode significar *faturamento/horas trabalhadas*. Medidas demasiadamente complexas, apesar de amplas, perdem o vínculo com a realidade. Exemplo disso é a apuração do rendimento global de uma escola mediante fórmula que inclui itens como aulas, percentagem de reprovações, horas de docência, horas paradas e coeficientes de rendimento, o que dificulta e inviabiliza a análise efetiva da situação.

A mensuração do desempenho deve avaliar a organização de *fora para dentro*, orientando-a para o mercado, e de *cima para baixo*, possibilitando o permanente ajuste de sua hierarquia organizacional. A partir do ambiente externo podem-se definir indicadores voltados para:

- ❑ a satisfação do cliente;
- ❑ as atividades de fornecedores;
- ❑ o desempenho financeiro junto a instituições financeiras;
- ❑ o desempenho da concorrência.

Já associadas à hierarquia, as medidas podem ser determinadas na forma de macroindicadores que correspondem ao nível estratégico e efetivamente mensuram os resultados globais da organização.

A mensuração do desempenho permite:

- ❑ o monitoramento da organização em todos os seus níveis;
- ❑ a visualização, pelos executores, do impacto dos trabalhos ao longo da cadeia produtiva;
- ❑ a vinculação entre as saídas da organização e as saídas dos processos e dos seus executores.

Ou seja, com as medidas estabelecidas na forma de indicadores de desempenho, pode-se:

216 Criação de novos negócios

- ❏ garantir que o desempenho na organização está sendo gerenciado;
- ❏ identificar adequadamente os problemas e as prioridades;
- ❏ deixar claro para os funcionários o que a organização espera deles;
- ❏ assegurar uma base objetiva e equitativa para recompensas e programas de incentivos.

Conforme já salientado, os indicadores de desempenho se subordinam às peculiaridades do ramo de atividades da organização, sendo estabelecidos de uma forma macro, na linguagem do mercado, para efeito de comparação com organizações concorrentes, nacionais e estrangeiras, entidades de classe e órgãos governamentais (dados agregados).

Genericamente, e apenas para efeito de ilustração, uma vez que toda organização deve ter seu próprio conjunto de indicadores, podem ser considerados alguns fatores básicos ou áreas de abrangência das medidas, tais como gestão global, satisfação do cliente, qualidade dos produtos, bens ou serviços, e recursos humanos.

Como *gestão global*, podem ser aferidos indicadores relativos a:

- ❏ grau de liderança da alta direção;
- ❏ valores da organização quanto à qualidade;
- ❏ responsabilidade comunitária;
- ❏ resultados econômicos.

No que tange à *satisfação do cliente* podem ser avaliados:

- ❏ os requisitos e as expectativas do cliente;
- ❏ a gestão do relacionamento com os clientes;
- ❏ os padrões de serviços aos clientes;
- ❏ o compromisso com os clientes;
- ❏ os resultados inerentes ao grau de satisfação dos clientes.

Quanto à *qualidade dos produtos* podem ser considerados:

- ❏ o projeto e lançamento de produtos/serviços no mercado;
- ❏ o controle da qualidade no processo;
- ❏ a qualidade dos fornecedores;
- ❏ a qualidade do processo do negócio e dos serviços de apoio;
- ❏ a melhoria contínua.

Já na utilização de *talentos e pessoas* podem ser mensurados itens como:

- ❏ envolvimento dos colaboradores;
- ❏ educação e treinamento em qualidade;

☐ reconhecimento e desempenho dos colaboradores;
☐ bem-estar e motivação do pessoal da organização.

Sugere-se que, para cada indicador, sejam definidos:

☐ uma meta (valor a ser atingido dentro de um prazo determinado);
☐ uma visualização gráfica a partir de dados de uma série histórica;
☐ o valor do *benchmark* (referenciais para efeito de comparação através de *benchmarking*), para fins de comparação com o mercado.

Comparação com o mercado e com a concorrência

Conceitualmente, pode-se dividir o *benchmark* em três tipos:
☐ interno: quando se comparam atividades semelhantes dentro de uma mesma organização;
☐ externo: quando se compara com atividades semelhantes às dos concorrentes;
☐ de mercado: quando se comparam atividades semelhantes dentro de organizações de setores econômicos diferentes.

Na literatura sobre *benchmarking* encontra-se uma série de definições e conceitos. Para efeito deste projeto, apenas um deles se destaca:

"*Benchmarking* refere-se a um padrão ou ponto de referência relativo a resultados e processos, que representam as melhores práticas e desempenhos para atividades similares, dentro e fora da companhia. Informações competitivas referem-se a desempenhos relativos a concorrentes diretos, nos mercados de atuação da organização."

Tipos de benchmarking

Benchmarking competitivo
Como o próprio nome sugere, pode ser utilizado como uma informação estratégica para a empresa agir em relação a seus principais concorrentes. Exemplo: impressoras de baixo volume da Xerox *versus* as da Canon, Minolta e Sharp.

Benchmarking funcional
Esse tipo de *benchmarking* compara uma função específica da empresa (por exemplo: distribuição, logística, serviços, suprimentos, produção etc.) com a equivalente de uma empresa considerada *best-in-class* nessa função.

Benchmarking interno
Útil para a comparação entre vários processos similares realizados em diferentes unidades (*Unegs*, Planta etc.) de uma mesma empresa. Por exemplo, a Rank Xerox pode comparar o desempenho de suas diferentes plantas em Mitcheldean (UK), Vnray (Holanda) e Lille (França).

Criação de novos negócios

Benchmarking genérico

É semelhante ao *benchmarking* interno, porém se refere a processos-chave (*the heart of business*) de grandes empresas multinacionais. Consiste, basicamente, no estabelecimento da *best practice* de um dado mercado, que passa então a ser perseguida pelos demais concorrentes. É o estágio mais evoluído do *benchmarking*, podendo ser utilizado em qualquer área de atividade da empresa.

Critérios utilizados no benchmarking

Segundo a literatura corrente, são sete os critérios utilizados no *benchmarking*:

- foco estratégico;
- foco operacional;
- foco no cliente;
- foco no processo;
- relação com TQM (*Total Quality Management*);
- melhoria contínua (ciclo PDCA da gestão da qualidade);
- aprendizado contínuo.

Algumas questões devem preocupar todos os envolvidos com a problemática de indicadores e *benchmarking*, quais sejam: além da definição do que medir, também é preciso definir como, onde, quem e por que medir os processos.

Como ilustração, são descritos a seguir alguns casos internacionais de *benchmarking*.

Exemplo 1 — Federal Express

Em 1990, a Fedex foi uma das vencedoras do prêmio Malcom Baldridge de Excelência de Qualidade. Nesse mesmo ano, a empresa faturou US$7 bilhões, com uma participação de 43% do mercado doméstico dos EUA (o segundo colocado detinha apenas 26%).

Outros indicadores de qualidade e de desempenho hoje considerados *benchmarkings* internacionais:

- índice de satisfação do cliente = 95%;
- índice de liderança no mercado = 53% (contra 39% do segundo competidor).

Exemplo 2 — Ritz-Carlton Hotel Co.

Essa organização, que presta serviços a um público seleto, elegeu como indicador estratégico de seus negócios o seguinte:

- índice de satisfação do cliente = 97%

Exemplo 3 — Rank Xerox Ltd.

Sendo uma das maiores companhias de sistemas de gestão de documentação, a Rank Xerox emprega 26 mil pessoas em toda a Europa e possui mais de 500 mil clientes.

Seus indicadores foram:

- ❑ horas de treinamento por empregado/ano = 40
- ❑ gastos com treinamento e educação = 7% do custo total de M.O. (2,27% do faturamento).

Pelo *benchmarking* obtém-se *feedback* regular do cliente, podendo-se acompanhar o desempenho real segundo os indicadores estabelecidos, alimentar as tarefas com informações sobre o desempenho, adotar medidas corretivas caso o mesmo não atinja a meta e reformular os objetivos para que a organização se adapte à realidade externa e interna.

É a fase de gestão do processo em que, por meio dos indicadores, se medem a qualidade, o custo e a entrega dos produtos/serviços comercializados pela organização. Se todas as metas estabelecidas nos passos anteriores forem cumpridas, obter-se-á uma qualidade, custo ou entrega-padrão.

Nessa fase podem ocorrer desvios em relação ao planejado, devendo-se agir prontamente para restabelecer o processo ou atuar na causa para prevenir reincidências.

Pode-se recorrer a uma série de leis para esse monitoramento, inclusive em relação ao meio externo à organização.

No caso das instituições de ensino superior, por exemplo, existe legislação que estabelece procedimentos para o processo de avaliação, em nível nacional, dessas instituições e dos seus cursos, mediante indicadores de desempenho global, por região e unidade da Federação, segundo as áreas de conhecimento e o tipo ou a natureza dessas instituições, quais sejam:

- ❑ taxas de disponibilidade e de utilização de vagas para ingresso;
- ❑ taxas de evasão e de produtividade;
- ❑ tempo médio para conclusão dos cursos;
- ❑ índices de qualificação do corpo docente;
- ❑ relação média alunos por docente;
- ❑ tamanho médio das turmas.

Estudo de caso
PRODUTOS DE LIMPEZA LTDA.

Estudo de caso elaborado com base na publicação
Como montar fábrica de detergente e amaciante
Sebrae-SP. (Série Oportunidades de Negócios.)

Descrição do negócio

A empresa Produtos de Limpeza Ltda. é um negócio de industrialização e comércio de material de limpeza, pertencente ao setor econômico secundário (ramo de atividade: indústria química). Seus produtos são: água sanitária, desinfetante, detergente líquido e amaciante.

Riscos existem em qualquer atividade econômica, portanto o empreendedor não deve ignorá-los. Nesse tipo de negócio, os principais riscos estão relacionados:

- aos altos custos das matérias-primas, em razão do pequeno volume de compras;
- às normas do Ministério da Saúde quanto às especificações dos produtos, que demandam rígida fiscalização;
- às deficiências nas operações de vendas.

Missão

A missão da Produtos de Limpeza Ltda. é "industrializar e comercializar materiais de limpeza do tipo água sanitária, desinfetante, detergente líquido, amaciante e produtos similares e complementares".

Cenário

Os avanços no setor químico provocaram mudanças na relação do empreendedor com seus consumidores. O desenvolvimento das micro e pequenas empresas do ramo está relacionado aos altos custos das embalagens plásticas, que ocasionam o aumento de preços dos produtos de limpeza.

As MPEs que fabricam e comercializam material de limpeza podem optar por vender a granel. Dessa forma, o cliente paga apenas o produto, levando a embalagem vazia para trocar por uma cheia ou envasando o produto no ato da compra.

Mas se resolverem penetrar em supermercados, convém produzir a embalagem, que pode ser feita com máquinas de sopro ou similares.

continua

Mercado

O mercado consumidor da Produtos de Limpeza Ltda. foi analisado com o objetivo de se traçar seu perfil, em termos de sexo, classe social, nível de instrução, faixa etária, altura e peso. Nessa análise, a Produtos de Limpeza Ltda. levou em conta indagações como:

- ❏ a que tipo de cliente meu produto/serviço se destina;
- ❏ que pessoas quero atingir;
- ❏ quais são os anseios da clientela;
- ❏ que característica meu produto/serviço deve apresentar;
- ❏ onde está a concorrência;
- ❏ qual a sua dimensão;
- ❏ que recursos (financeiros, materiais, humanos) serão necessários para me adequar às necessidades do mercado.

Com base nesse estudo, pôde-se determinar a linha de produtos mais adequada.

Por se tratar de produtos de limpeza, seu potencial de consumo é significativo. Existe um perfil de consumidor comum a todos os produtos da empresa, que é a dona de casa da classe média à baixa. Entretanto, a abrangência do detergente líquido é maior, estendendo seu consumo a restaurantes, hospitais, hotéis, empresas especializadas em limpeza e similares.

Fornecedor

A Produtos de Limpeza Ltda. adquire matérias-primas sem grandes dificuldades, ainda que, para pouca quantidade, os preços e as condições de pagamento não sejam tão favoráveis.

Os fornecedores são em geral grandes grupos que mantêm o monopólio das matérias-primas e exigem cotas para a sua aquisição.

Existem também os intermediários, que vendem a granel, por um preço relativamente maior do que o de outras formas de aquisição de matérias-primas.

Concorrentes

Na análise da concorrência da Produtos de Limpeza Ltda. foram considerados o tamanho, o porte, a localização e o poder de penetração.

Essa análise, com base em criteriosa pesquisa, permite estabelecer os pontos fortes e fracos da concorrência, verificando-se a qualidade do produto,

continua

o prazo médio de entrega, o sistema de atendimento e o preço praticado pelos concorrentes.

É forte a concorrência nesse setor, porque, além de empresas concorrentes legalizadas, existe um grande número de "informais" vendendo produtos a baixos preços. Os supermercados também conseguem baixar os preços graças ao alto giro dos seus estoques. Dessa forma, a MPE do setor deve distribuir seus produtos às mais variadas regiões, com boa qualidade e a preços competitivos.

Esse mercado, apesar de concorrido, tem capacidade para absorver toda a produção, pois são produtos de primeira necessidade e de alto consumo.

Infraestrutura

A Produtos de Limpeza Ltda. instalou sua fábrica em galpão industrial contendo toda a infraestrutura básica em termos de água, luz, telefone e facilidades correlatas.

Quando a empresa foi implementada, as instalações e os equipamentos foram dispostos em uma única área, em espaço aberto, para abrigar as linhas de produção de detergente, água sanitária e amaciante. Foram reservados, ainda, espaços para estocagem de matérias-primas, armazenagem de produtos acabados, circulação de pessoas e demais aspectos de um *layout* funcional.

Planejamento da produção

No início do empreendimento, foi adotado um programa de produção para apenas dois produtos: o detergente líquido e o amaciante de roupas. Foi uma estratégia para testar a linha de produção e conhecer os diferentes tipos de cliente em potencial que compõem o mercado da Produtos de Limpeza Ltda.

Planejamento econômico-financeiro

A Produtos de Limpeza Ltda. adota como estratégia econômica e financeira:

- ❑ o dimensionamento das metas de vendas e produção, a partir do seu capital de giro, evitando empréstimos bancários, em função dos seus altos custos financeiros;
- ❑ a escolha criteriosa de clientes, a fim de evitar a inadimplência;
- ❑ a preservação dos estoques em níveis mínimos, quer sejam matérias--primas ou produtos acabados;

continua

❏ a minimização da necessidade de capital de giro mediante a utilização, na medida do possível, de mão de obra terceirizada.

O *investimento inicial* requerido para a implementação da Produtos de Limpeza Ltda. foi composto pelos valores do *investimento fixo* (máquinas, novas ou usadas, e demais equipamentos utilizados nas atividades-fim) e do *capital de giro*.

O capital de giro engloba os recursos necessários para a aquisição do estoque inicial de mercadorias, para o pagamento das despesas administrativas (custos fixos) dos primeiros meses e para a cobertura de outras despesas (registro, divulgação, promoção etc.).

Os *custos totais de produção* da Produtos de Limpeza Ltda. compõem-se de:

❏ custos variáveis (mão de obra direta e materiais diretos); e
❏ custos fixos (que dependem, entre outros fatores, do valor que cada sócio pretende retirar da empresa como pró-labore, de o imóvel ser próprio ou alugado, das tarifas de serviços públicos e da contratação ou não de pessoal de apoio administrativo).

Para a fixação dos preços de vendas a Produtos de Limpeza Ltda. pode adotar o método do *mark-up* divisor, que é calculado mediante a seguinte operação:

Mark-up divisor = { 100 – índice de comercialização + margem de lucro } : 100

Outra maneira de obter o preço de venda dos produtos é calcular o custo unitário, as despesas de comercialização incidentes e a margem bruta desejada, aplicando-se em seguida a fórmula:

$$\text{Preço de venda} = \frac{\text{Custo unitário de aquisição (deduzido ICMS)}}{1 - (\% \text{ despesas de comercialização} + \text{margem bruta desejada})}$$

A margem bruta incluída na fórmula abrange o lucro líquido e a cobertura das despesas fixas. É também conhecida como margem de contribuição.

Não se deve esquecer que, independentemente do ramo escolhido, existe o fator limitante de preços, que é a concorrência. Se o preço estiver mais alto que o da concorrência, a empresa certamente terá dificuldade para vender seus produtos.

continua

Para efeito de controle dos gastos com despesas fixas, apura-se a representatividade das despesas fixas em relação ao faturamento bruto, ou seja, quanto do faturamento está sendo consumido pelas despesas fixas, dividindo-se o total destas pelo faturamento.

A Produtos de Limpeza Ltda. tem um *custo unitário* de R$0,14 (sem o ICMS) para industrialização do produto comercializado. A margem de lucro estabelecida foi de 10%. Além desse índice, foram considerados 20% como taxa de comercialização para cobertura dos custos dos impostos (15%), divulgação (3%) e perdas de matérias-primas e materiais secundários (2%).

Substituindo os valores na fórmula, tem-se:

Mark-up divisor = { 100 − (20 + 10) } ÷ 100

Mark-up divisor = { 100 − (30) } ÷ 100

Mark-up divisor = 70 ÷ 100

Mark-up divisor = 0,70

O preço unitário de venda foi calculado multiplicando-se o custo unitário de produção pelo respectivo *mark-up* divisor.

Considerando-o um custo unitário de R$0,14 e multiplicando-o pelo *mark-up* de 0,70, chega-se ao preço de venda por unidade comercializada igual a R$0,21.

Para encontrar-se o valor total das vendas, basta multiplicar esse resultado pela quantidade prevista no plano de vendas ou no programa de produção.

A Produtos de Limpeza Ltda. apura seu resultado operacional utilizando os valores das vendas e dos custos em algumas operações matemáticas simples.

Os custos de comercialização foram calculados multiplicando-se o índice "indicadores de vendas" (20%) pelo valor total de vendas (receita operacional).

O lucro operacional equivale à diferença entre a receita operacional e os custos totais. A contribuição social e o imposto de renda equivalem a 10 e 25% do lucro operacional, respectivamente.

Deduzindo do lucro líquido os valores relativos à contribuição social e ao imposto de renda, encontra-se o lucro líquido.

Com esses dados é possível calcular a *margem de contribuição* (diferença entre a receita operacional e os custos variáveis). Essa margem de contribuição (ou contribuição marginal) é considerada essencial no modelo de gestão adotado pela Produtos de Limpeza Ltda. Conhecendo-se a margem de contri-

continua

Indicadores de gestão   225

buição, pode-se calcular o ponto de equilíbrio, parâmetro fundamental para o empresário. Por seu intermédio, este fica sabendo se o volume de vendas a ser atingido é razoável para o seu empreendimento.

O lucro da Produtos de Limpeza Ltda. é uma informação de extrema importância, uma vez que de sua efetivação depende a própria continuidade do negócio. Portanto, para sua apuração deve-se:

- reunir as informações do faturamento ou receita operacional e dos custos já determinados anteriormente;
- calcular os custos de comercialização projetados sobre o valor do faturamento;
- calcular o lucro operacional, que é a diferença entre a receita operacional e o custo total. O custo total, nesse caso, é formado pelo custo de aquisição mais as despesas acessórias incluídas no preço de custo.

O *ponto de equilíbrio*, calculado mediante a divisão do custo fixo pela margem de contribuição, corresponde ao nível de faturamento necessário para que a empresa possa cobrir exatamente seus custos, ou seja, atingir o lucro operacional igual a zero.

Acima do ponto de equilíbrio, a empresa terá lucro e, abaixo dele, incorrerá em prejuízo.

$$\text{Ponto de equilíbrio} = \frac{\text{Despesa fixa}}{(\text{Margem de contribuição : receita operacional})}$$

O modelo de gestão da Produtos de Limpeza Ltda. utiliza, ainda, a *taxa de retorno do investimento*, que é o resultado da relação entre o capital investido (investimento inicial ou investimentos posteriores, como gastos com modernização/renovação tecnológica) e o lucro líquido, multiplicado por 12.

O resultado pode ser comparado com a taxa real de juros de ativos financeiros, tais como caderneta de poupança, CDB, renda fixa e outras aplicações financeiras. No modelo de gestão da Produtos de Limpeza Ltda. é importante, ainda, o cálculo do tempo necessário para se recuperar o capital inicial investido no empreendimento. Para isso, deve-se dividir o valor inicialmente investido pelo lucro líquido mensal apurado.

O resultado obtido *em meses* para recuperar o valor investido, calculado mediante a divisão do valor inicialmente investido pelo lucro líquido mensal apurado, pode ser comparado com outros tipos de investimento para analisar a atratividade do empreendimento ora enfocado.

continua

> **Premissa didática** (os casos trabalham os processos em vez de proporcionar a simples resposta): a) introduzir a ideia de objetivos e foco estratégico no negócio; b) hierarquizar o processo decisório da empresa em decisões de níveis estratégico e operacional; c) estabelecer indicadores de negócio e de desempenho; d) introduzir o conceito de cadeia produtiva/cadeia de agregação de valores com a definição dos principais formadores: fornecedores, processos produtivos e clientes; e) utilizar os preceitos do modelo de gestão sugerido nesta parte III da obra. É um modelo de gestão de negócios entre outros possíveis de serem adotados. Longe de ser um modelo único, meramente prescritivo, a ideia é que qualquer outro modelo de gestão de negócios que se adote sirva para os mesmos fins didáticos almejados.

Parte IV

O que informatizar em uma MPE

A computação interorganizacional permitirá que fornecedores visualizem a demanda por seus produtos, ao mesmo tempo em que auxiliará as MPEs-clientes a fortalecer suas redes de suprimento, reduzir seus estoques e melhorar a disponibilidade de seus produtos.

Visão geral

Segundo Tapscott (2000), mudanças de paradigmas provocam significativos impactos nas organizações dos dias atuais. As mudanças de ordem política e econômica no mundo são mais que evidentes. Ninguém está realmente seguro com relação aos novos rumos. A única certeza que se tem é que o pós-guerra já terminou. O mundo está se tornando mais aberto e volátil.

Obviamente, as organizações e os mercados também estão passando por mudanças. Acabou a estabilidade do período do pós-guerra, caracterizado pela competição limitada. As antigas regras estão desaparecendo, assim como as barreiras à competição. A empresa de antigamente já não funciona mais. A transformação organizacional propiciada pela informação é imprescindível para se obter sucesso num novo ambiente. A nova empresa é dinâmica e pode responder rapidamente às mudanças ocorridas no mercado. Sua estrutura é diferente, mais achatada e baseada em equipes, eliminando a hierarquia burocrática. Privilegia o compromisso em vez do controle, com processos sistêmicos simplificados em favor da produtividade e da qualidade. Essa nova empresa é aberta e atua em rede.

A informação está entrando numa nova fase. O novo paradigma tecnológico é estabelecido paralelamente às outras mudanças. Da mesma forma que a organização, o sistema de informação nesse novo contexto é aberto e opera em rede. Modular e dinâmico, baseia-se em componentes intercambiáveis. Com isso, induz a empresa ao *empowerment*, transferindo informação e poder decisório aos usuários. Encontra-se integrado mediante padrões, transpondo as empresas para adiante das ilhas de sistemas (e seus equivalentes organizacionais) da informática tradicional.

O sistema de informação opera prestando suporte às pessoas, mediante a integração de dados, texto, voz, informação e imagem em seus diversos formatos, proporcionando uma espinha dorsal para as estruturas organizacionais ancoradas em equipes.

Ao tornar indistintas as barreiras entre as organizações, esse sistema possibilita a reformulação dos relacionamentos externos. Além do mais, já atingiu o ponto de maturidade ao se tornar economicamente viável. Na verdade, quanto mais tempo as micro e pequenas empresas levarem para iniciar essa transição, maiores serão os investimentos e gastos de curto e longo prazos.

Tanto as tecnologias quanto os processos e sistemas de informação foram concebidos para dar suporte à cadeia produtiva nas MPEs, devendo portanto subordinar-se às decisões e estratégias de negócios implementadas por seus empresários e executivos (ver figura 26).

Figura 26
Tecnologias e sistemas de informação nas MPEs

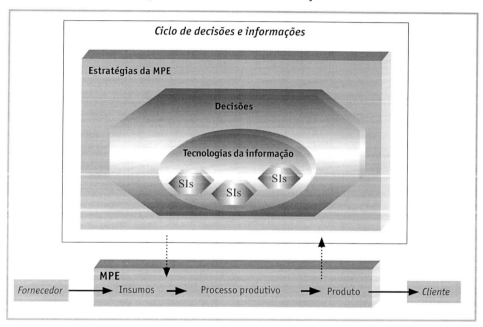

Nas últimas décadas ocorreram quatro mudanças fundamentais, algumas ainda em curso, no que se refere à forma de aplicação da informática nas empresas. Na primeira mudança deu-se a passagem da computação pessoal para a computação em grupo. Os computadores pessoais penetraram em praticamente todas as áreas e níveis das organizações. No entanto, seu impacto raramente podia ser descrito como estratégico. Isso porque o microcomputador (PC) isolado não funcionava da mesma maneira que as pessoas, em termos de comunicação com os outros, especialmente dentro de um grupo de trabalho.

A computação em grupos de trabalho proporcionou suporte direto a todas as categorias de pessoas no contexto organizacional. Quando bem concebidos e implementados, os sistemas para grupos de trabalho podem tornar-se o ponto focal para a reconfiguração dos processos e das estratégias da empresa.

A segunda mudança caracteriza-se pela passagem de sistemas isolados para sistemas de informação integrados. Tradicionalmente usava-se a tecnologia da informação para apoiar o controle de recursos: ativos físicos, recursos financeiros e recursos humanos. Tal abordagem provocou o surgimento de sistemas isolados por toda a organização. Com a evolução dos padrões da tecnologia da informação, atingiu-se um nível em que a arquitetura da organização como um todo é viável, em vez de se continuar acrescentando unidades isoladas à medida que se tornavam necessárias.

Na terceira mudança, passa-se da computação interna para a computação interorganizacional. Ou seja, os sistemas de informação ampliam o alcance externo ao ligar a empresa a seus fornecedores e clientes. A cadeia de agregação de valor — fornecedores =>MPE => clientes — transforma-se numa rede de valor digital interligando empresas e instituições externas, e até mesmo concorrentes. De restrita e intraorganizacional, a informática converte-se em computação entre-empresas.

Figura 27
Ampliação da informática nas MPEs

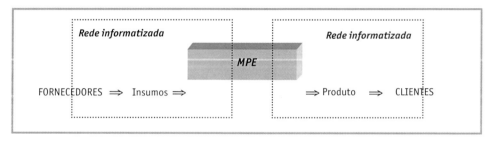

Nesse novo ambiente, as tecnologias da informação podem ser vistas como classes de sistemas de informação que vão desde o nível pessoal até o nível interorganizacional. As aplicações pessoais dão suporte direto aos seus usuários finais e são por eles controladas. As aplicações para trabalho em grupo são compartilhadas por membros de equipes ou funções que podem estar centralizadas ou dispersas por toda a organização. As aplicações corporativas ou institucionais dão suporte a uma ampla gama de usuários, podendo atingir muitas áreas e/ou setores da empresa. As aplicações interorganizacionais envolvem a interação com usuários e sistemas externos à empresa.

A quarta mudança, ainda em curso, que afetará de forma mais imediata e intensa as micro e pequenas empresas do que as organizações de grande porte, diz respeito a uma nova era, a da *economia digital*. Nessa economia baseada mais no cérebro do que nos recursos físicos e materiais, as inovações e vantagens competitivas são efêmeras. As redes eletrônicas expandem virtualmente as fronteiras das empresas, suprimindo-se intermediários entre a organização, os fornecedores e os clientes. As organizações, especialmente as MPEs, passarão a ter como principal ativo o capital humano, intelectual ou do conhecimento, em vez do tradicional ativo patrimonial dos balanços financeiros.

Esse novo contexto exige das organizações, particularmente das MPEs, que se enfatize mais a gestão do conhecimento e não apenas a administração de recursos tecnológicos. Exige também mais esclarecimento sobre a nova geração, a geração Internet ou da era digital, com sua nova cultura, novos valores e um novo perfil psicológico.

Esta parte IV aborda as possibilidades das tecnologias da informação nesse novo contexto, dentro dos contornos sugeridos no esquema para diagnosticar e gerenciar uma MPE. Nos capítulos seguintes se dará mais atenção aos recursos tecnológicos práticos, aplicados às micro e pequenas empresas, do que ao detalhamento de aplicações de sofisticados *softwares* do tipo: gestão integrada —*enterprise resource planning* (ERP), *customer relationship management* (CRM), fluxo de documentos eletrônicos — *workflow, business-to-business* (B2B), *e-commerce, e-marketplaces, e-procurement* e tecnologias equivalentes.

Capítulo 10

Por onde começar?

A tecnologia da informação é a solução, mas qual é o problema?

O ambiente em que as micro e pequenas empresas estão inseridas é dinâmico e sofre influência de variáveis não controláveis (ver figura 28). Ou seja, na medida em que as variáveis ambientais mudam, o ambiente imediato da MPE também vai mudar, disso advindo inevitáveis alterações internas.

Figura 28
A MPE e a influência do meio ambiente

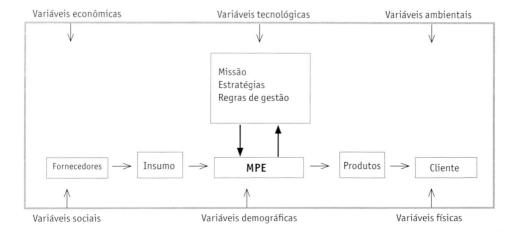

Essas mudanças na MPE tendem a exigir um realinhamento de estratégias e, consequentemente, das regras de condução dos negócios, o que sem dúvida induzirá a mudanças nos processos e, principalmente, em seus sistemas e tecnologias da informação.

A influência dessas variáveis ambientais, como a variável legal, pode ser ilustrada pelo caso da cadeia de lojas Marisa, que, tendo de cumprir a Lei Federal nº 9.532 (1997), que prevê o uso de equipamento emissor de cupom fiscal (ECF) em estabelecimentos comerciais, implementou um completo processo de informatização de suas atividades (ver detalhes no capítulo 12).

E quais seriam as prioridades de investimento em tecnologias da informação no contexto atual e futuro das micro e pequenas empresas? Faltam dados a respeito, mas existem pesquisas, relativas às organizações de grande porte, que evidenciam expectativas de investimento em tecnologia.

A rigor, com o avanço tecnológico, o que acontece às grandes organizações em termos de tecnologias da informação tende a se repetir em relação às MPEs. É o que ocorre atualmente com os *softwares* de gestão integrada (ERP), de comércio eletrônico e de relacionamento com fornecedores (CRM), desenvolvidos e disponíveis sob medida para as pequenas e médias empresas. Tais sistemas, desenvolvidos no país a preços competitivos, com opções de serviços e canais de distribuição que facilitam o acesso de MPEs, são cada vez mais utilizados.

Pesquisa do IT Mídia revela que, até o ano 2000, as grandes empresas (cerca de 82%) priorizavam investimentos em redes de Internet, Intranet e Extranet, passando a partir de 2001 a direcioná-los para CRM e *data warehouse* (tecnologia para captar e armazenar dados empresariais), conforme evidenciam as tabelas a seguir.

Tabela 18
Investimentos atuais em tecnologias da informação

Tecnologia/Sistema	%
Internet/Intranet/Extranet	82
Dispositivos de segurança	52
Comércio eletrônico	50
Software de gestão empresarial (ERP)	43
Gerenciador de banco de dados (*data warehouse*)	39
Business intelligence	33
Terceirização (*outsourcing*)	31
Software de gestão de relacionamento com cliente (CRM)	25
Gerenciamento da cadeia de suprimentos (*supply chain*)	22
Automação industrial	22

Fonte: *Gazeta Mercantil*, mar. 2001.

Tabela 19
Perspectivas de investimentos em tecnologias da informação a médio prazo

Tecnologia/Sistema	%
Software de gestão de relacionamento com clientes (CRM)	60
Gerenciador de banco de dados (*data warehouse*)	57
Business intelligence	53
Gerenciamento da cadeia de suprimentos (*supply chain*)	41
Comércio eletrônico	39
Internet/Intranet/Extranet	38
Dispositivos de segurança	34
Software de gestão empresarial (ERP)	30
Automação industrial	19
Terceirização (*outsourcing*)	18

Fonte: *Gazeta Mercantil*, mar. 2001.

A busca da abordagem correta do planejamento da informatização na MPE é questão complexa, pois, qualquer que seja a solução adotada, esta se torna mais eficaz se apoiada num ambiente de processos projetado. Num contexto futuro, esse ambiente de processos de negócios projetado com base na análise estratégica da MPE pode dar suporte à definição do planejamento de informática (ver figura 29).

Figura 29
O planejamento da informatização na MPE

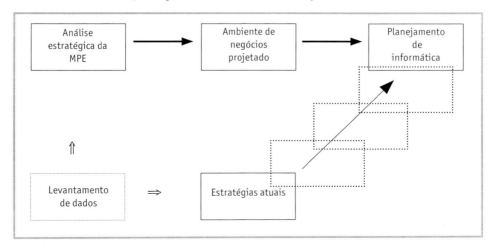

Na era da informação e da economia digital, uma MPE deve encarar como absolutamente normal o fato de uma organização ter suas fronteiras ampliadas. Com efeito, está surgindo um novo tipo de relacionamento entre uma MPE e seus fornecedores, clientes e demais instituições de sua área de atuação. Tais relacionamentos, principalmente numa micro/pequena empresa típica, como a GAR, deverão capacitar a organização a:

- desenvolver enfoques abrangentes para os seus mercados;
- responder rapidamente às novas oportunidades;
- ter acesso interorganizacional a clientes comuns;
- criar novos mercados;
- compartilhar informações;
- atuar de forma conjunta; e
- expandir-se geograficamente em empreendimentos comuns.

Figura 30
Ampliação virtual das fronteiras da GAR

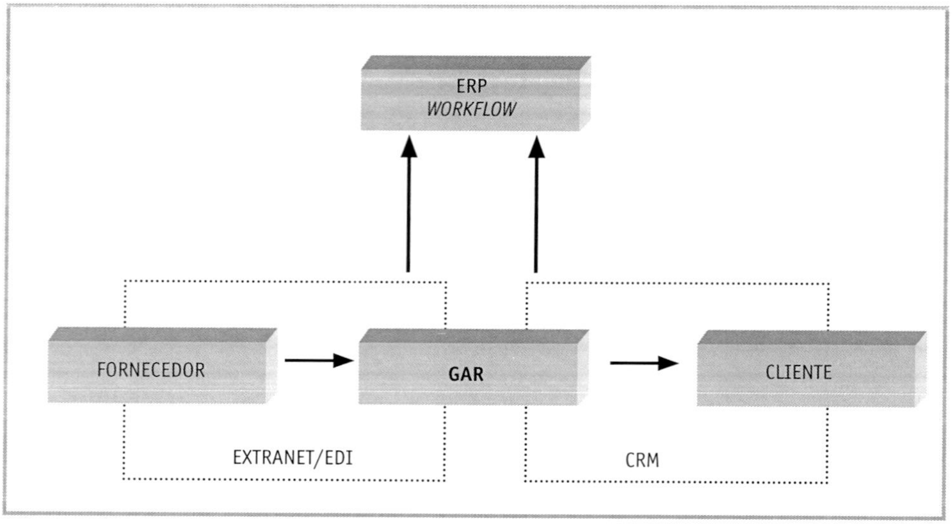

A computação interorganizacional no âmbito da empresa GAR (ver figura 30) permite que fornecedores visualizem a demanda por seus produtos, ao mesmo tempo em que auxilia os clientes a fortalecer sua rede de suprimento, reduzir seus custos e melhorar a disponibilidade de seus produtos.

As barreiras físicas entre as organizações estão caindo, dando lugar a organizações virtualmente interligadas. Redes informatizadas aproximam as organizações, criando condições para parcerias e alianças estratégicas, as quais por sua vez estão desestimulando a contratação de pessoal. Profundas transformações ocorrem na

Por onde começar?   237

natureza das interações comerciais, fazendo aflorar relevantes questões sobre estratégias de negócios, que permitem, por exemplo, que empresas clientes concentrem esforços em sua cadeia de agregação de valores.

A ampliação virtual das fronteiras da GAR pode estabelecer um cenário em que:

- ❑ o acesso às informações da organização fica disponível aos seus parceiros e agentes externos;
- ❑ a interligação com os clientes da MPE se tornará benéfica para ambas as partes, fortalecendo a fidelidade e o relacionamento de longo prazo;
- ❑ a cooperação entre as organizações fornecedoras de insumos pode ocorrer devido à possibilidade de ganhos e benefícios comuns;
- ❑ o estabelecimento de parcerias e alianças entre organizações, propiciado pela interligação virtual, permite a geração de novos produtos e serviços, sem a criação física de unidades ou mesmo de setores intraorganizacionais.

A aproximação virtual com os fornecedores da GAR poderia se dar através dos recursos do *e-procurement* (compras e concorrência *on-line*), do EDI (intercâmbio eletrônico de documentos) ou mesmo da Internet. Informações relativas a editais, convites e resultados de licitações poderiam ficar disponíveis na Internet, evitando-se com isso a presença de fornecedores na GAR e vice-versa.

Da mesma forma, documentos entre a GAR e agentes externos poderiam fluir eletronicamente, via Internet ou EDI, racionalizando a formação e a liberação de processos de compras, de pagamentos etc.

No outro extremo da cadeia de agregação de valores, na interligação com empresas clientes, podem-se implementar soluções tecnológicas do tipo CRM, que permitiriam automatizar o atendimento e a competente avaliação dos serviços prestados.

Recomenda-se que aos processos sistêmicos sejam integrados sistemas de informação, de forma a gerenciar suas interfaces, voltadas principalmente para o atendimento a clientes. Diante dessas possibilidades, convém implementar um sistema de atendimento a clientes no novo ambiente tecnológico.

As ferramentas de apoio à gestão (ERP, B2B etc.), fornecidas por *software houses* especializadas, surgem como a opção oportuna para essa questão, considerando-se o tempo de desenvolvimento dos sistemas, o volume de alterações decorrentes dos desenvolvimentos tradicionais e a qualidade em termos de integração, flexibilidade e visão orientada para processos. No âmbito interno da MPE, pode-se dispor de tecnologias da informação como o *workflow*, para padronizar e digitalizar o fluxo de documentos inerentes aos processos sistêmicos. As empresas estão cada vez mais conscientes das vantagens que as ferramentas de apoio à gestão oferecem, quais sejam:

- flexibilidade operacional e estratégica;
- redução de áreas e funções desnecessárias;
- possibilidade de adesão a processos de mudança, como a redução de custos, a rapidez de implementações etc.

Capítulo 11

Analisando a empresa de acordo com o seu ramo de negócios

> *As tecnologias da informação precisam gerar resultados para a empresa e para os clientes.*

Essa visão é fundamental para se avaliar uma MPE e propor ferramentas e filosofias de TI que mantenham o seu suporte tecnológico em permanente sintonia com as melhores práticas do mercado.

Figura 31
Visão de uma MPE (exemplo da GAR) com relação aos processos sistêmicos e às TIs

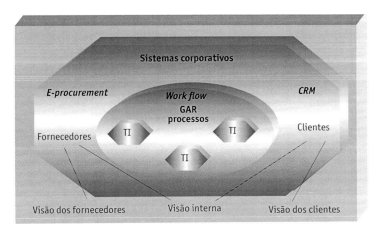

Conforme proposto ao longo desta obra, define-se a estratégia de informatização de acordo com o tipo de empresa, que varia segundo o ramo de negócios. Como ilustração disso, tem-se a rede de varejo Lojas Marisa que, constituída por uma estrutura gerencial familiar, processava todas as vendas de forma manual, o que acarretava grandes perdas, transcrição de dados e retrabalho, além da dificuldade em controlar os estoques de roupas femininas (*Automação & Código de Barras*, 2001).

Pela metodologia aqui proposta, uma empresa pertencente ao setor de comércio varejista deve ter como foco, para fins de informatização, a pronta disponibilidade de produtos para seus clientes, mediante o controle efetivo tanto dos estoques quanto do giro das mercadorias comercializadas.

O processo de automação das lojas iniciou-se com a implantação de equipamentos eletrônicos para o atendimento de balcão. As vendedoras digitavam o número da mercadoria, gerando um comprovante eletrônico para o cliente efetuar o pagamento. No caixa, o número da mercadoria era redigitado e os dados impressos no emissor de cupom fiscal (ECF), que é uma exigência da Lei Federal nº 9.532 (1997). Tal procedimento era interligado ao processo de controle de estoques, o que permitia a atualização dos dados relativos às mercadorias vendidas, mantendo-se assim um permanente inventário dos produtos de cada loja.

No caso das Lojas Marisa, a informatização foi implantada essencialmente com a preocupação de agilizar o atendimento aos clientes, conjugado com o uso compulsório do ECF. Posteriormente, tal sistema evoluiu de um serviço assistido para o conceito de autoatendimento, com processamento baseado em código de barras e consolidação dos dados de todas as lojas em termos de vendas, estoques, compras a serem feitas, custos e resultados econômicos.

Capítulo 12

Tecnologias da informação e sistemas aplicáveis

As tecnologias da informação devem subordinar-se às estratégias empresariais.

O uso da Internet nas MPEs

Na busca de maior produtividade em suas operações, as micro e pequenas empresas têm à disposição os recursos da rede mundial Internet. Com pesquisas na Internet (*Gazeta Mercantil*, 2000), as empresas conseguem substituir fornecedores e comprar matérias-primas até 20% mais baratas. Às vezes, a troca é feita com parceiros do exterior e, mesmo com o custo da importação, a transação é viável.

Encontra-se disponível no mercado o *software* de *business-to-business* (B2B), próprio para fazer pedidos *on-line*, analisar o giro dos estoques, fazer simulações de preços e margens, e projetar lucratividade e demais indicadores de desempenho. Já existem soluções B2B para MPEs (no setor de varejo, supermercados, comércio atacadista etc.). É o caso da WebMotors, cujo *site* especializado em automóveis fornece ao cliente informações completas sobre carros, além de disponibilizar os serviços vinculados a esse setor, como compra, venda e correlatos. Através desse *site* o cliente se comunica diretamente com quem comercializa o veículo pretendido. Concessionárias, lojas autorizadas, bancos e oficinas já negociam por meio do portal utilizando ferramentas para interação entre empresas e clientes potenciais.

Mesmo utilizando a Internet apenas como ferramenta de busca e pesquisa, é possível reduzir os custos de produção e, desse modo, oferecer melhores preços aos clientes.

242 Criação de novos negócios

Tais ganhos de produtividade variam de um setor para outro. Embora não existam estatísticas específicas às MPEs, pelos dados descritos a seguir pode-se ter uma ideia do potencial de redução dos custos com o uso da Internet.

Tabela 20
Estimativa de redução de custos com o uso da Internet

Setor econômico	Estimativa %
Química	10
Telecomunicações	5 a 15
Informática	11 a 20
Componentes eletrônicos	29 a 39
Madeira/móveis	15 a 25
Transportes	15 a 20
Biotecnologia	12 a 19
Metalurgia	22
Combustível	5 a 15
Papel	10
Aço	11

Fonte: *Gazeta Mercantil*, 2000.

Correio eletrônico, comunicação e teletrabalho nas MPEs

A simples utilização dos recursos do correio eletrônico (*e-mail*) em micro e pequenas empresas, que necessitam de poucas pessoas e, portanto, de poucos microcomputadores, já constitui um grande avanço tecnológico. Com a evolução e o barateamento do *hardware* e *software*, as redes de computação tornaram a tecnologia do correio eletrônico acessível a essas empresas. De fato, com um *software* do tipo Outlook Express (Microsoft) ou Netscape a MPE pode:

❏ fazer com que a comunicação flua pela empresa via *e-mail*, de forma que decisões ocorram com a agilidade requerida pelos novos tempos;

❏ usar ferramentas digitais para criar equipes virtuais que possam compartilhar tarefas e aproveitar, em tempo real, conhecimentos e ideias do mundo todo. Usar sistemas informatizados para a criação de acervo histórico da empresa para uso compartilhado de todos;

❏ converter em processos digitais os tradicionais processos em papel, eliminando entraves administrativos e liberando as pessoas para tarefas mais importantes;

Tecnologias da informação e sistemas aplicáveis 243

- ❑ entender de tecnologias da informação tanto quanto entende de outras funções da empresa, considerando-as, portanto, um recurso estratégico para alavancar melhores resultados econômico-financeiros;
- ❑ utilizar ferramentas digitais para eliminar funções isoladas ou transformá--las em atividades de valor agregado;
- ❑ estabelecer circuitos ágeis de controle digital para melhorar a eficácia dos processos físicos e a qualidade dos produtos e serviços, de modo que cada pessoa seja capaz de monitorar facilmente todos os principais parâmetros da empresa;
- ❑ interagir com sistemas de informação para encaminhar reclamações dos clientes e dados estratégicos do mercado às pessoas responsáveis pelo aprimoramento dos produtos e serviços;
- ❑ criar comunicações digitais para redefinir a natureza e as fronteiras de seu negócio, interna e externamente à empresa, avaliando se os clientes querem uma organização maior ou uma menor e mais personalizada;
- ❑ trocar informações por tempo, diminuindo os ciclos operacionais, mediante a utilização de transações digitais com todos os fornecedores e parceiros comerciais, e transformando cada processo de negócio numa interação *just-in-time*;
- ❑ usar a transação digital de produtos e serviços para eliminar intermediários nas interações com clientes e, se a organização for um intermediário, usar ferramentas digitais para agregar valor às suas transações comerciais;
- ❑ usar ferramentas digitais para auxiliar os próprios clientes a resolver problemas, reservando o contato pessoal apenas para responder às necessidades complexas e de alto valor desses clientes.

O correio eletrônico permite que usuários enviem mensagens para pessoas específicas ou para grupos predeterminados. Documentos e arquivos eletrônicos podem ser anexados à mensagem enviada, reduzindo significativamente o fluxo físico de papéis e de pessoas. Dessa maneira, fornecedores e clientes, ambos os extremos da cadeia produtiva da MPE, passam a interagir a distância, sem necessidade de se deslocarem até as dependências das micro e pequenas empresas. A distância e o tempo se reduzem, ampliando-se virtualmente as fronteiras da MPE, ou seja, suas atividades internas chegam ao recinto das empresas fornecedoras e escritórios dos clientes.

Recente inovação que tende a incrementar o uso de *e-mail* no âmbito empresarial é a que implementa o serviço de transmissão de mensagens certificadas. Tal serviço permite às empresas promover suas comunicações de negócios de maneira mais segura, como documentos, podendo ser acionado de qualquer ponto conectado à Internet. Funciona da mesma forma que a assinatura de uma linha telefônica e, para garantir o acesso, a empresa utiliza a estrutura normal de seus recursos tecnológicos de *hardware* e *software*.

É uma solução de tecnologia da informação operacionalizada na modalidade *application service provider* (ASP). Essa aplicação, desenvolvida e residente em provedor Internet, dispensa o ônus de uma aplicação exclusiva da empresa usuária, pois utiliza a infraestrutura tecnológica daquele provedor. Desse modo, a MPE pode acessar sua caixa postal de qualquer ponto, desde o tradicional micro de mesa até os equipamentos móveis, como *notebook* e equivalentes.

Programas de colaboração, como o Lótus Notes, Exchange da Microsoft e o Groupwise da Novell, que permitem ao usuário o acesso rápido a vários tipos de informação, são cada vez mais comuns nos postos de trabalho das empresas. Inicialmente usados como correio eletrônico e agendas de reuniões, atualmente essas ferramentas de trabalho em grupo, ou *software* de *groupware*, interligam-se ao *call center* e ao *help desk* da empresa, além de integrar ações de *business intelligence* (acesso a banco de dados corporativos).

Por meio desses programas pode-se buscar todo tipo de informação dentro ou fora da empresa, via Web, e mandar mensagens para colaboradores ou clientes, qualquer que seja a base eletrônica: telefones celulares, *pagers* ou *notebooks*. Ao reduzir o tempo de busca e envio de informações, liberam o colaborador para atividades mais específicas e permitem ao usuário gerenciar o acesso a dados pessoais e empresariais ou a servidor *site* da Internet.

No âmbito das MPEs, o correio eletrônico pode ainda ser aplicado como apoio ao teletrabalho, que é uma alternativa de trabalho flexível para tornar as micro e pequenas empresas mais competitivas e dinâmicas em relação às empresas acomodadas à rotina tradicional. Trata-se de levar ao colaborador as atividades normalmente realizadas nas instalações das empresas, devendo este executá-las em casa ou em qualquer outro local. É a substituição parcial ou total, pelo trabalho a distância, dos deslocamentos diários do trabalhador até os escritórios das MPEs. Graças às tecnologias da informação e às facilidades de comunicação do correio eletrônico, isso já é uma realidade.

Um dos fatores de êxito do teletrabalho é que o processo de comunicação no exercício das atividades profissionais, sobretudo entre o teletrabalhador e os colegas do escritório, torna-se naturalmente menor, tendo estes menos oportunidade para conversas "desnecessárias" e informais. Os que trabalham fora juntam os recados e ligam menos vezes para discutir os assuntos pendentes. Um dos melhores exemplos do teletrabalho apoiado nos recursos do *e-mail* são os representantes/vendedores, que podem trabalhar fora da MPE em tempo integral e a distância transmitir seus pedidos de vendas.

Várias são as razões para a implementação dos programas de teletrabalho no âmbito das micro e pequenas empresas, destacando-se entre elas:

- o aumento de produtividade;
- a redução de custos;
- a diminuição do índice de absenteísmo/faltas ao trabalho;
- o aumento da qualidade de vida dos colaboradores da MPE.

Adicionalmente, pode-se apontar a retenção dos melhores colaboradores da empresa como a principal razão de se adotar o teletrabalho, uma vez que tal possibilidade permite que cada trabalhador administre seu tempo da forma que mais lhe convenha. Sem dúvida, além dos triviais convênios de assistência médica, seguro de vida e outros benefícios, isso passa a constituir uma vantagem a ser levada em conta.

Análise dos sistemas em uma MPE

Uma vez selecionados os sistemas de informação necessários ao funcionamento da MPE, levando-se em conta os seus processos-chave, pode-se aplicar o quadro de análise de sistemas (figura 32) para definir as prioridades de informatização.

A proposta é que os sistemas sejam classificados em corporativos (de interesse de toda a empresa) e locais ou setoriais (de uso exclusivo de um determinado segmento da MPE).

Figura 32
Sistemas de informação numa MPE

Instrumentos de coleta de dados

Quadro de análise dos sistemas

ENTRADAS   ROTINAS   SAÍDAS

CORPORATIVOS

LOCAIS

Os critérios para separar o que é corporativo do que é local podem basear-se na proposta de hierarquização das decisões inerentes às atividades da MPE (detalhada nos capítulos anteriores). Tal hierarquização é ilustrada na figura 33 (aplicável ao estudo de caso da Comércio de Óculos Ltda.).

Figura 33
Hierarquização das decisões para fins de identificação das prioridades de informatização

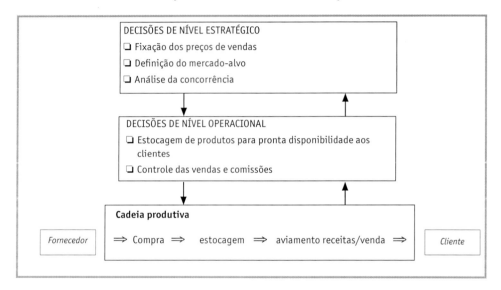

Uma providência recomendável é a implementação de um *software* do tipo *workflow* para integrar os sistemas de informação corporativos e locais (inclusive os processos manuais de trabalho estabelecidos). Esse recurso torna-se um instrumento fundamental para a consolidação dos processos, com o uso de assinaturas eletrônicas, unindo e fortalecendo a MPE orientada para processos, que assim horizontaliza sua estrutura e aproxima-se mais dos clientes externos.

Pode-se implementar um *workflow* por meio dos sistemas aplicativos atuais e depois migrá-lo para sistemas de gestão integrada do tipo ERP (*software* de gestão em versão específica a micro e pequenas empresas).

Tecnologias da informação e sistemas aplicáveis 247

Estudo de caso
GAR — SERVIÇOS COMPARTILHADOS

A empresa

A GAR — Serviços Compartilhados é uma organização criada com recursos financeiros de um conjunto de empresas do setor de construção civil (espécie de cooperativa/*pool* de empresas). Essas empresas, filiadas ao Sindicato da Indústria da Construção, após passarem por séria crise econômica, resolveram reduzir seus custos operacionais constituindo uma entidade independente, cuja missão seria a prestação de serviços de apoio às construtoras pertencentes ao *pool*. Tais empresas caracterizavam-se por ser de pequeno e médio portes.

Missão e serviços prestados

A GAR — Serviços Compartilhados tem por missão prestar serviços às construtoras participantes do *pool*, no que se refere a compras, recursos humanos, serviços gerais, de manutenção e conservação predial, serviços financeiros, contábeis e correlatos.

Setor econômico das empresas do *pool*

As empresas construtoras pertencem ao setor econômico da construção civil, que se caracteriza como uma indústria homogênea, em função do tipo de produto, tendo poucas empresas de elevado capital e escalas produtivas convivendo com as de baixo grau de concentração de capital. É um ramo de negócios que sofre forte influência das políticas econômicas do governo, sendo as pequenas e médias empresas afetadas diretamente. Medidas governamentais, em geral cíclicas e transitórias, provocam instabilidade e constantes mudanças de cenários, o que torna fundamental que, independentemente da estratégia competitiva a ser adotada, as empresas do setor mantenham alto grau de flexibilidade e adaptabilidade em seu processo de gestão.

A estrutura da GAR — Serviços Compartilhados

A GAR — Serviços Compartilhados foi constituída estrategicamente como uma central que absorveria as atividades repassadas pelas empresas pertencentes ao *pool*. Sendo juridicamente independente, atuava de forma conveniada com o sindicato e com as demais empresas do *pool*.

continua

Suas atividades abrangiam serviços jurídicos, serviços gerais e condominiais, serviços de manutenção e conservação predial, serviços contábeis, serviços financeiros de pagamentos e recebimentos, serviços de compras, serviços de folha de pagamento e serviços de treinamento de pessoal.

Identificação dos processos-chave

Conforme metodologia proposta, uma empresa de prestação de serviços como a GAR — Serviços Compartilhados pode ter seus processos definidos mediante resposta às seguintes questões:

- ❑ quais são os processos?
- ❑ quais são as tarefas/atividades de cada processo?
- ❑ quem são os fornecedores internos e/ou externos de cada processo?
- ❑ quais são os serviços por cada processo?
- ❑ quem são os clientes internos e/ou externos de cada processo?

A rigor, a identificação dos processos-chave se resume numa análise e classificação dos processos da empresa, visando a:

- ❑ definir os processos considerados fundamentais para se atingir a missão da organização ou de outros processos;
- ❑ ordenar todos os processos, inclusive os processos-chave, em função do seu estágio de padronização.

A partir das questões inerentes aos processos da GAR — Serviços Compartilhados, pode-se, numa primeira fase de análise, classificá-los em processos-chave e processos operacionais. Para a definição dos processos--chave, foram considerados os seguintes critérios aplicados à análise:

- ❑ processos voltados para o atendimento a clientes;
- ❑ processos com significativos volumes/valores envolvidos, podendo afetar consideravelmente os resultados da organização;
- ❑ grau de contribuição para o atingimento dos objetivos dos clientes;
- ❑ processos integradores de unidades organizacionais, ou seja, aqueles intersetoriais que, na estrutura hierárquica, unem horizontalmente diferentes tarefas/atividades.

continua

Com base na documentação da GAR — Serviços Compartilhados e em levantamentos decorrentes de entrevistas, foi elaborada uma tabela do conjunto de processos existentes, apurando-se um total de 26 processos.

De posse desse inventário, todos os colaboradores se reuniram para avaliar os processos segundo uma série de critérios. Foram então relacionados 23 processos. Pela aplicação de tais critérios, obteve-se o seguinte resultado apresentado a seguir.

Critérios de avaliação

Processos	1	2	3	4	Resultado
Folha de pagamento					
Compras de materiais	X	X	X	X	Chave
Pagamentos e recebimentos	X	X	X	X	Chave
Assistência médica	X	-	-	-	-
Contratação de serviços	-	-	-	-	-
Operação, manutenção e conservação predial	X	X	X	X	Chave
Contabilidade gerencial	X	X	X	X	Chave
Tributário e fiscal	X	-	-	-	-
Serviços de hotelaria	-	-	-	-	-
Transporte e viagens	-	-	-	-	-
Saúde ocupacional	-	-	-	-	-
Planejamento geral	-	-	-	X	-
Tratamento da documentação	-	-	-	-	-
Benefícios e assistência social	X	X	X	-	-
Suporte e manutenção em informática	X	-	-	-	-
Contabilidade geral	-	-	-	-	-
Recepção e vigilância	-	-	-	-	-
Seguros	X	-	-	-	-
Cadastramento de prestadores de serviços	X	-	-	-	-

continua

Processos	1	2	3	4	Resultado
Comunicação institucional	-	-	-	-	-
Desenvolvimento de recursos humanos	X	X	X	-	-
Recrutamento e seleção	X	X	X	-	-
Jurídico	X	X	X	X	Chave

Através de tais resultados, e considerando a possibilidade de se fundir desenvolvimento de recursos humanos com recrutamento e seleção, foram obtidos os seguintes processos-chave:

- ❏ compras de materiais;
- ❏ pagamentos e recebimentos;
- ❏ contabilidade gerencial;
- ❏ operação, manutenção e conservação predial;
- ❏ benefícios e assistência social;
- ❏ desenvolvimento de recursos humanos e recrutamento e seleção de pessoal;
- ❏ jurídico.

A fusão de processos torna-se conveniente nos casos em que há analogia, similaridade e complementaridade na natureza dos processos comparados. Tal situação, conjugada aos resultados com alta incidência de respostas favoráveis obtidos pela aplicação dos quatro critérios, define os demais processos-chave.

A identificação dos processos-chave define o que é essencial aos negócios da empresa e que portanto deve ser mantido na futura configuração organizacional. Após análise mais aprofundada, os demais processos, que normalmente se caracterizam como processos de apoio, são sérios candidatos a repasse a terceiros ou mesmo à eliminação.

A aplicação de outros critérios de avaliação nos processos tem por finalidade estabelecer uma ordem de prioridade em sua fase de padronização. Ou seja, nessa fase serão aplicados a todos os processos os seguintes critérios:

- ❏ verificação do atual estágio de evolução/estabilidade do processo sob análise, uma vez que, mesmo sendo considerado de nível estratégico, o processo pode estar num nível de padronização satisfatório que dispensaria uma intervenção imediata. A recíproca também é verdadeira: um determinado processo de nível operacional pode eventualmente encontrar-se num estágio de evolução precário, justificando uma definição de alta prioridade;

continua

Tecnologias da informação e sistemas aplicáveis   251

❑ análise do resultado da avaliação dos clientes externos no tocante à qualidade dos serviços gerados pelos atuais processos da GAR — Serviços Compartilhados, que podem ser de nível estratégico mas se encontrarem num nível satisfatório de atendimento às expectativas de seu mercado;

❑ pressões externas à GAR — Serviços Compartilhados (exigências contingenciais), tais como mudanças na legislação, normas corporativas etc.

A aplicação de tais critérios, efetuada pelo líder de cada processo, deve levar em conta o nível de importância relativa (prioridade) de cada fator, utilizando-se a seguinte escala:

1. sem importância;
2. pouco importante;
3. importante;
4. muito importante.

Essa providência pode ser feita por meio de planilha preenchida individualmente, dispondo-se em linhas os processos relacionados em ordem alfabética e em colunas os critérios de avaliação, para uma posterior análise e consenso do grupo.

Feita a tabulação das respostas dos líderes e a ordenação decrescente pelo somatório dos níveis atribuídos aos sete critérios para cada processo, obteve-se a seguinte priorização de processos:

1. Operação, manutenção e conservação predial;	13. Tratamento da documentação;
2. Compras de materiais;	14. Tributário e fiscal;
3. Pagamentos e recebimentos;	15. Suporte em informática;
4. Jurídico;	16. Contabilidade geral;
5. Contabilidade gerencial;	17. Recepção e vigilância;
6. Desenvolvimento de recursos humanos;	18. Seguros;
7. Recrutamento e seleção;	19. Cadastramento de prestadores de serviços;
8. Benefícios e assistência social;	20. Assistência médica;
9. Serviços de hotelaria;	21. Comunicação institucional;
10. Transporte e viagens;	22. Contratação de serviços;
11. Saúde ocupacional;	23. Folha de pagamento.
12. Planejamento geral;	

continua

Conforme metodologia, foram hierarquizados os 23 processos e selecionados os sete primeiros, priorizados para efeito de racionalização e padronização, e a partir daí constituiu-se o programa de informatização da organização.

Os demais processos, considerados não prioritários devido à pontuação obtida, são passíveis de eliminação ou terceirização. Ou seja, as tarefas e atividades inerentes aos processos não prioritários, por não contribuírem diretamente para os resultados da organização ou não representarem valores significativos, não precisam ser operacionalizadas na própria empresa.

Premissa didática (os casos trabalham os processos em vez de proporcionar a simples resposta): a) introduzir a ideia de objetivos estratégicos e foco estratégico no negócio; b) hierarquizar o processo decisório da empresa em decisões de níveis estratégico e operacional; c) estabelecer indicadores de negócios, de qualidade e de desempenho; d) introduzir o conceito de cadeia produtiva/ cadeia de agregação de valores com a definição dos principais fornecedores, processos produtivos e clientes; e) utilizar os preceitos do modelo de gestão sugerido nesta parte da obra. É um modelo de gestão de negócios entre outros possíveis de serem formulados. Longe de ser um modelo único, meramente prescritivo, a proposta é que qualquer outro modelo de gestão de negócios que se adote sirva para os mesmos fins didáticos almejados.

Posfácio

Este livro originou-se da percepção dos autores quanto à escassez de obras no contexto da realidade brasileira sobre gestão de micro e pequenas empresas (MPEs). Estão ocorrendo mutações no universo empresarial brasileiro, provocando redefinições do modo de gerenciar as organizações. Produção em larga escala e mídia padronizada estão dando lugar a produção personalizada, portais corporativos, *sites* dirigidos, comércio eletrônico e demais recursos da internet. Tudo isso tem demandado mudanças na forma de gerenciar as MPEs. A simples existência da rede mundial tem possibilitado que MPEs operem, junto a clientes, fornecedores e demais entidades do mercado, como se fossem grandes organizações.

Os empreendedores, micro e pequenos empresários do futuro, diante desse novo cenário, devem estar atentos a uma nova maneira de fazer negócios, baseada na crescente velocidade da informação. Os conceitos e técnicas abordados neste livro nasceram exatamente da observação de fenômenos e eventos empresariais ocorridos na criação de novos negócios. Por isso, sua aplicação no campo prático da gestão de MPEs torna-se útil, na medida em que possibilita a otimização do processo decisório nessas organizações. Ou seja, a teoria para diagnosticar, compreender e gerenciar uma micro/pequena empresa é decorrência natural da observação e análise das organizações em funcionamento na economia do país. A sua utilidade decorre da explicitação e formalização de conceitos que se demonstraram eficazes na prática, tornando-se, assim, um procedimento padrão para uma posterior aplicação em organizações que se encontram em um contexto semelhante ao qual a teoria foi criada.

As micro e pequenas empresas bem-sucedidas no Brasil têm sido aquelas que levaram em conta: o profundo conhecimento do mercado onde atuam; a existência de um gestor profissional à frente dos negócios; o uso de capital próprio, principalmente no início do empreendimento, em vez de empréstimos financeiros e capital de terceiros. A administração das MPEs, portanto, pode e deve empregar tecnologias de gestão que se mostraram eficazes na prática. Tais premissas, em vez do gerenciamento intuitivo e improvisado, possibilitariam maiores chances de obtenção de um melhor desempenho e sobrevivência empresarial.

Na análise das MPEs que sobreviveram às incertezas da conjuntura econômica nacional, identificaram-se virtudes e defeitos no gerenciamento das micro e pequenas empresas que fizeram sentido quando verificada a aplicação dos conceitos e técnicas explanadas neste livro. Como principais características positivas têm-se a flexibilidade operacional, que permite a rápida adaptação às mudanças ambientais, e o aproveitamento das oportunidades de negócios. Já como características negativas evidenciam-se a falta de crédito e, principalmente, o gerenciamento intuitivo e improvisado. Os empreendedores, por outro lado, buscam informações para melhorar a administração de seus negócios apenas quando estão informados da existência de fontes oficiais (Sebrae, secretarias de governo, órgãos oficiais de incentivo às MPEs, bancos de desenvolvimento etc.) e não oficiais (entidades de classe, cooperativas, consultorias especializadas e outras). Normalmente prevalecem conselhos de amigos e parentes. Em MPEs que trabalham com produtos de alta tecnologia, entretanto, a situação é diferente, constatando-se que o empreendedor acaba consultando órgãos e institutos governamentais de pesquisa, centros de tecnologia de universidades e incubadoras de empresas.

O incremento de novas ocupações nas micro e pequenas empresas, bem como a própria criação de novos negócios, normalmente está associado a transformações que ocorrem nas grandes organizações que investem na automação e renovação tecnológica dos processos produtivos, outrora de uso intensivo de mão de obra, abrindo oportunidades para o surgimento de novos negócios. Incrementam a terceirização, subcontratando, externamente, atividades tradicionalmente executadas na empresa. Estabelecem estratégias de utilização de um núcleo permanente de pessoal especializado, complementado por grupos de pessoas que podem ser mobilizadas e descontratadas em função da flutuação da produção e demanda. Induzem o crescimento econômico dos setores de serviços e comércio, que se caracterizam pelo uso intensivo de mão de obra e criação de empreendimentos de micro e pequeno portes.

Um novo modelo de gestão de empresas de grande porte está surgindo, nos contornos delineados neste livro, baseado em um núcleo central composto de pessoal estratégico e, fora desta área central, complementado por mão de obra não especializada. Este novo formato de organização de grande porte tende a propiciar a criação de novas micro e pequenas empresas, na medida em que permite a sua utilização em regime de subcontratação e fornecimento cativo. O núcleo central dessa nova forma de gerenciar as empresas de grande porte, composto por *executivos* e mão de obra especializada, é um grupo de pessoas que diminuirá cada vez mais com empregados em tempo integral, como condição essencial para o futuro de longo prazo da organização. Usufruindo de maior segurança no emprego, boas perspectivas de promoção, de reciclagem e de vantajosos benefícios, esse grupo de pessoas deve atender à expectativa de ser adaptável, flexível e, se necessário, móvel (uso do teletrabalho e atividades virtuais). Os custos potenciais da dispensa temporária dos empregados desse núcleo estratégico em época de dificuldade podem, no entanto, levar a organização a subcontratar MPEs mesmo para funções de alto nível, mantendo esse grupo central relativamente pequeno. Complementando este *modelo de gestão* da organização de grande porte, pode-se ter dois grupos distintos. O primeiro consistiria em empregados em tempo integral com habilidades facilmente disponíveis no mercado de trabalho, como o pessoal do setor financeiro, das áreas de trabalho rotineiro e de trabalho manual menos especializado. Com menos acesso a oportunidades de carreira, esse grupo tende a se caracterizar por uma alta taxa de rotatividade, o que torna as reduções da força de trabalho relativamente fáceis por desgaste natural. O segundo grupo ofereceria uma flexibilidade numérica ainda maior e incluiria empregados em tempo parcial, empregados casuais, pessoal com contrato por tempo determinado, temporários e treinandos contratados com subsídios, tendo ainda menos segurança de emprego do que o primeiro grupo. Essa tendência dos mercados de trabalho, portanto, seria de reduzir o número de trabalhadores próprios e empregar cada vez mais uma força de trabalho, principalmente de MPEs, que entraria e seria desligada sem custos quando as coisas ficassem ruins para as grandes organizações.

Tais mudanças, portanto, afetariam o gerenciamento dos recursos no âmbito das micro e pequenas empresas. A empresa de grande porte, nesse novo contexto de organizações substantivas, tenderia a subcontratar externamente atividades anteriormente realizadas no âmbito interno. Dessa maneira, induziria, naturalmente, o surgimento de novas micro e pequenas empresas que passariam a ser fornecedoras até cativas e permanentes, como terceirizadas daquelas empresas de médio e grande portes. Mais importante do que isso seria a aparente redução do emprego regular em favor do crescente uso do trabalho em tempo parcial, temporário ou de MPEs subcontratadas. Essas mudanças de caráter social, cultural, tecnológico e econômico levam à criação de novos negócios, na medida em que as grandes organizações reduzem seu tamanho, repassando grande parte de suas atividades para empresas subcontratadas para a execução.

Por conseguinte, novas exigências na gestão das micro e pequenas empresas causariam decisões relativas à terceirização. Os executivos das MPEs levariam em conta o fato de que, na medida em que vai aumentando a capacidade de integrar instalações produtivas das grandes organizações com recursos e suporte dos fornecedores aos seus processos internos, as mesmas infraestruturas passam a capacitar o repasse de processos, anteriormente internos, para fornecedores subcontratados. Diferentemente da era industrial, na qual as MPEs tinham necessidade de ser autossuficientes por meio da integração vertical e todas as suas atividades empresariais eram realizadas internamente, os novos tempos exigem do empresário e executivo dessas empresas um enfoque para a integração horizontal e vertical "entre organizações", passando a interagir com as entidades externas na forma de parcerias e alianças estratégicas. Ou seja, a perspectiva futura seria a renovação do interesse pela terceirização de determinados aspectos da produção, distribuição, vendas, serviços e atividades de suporte das organizações.

O impacto da conjuntura econômica nacional sobre as MPEs no cenário futuro deve ser diferenciado em função da natureza do negócio. Essa foi uma das principais propostas deste livro. Ou seja, dependendo do tipo de empreendimento, podem ser identificados impactos, positivos ou negativos, causados pela dinamicidade das variáveis ambientais (econômicas, sociais e tecnológicas, entre outras). Segmentos econômicos como turismo, lazer e entretenimento, agronegócios, saúde, serviços médico-assistenciais, segurança patrimonial (em face do aumento da violência), ecologia e meio ambiente tenderão a se beneficiar de altos índices de crescimento. Por outro lado, ramos de atividades como o das videolocadoras, distribuidoras de veículos, vendas de passagens aéreas e outras formas de comércio atacadista e varejista devem reduzir ou transformar a maneira de realizar suas atuais atividades (tendência de eliminação de intermediários, com as empresas/indústrias passando a vender diretamente ao consumidor).

E quanto ao comércio exterior, o empreendedor brasileiro já consegue exportar? A exportação, normalmente, ocorre apenas naquelas MPEs pertencentes a segmentos econômicos onde tal ação é incentivada pelo governo (calçados, siderúrgico e metalúrgico, por exemplo) ou cujo produto tenha significativo conteúdo tecnológico (máquinas, equipamentos, peças e componentes eletrônicos e aeronáuticos, entre outros), o que facilitaria tais transações comerciais com o exterior. As micro e pequenas empresas, além do incentivo governamental, podem exportar, ainda, com o apoio de cooperativas e associações bem como de consórcios exportadores que congregam várias MPEs atuando com produtos similares e complementares (produtos têxteis, autopeças e afins).

O Programa Sebrae de Apoio ao Microcrédito, entre outros projetos não oficiais de suporte às MPEs, apoia entidades que emprestam dinheiro a empreendedores de pequeno porte. O Sebrae seleciona, por meio de editais, projetos de constituição, expansão e fortalecimento de organizações de microcrédito. O objetivo desse programa é o de multiplicar as instituições de microcrédito no país, com abrangência de atuação em centenas de municípios, preferencialmente de baixo IDH (índice de desenvolvimento humano). A finalidade dessa ação do Sebrae no segmento de microcrédito, enfim, é apoiar o seu rápido desenvolvimento no país, permitindo maiores oportunidades de acesso dos pequenos empreendimentos ao crédito, principalmente os informais.

A tecnologia, como motor propulsor da competição global, tende a provocar mudanças no âmbito das MPEs. Os dispêndios em pesquisa e desenvolvimento, típicos dos países desenvolvidos, são, também, imprescindíveis para as nações em desenvolvimento. O encurtamento dos ciclos de vida dos produtos enfatiza essa situação, pela redução do número de anos ao longo dos quais os custos fixos serão amortizados. Um maior volume de produção proveniente de

Posfácio 257

vários países precisará ser conseguido em menos tempo. O resultado significará um maior número de organizações que precisarão de volume global expressivo para que possam sobreviver. O advento de novas tecnologias na transmissão de dados, por exemplo, está provocando o surgimento de oportunidades de negócios de prestação de serviços por parte das micro e pequenas empresas, potenciais fornecedoras para as grandes organizações de telecomunicações. As razões para tais oportunidades são o avanço vertiginoso da internet e a necessidade, cada vez maior, de as empresas trocarem informações em tempo real. A gestão das micro e pequenas empresas na era da informação ou da economia digital deve encarar como absolutamente normal uma MPE com suas fronteiras ampliadas. De fato, um novo tipo de relacionamento está surgindo entre MPEs, seus fornecedores, clientes e demais instituições do seu meio ambiente de atuação. Tais relacionamentos deverão capacitar as MPEs a desenvolver enfoques abrangentes para os seus mercados, responder rapidamente às novas oportunidades, ter acesso interorganizacional a clientes comuns, criar novos mercados, compartilhar informações, atuar de forma conjunta e expandir-se geograficamente em empreendimentos comuns, entre outras possibilidades.

A computação entre empresas permitirá, ainda, que fornecedores visualizem a demanda por seus produtos, ao mesmo tempo que auxiliará as MPEs a fortalecer suas redes de suprimento, reduzir seus estoques e melhorar a disponibilidade de seus produtos. As barreiras físicas entre as MPEs estão caindo, dando lugar a organizações virtualmente interligadas. Redes informatizadas aproximam as MPEs, criando condições para parcerias e alianças estratégicas, mudanças que evitam contratações de pessoal próprio.

A ampliação virtual das fronteiras da MPE, dessa forma, permitiria estabelecer um cenário em que: o acesso às informações da organização ficaria disponibilizado aos seus parceiros e agentes externos; a interligação com os clientes da organização seria benéfica para ambas as partes, fortalecendo a fidelidade e o relacionamento de longo prazo; a participação relativa das organizações de um mesmo setor econômico se alteraria constantemente em função direta do uso de tecnologias da informação como internet, intercâmbio digital de documentos e comércio eletrônico; ou seja, a inovação introduzida por uma organização tenderia a provocar mudança no *market share*, afetando as demais organizações concorrentes; a cooperação entre MPEs concorrentes poderia ocorrer diante da possibilidade de ganhos e benefícios comuns entre elas (por exemplo, sistemas de reservas de hotéis, transações interbancárias eletrônicas, intercâmbio em rede de pesquisas etc.); a criação de parcerias e alianças entre organizações, propiciadas pela interligação virtual, permitiria a geração de novos produtos e serviços, sem a criação física de novas MPEs ou mesmo de novos departamentos intraorganizacionais.

Alguns filmes, que sintetizam a questão das técnicas e conceitos aplicáveis às micro e pequenas empresas, são indicados com comentários e como ilustração prática, no Anexo. O trabalho em equipe também é resgatado nesses filmes, na forma de metáfora, como uma característica fundamental para melhoria do clima organizacional nos ambientes das MPEs. As histórias e casos dos filmes sugeridos fazem, ainda, uma analogia com a capacidade de as pessoas se unirem, como uma força de trabalho coesa, para tomar decisões e solucionar problemas.

É nesse cenário de mudanças e inovações, inclusive no âmbito das grandes organizações, que esta obra propôs um conjunto de instrumentos de gestão para auxiliar os empreendedores e executivos de MPEs a obter melhores resultados empresariais.

Fontes

Livros, revistas e documentos consultados

Automação & código de barras. *Automação & Código de Barras: tecnologia de identificação e captura automática de dados*. São Paulo, Publicare, 1(1), maio/jun. 2001.

Balanço anual. *Gazeta Mercantil*. São Paulo, 24(24), jul. 2000.

Brasil. *Constituição Federal*, de 5-10-1900 (arts. 170, IX, e 179), e *Lei nº 9.841*, de 5-10-1999. Institui o Estatuto da Microempresa e da Empresa de Pequeno Porte, dispondo sobre o tratamento jurídico diferenciado, simplificado e favorecido previsto nos arts. 170 e 179 da Constituição Federal.

Brasil. *Decreto nº 3.474*, de 19-5-2000. Regulamenta a Lei nº 9.841, de 5-10-1999, que institui o Estatuto da Microempresa e da Empresa de Pequeno Porte e dá outras providências.

Brasil. *Decreto nº 90.414*, de 7-11-1984. Dispõe sobre a criação e o funcionamento do Conselho de Desenvolvimento das Micro, Pequenas e Médias Empresas e dá outras providências.

Brasil. *Decreto nº 90.573*, de 28-11-1984. Reduz alíquotas do Imposto sobre Produtos Industrializados (IPI) dos produtos que indica, fabricados predominantemente por empresas de pequeno porte.

Brasil. *Decreto nº 99.570*, de 9-10-1990. Desvincula da administração pública federal o Centro Brasileiro de Apoio à Pequena e Média Empresa (Cebrae), transformando-o em serviço social autônomo.

Brasil. *Lei Complementar nº 48*, de 10-12-1984. Estabelece normas integrantes do Estatuto da Microempresa relativas à isenção do Imposto sobre Circulação de Mercadorias (ICM) e do Imposto sobre Serviços (ISS).

260 Criação de novos negócios

Brasil. *Lei nº 7.292*, de 19-12-1984. Autoriza o Departamento Nacional de Registro do Comércio a estabelecer modelos e cláusulas padronizadas destinadas a simplificar a constituição de sociedades mercantis.

Brasil. *Lei nº 8.955*, de 15-12-1994. Dispõe sobre o contrato de franquia empresarial (*franchising*) e dá outras providências.

Brasil. *Lei nº 9.493*, de 10-9-1997. Dispõe sobre o período de apuração e prazo de recolhimento do IPI para as microempresas de pequeno porte e dá outras providências.

Brasil. *Medida Provisória nº 1.958-36*, de 20-10-2000. Dispõe sobre a instituição de sociedades de crédito ao microempreendedor, altera dispositivos das leis nos 66.404, de 15-12-1976, 8.029, de 12-4-1990 e 8.934, de 18-11-1994, e dá outras providências.

Brasil. *Portaria nº 3.022*, de 22-1-1986. Dispõe sobre a fiscalização referente à legislação sobre engenharia de segurança e medicina do trabalho.

Brasil. *Portaria nº 3.291*, de 24-9-1987. Dispõe sobre inspeção do trabalho nas micro e pequenas empresas.

Brasil. *Resolução BCB nº 1.335*, de 10-6-1987. Dispõe sobre financiamento de capital de giro às micro, pequenas e médias empresas comerciais, industriais e de prestação de serviços (Proreb).

Chiavento, Idalberto. *Introdução à teoria geral da administração*. 6 ed. Rio de Janeiro, Campus, 2000.

Dolabela Chagas, Fernando Celso. *O segredo de Luísa*. São Paulo, Cultura, maio 1999.

Exame: Melhores & Maiores. São Paulo, Abril, 1996, 1997, 1998, 1999 e 2000.

Fapesp (Fundação de Amparo à Pesquisa do Estado de São Paulo). *Indicadores de ciência e tecnologia em São Paulo*. São Paulo, 1998.

Galbraith, J. R. & Lawler III, E. F. *Organização para competir no futuro*. São Paulo, Makron Books, 1995.

Gates, B. *A empresa na velocidade do pensamento*. São Paulo, Companhia das Letras, 1999.

Gazeta Mercantil. São Paulo, 2001. Caderno de Empresas. Vários números.

Gazeta Mercantil — Por Conta Própria. São Paulo, 2001. Vários números.

Handy, C. *Tempo de mudanças*. São Paulo, Saraiva, 1996.

Huberman, Leo. *História da riqueza do homem*. 17 ed. Rio de Janeiro, Zahar, 1981. 318p.

Longenecker, J. G.; Moore, C. W. & Petty, J. W. *Administração de pequenas empresas*. São Paulo, Makron Books, 1997.

Marins Filho, Luis Almeida. *Não torça pelo jacaré, torça pela sua empresa! Torça por você!* São Paulo, Commit Comunicação e Marketing, s.d. (Coleção Video Business.)

Mello, A. *Teletrabalho (telework): o trabalho em qualquer lugar e a qualquer hora*. Rio de Janeiro, Qualitymark, ABRH-Nacional, 1999.

Moraes, Fernando de. Pequenas empresas que usam a Internet com fins lucrativos ainda são poucas. *Conexão Sebrae/RJ*. Rio de Janeiro, Sebrae/RJ (5):3, fev. 2001.

Sebrae. *Como montar confecção de camisas*. Brasília, Sebrae, 1993a. (Série Oportunidade de Negócios.)

_____. *Como montar fábrica de detergente e amaciante*. Brasília, Sebrae, 1993b. (Série Oportunidades de Negócios.)

_____. *Como montar um comércio de ótica*. São Paulo, Sebrae-SP, 1996. (Série Guia Prático.)

_____. *Fatores condicionantes e taxa de mortalidade de empresas*. Brasília, Sebrae, out. 1999. (Pesquisa Sebrae.)

Shinyashiki, Roberto T. *Os donos do futuro*. São Paulo, Infinito, 2000.

Tachizawa, T. Gestão ambiental. *Revista Brasileira de Administração*. Brasília, Conselho Federal de Administração, abr. 2001.

_____ & Andrade, R. O. B. *Gestão de instituições de ensino*. Rio de Janeiro, FGV, 1999.

_____ & Rezende, W. *Estratégia empresarial, tendências e desafios: um enfoque na realidade brasileira*. São Paulo, Makron Books, 2000.

_____ & Scaico, O. *Organização flexível: qualidade na gestão por processos*. 2 ed. São Paulo, Atlas, 2001.

_____; Cruz Junior, J. B. & Rocha, J. A. O. *Gestão de negócios: visões e dimensões empresariais da organização*. São Paulo, Atlas, 2001.

262 Criação de novos negócios

___; Paradela, V. C. & Fortuna, A. A. M. *Gestão com pessoas: uma abordagem aplicada às estratégias de negócios.* Rio de Janeiro, FGV, 2001.

Tapscott, D.; Lowy, A. & Ticoll, D. *Plano de ação para uma economia digital.* São Paulo, Makron Books, 2000.

Sites consultados úteis para pesquisas específicas

Banco Nacional de Desenvolvimento Econômico e Social (BNDES). http://www.bndes.gov.br

Brasil — governo. www.brasil.gov.br

Cade — pesquisa. www.cade.com.br/educacao.htm

Centro das Indústrias do Estado de São Paulo (Ciesp) — Diretorias Regionais http://www.mandic.com.br/ciesp/ambient.htm

Confederação Nacional da Indústria (CNI). http://www.cni.org.br/produtos/publ/iso14000.htm

Conselho Federal de Administração (CFA). www.admnet.org.br

Diário Oficial da União. www.dou.gov.br

Diário Oficial do Estado de São Paulo. www.imesp.com.br

Fundação Sead. www.seade.com

Gazeta Mercantil. www.gazetamercantil.com.br

Governo do Estado de São Paulo. www.saopaulo.sp.gov.br

Informativo Ciências Sociais no Brasil. www.fgv.br/fgv/cpdoc/informat/csociais.htm

Instituto Brasileiro de Geografia e Estatística (IBGE). www.ibge.gov.br

MEC/Instituto Nacional de Estudos e Pesquisas Educacionais (Inep). www.inep.gov.br

MEC/Políticas e Ações. www.mec.gov.br

Presidência da República. www.planalto.gov.br

Sebrae. www.sebrae.com.br

Editoras e livrarias online

www.makron.com.br

www.cortezeditora.com.br

www.editora.fgv.br

www.siciliano.com.br

www.livcultura.com.br

www.shoppingcultural.com.br

www.saraiva.com.br

www.edfutura

www.booknet.com.br

www.amazon.com

www.borders.com

www.barnesandnoble.com

Revistas Internet

www.quattro.com.br/garrett

www.embratel.net.br/infoserv/quattro/garrett

www.quattro.com.br/rhsintese

www.ediouro.com.br/business

www.ediouro.com.br/internet.br

www.canalweb.com.br

www.blochplanet.com.br/conecta/index.htm

264 Criação de novos negócios

http://www.mantelmedia.com

www.eab.com.br

www.publicare.com.br

Revistas especializadas

www.gazetamercantil.com.br

www.bancodenoticias.com.br

www.uol.com/info

www.infoexame.com.br

www.uol.com.br/exame

www.exame.com.br

www.eab.com.br

Anexo

Filmes ilustrativos

- *A conquista do paraíso — Colombo*
- *A firma*
- *A rede*
- *Apolo 13*
- *Inteligência artificial*
- *Mauá: o imperador e o rei*
- *Monstros S.A.*
- *O amor é contagioso*
- *O gladiador*
- *O informante*
- *O resgate do soldado Ryan*
- *Os 12 trabalhos de Asterix*
- *Presente de grego*
- *Riquinho*
- *Sete homens e um destino / Os sete samurais*
- *Tempos modernos*
- *Titanic*
- *Tucker: um homem e seu sonho*
- *Um domingo qualquer*
- *Uma linda mulher*
- *Uma mente brilhante*

Os filmes, mais que entretenimento, constituem uma reprodução viva dos conceitos inerentes ao taylorismo, estrutura organizacional baseada na divisão de tarefas, trabalho em equipe, liderança em suas diferentes formas e outras técnicas de gestão existentes no universo empresarial.

Nos filmes sintetizados a seguir, são ilustradas as questões do planejamento, das estratégias empresariais e de outras tecnologias de gestão possíveis de aplicação nas micro e pequenas empresas. Trabalho em equipe também é destacado na forma de metáfora, como uma característica fundamental para melhoria do clima organizacional nos ambientes das MPEs que almejam excelência em seu desempenho empresarial. As histórias e casos apresentados nos filmes fazem uma analogia com a capacidade das pessoas de se unirem, como uma força de trabalho coesa, para tomar decisões e solucionar problemas. No contexto desses filmes projeta-se a ideia de que a qualidade de vida é fundamental e que a concorrência e competição por si não são mais sustentáveis no âmbito das organizações. As pessoas são colocadas para trabalhar febrilmente nas organizações e, principalmente, nos micro e pequenos empreendimentos recém-criados, que são desenvolvidos sob pressão da eficiência e da redução do tempo despendido em suas atividades econômicas. A produtividade e a preocupação com a compressão do tempo são enfatizadas em detrimento da qualidade de vida, da preservação ambiental e das questões de ética e de responsabilidade social (que devem ser internalizadas naturalmente na gestão estratégica das MPEs). É possível visualizar no enredo dos filmes a integração entre os sistemas organizacionais e partes de um todo maior, com enfoque holístico. Esse fator temporal, por exemplo, ilustra, em cores fortíssimas, a importância do planejamento, quando do reingresso da espaçonave Apolo 13 na atmosfera terrestre, quando poucos minutos sem comunicação separam a vida da morte de todos os seus ocupantes. A questão do planejamento (aplicável a qualquer tipo e porte de empreendimento) tanto na preparação quanto na filmagem é outro aspecto subjacente em todos os filmes apresentados. Eles instigam reflexões sobre as necessárias mudanças de prioridades nas organizações, com a eliminação ou o afastamento daquelas atividades causadoras de pressão sobre o ser humano, substituídas por outros valores como ética, qualidade de vida, desenvolvimento sustentável, projetos comunitários e interação maior entre os seres humanos. Fica evidente, metaforicamente, que o comportamento do ser humano é função direta do meio ambiente que o cerca. Daí a necessidade de uma coexistência pacífica entre o indivíduo e os contextos interno e externo das organizações, nos quais ele está inserido para obtenção dos resultados empresariais exigidos pelo seu planejamento estratégico. São filmes, positiva ou negativamente, relacionados a um novo contexto econômico e caracterizados por uma rígida postura dos clientes com organizações que sejam éticas, com boa imagem institucional no mercado e que atuem de forma socialmente responsável. O leitor, utilizando esses filmes como referência, pode descortinar um universo útil à leitura, principalmente do contexto brasileiro (vídeos da série Gente que Faz, *Amazônia em chamas*, *Cidade de Deus* e *Carandiru*, entre outros filmes de sucesso nacional), sobre os mais variados temas relacionados ao mundo corporativo dos micro e pequenos empreendimentos.

A conquista do paraíso — Colombo, com Gerard Depardieu

> Filmes de semelhante conteúdo conceitual podem ser encontrados no mercado: *Tormenta* (Jeff Bridges); *Mestre dos mares* (Russell Crowe); *Seis dias e sete noites* (Harrison Ford).

A história narrada pelo filme sintetiza a aventura do descobrimento das Américas. Evidencia a questão crítica que é o *planejamento* (viagem às Américas) e a alocação de pessoas e demais recursos operacionais para sua *execução* (recrutamento das pessoas que fariam parte da tripulação dos navios da frota comandada por Cristóvão Colombo). Conta a história do navegante genovês, que atravessou o Atlântico pela primeira vez, em busca de novas terras, expandindo o domínio espanhol para a América. Na primeira expedição, Colombo divide a direção com dois outros navegadores experientes. No entanto, nota-se que há falta de comunicação, o que provoca ineficácia no âmbito do empreendimento. Colombo esconde, mesmo dos colegas de hierarquia em sua linha de comando, detalhe muito importante para o sucesso da *missão*: a duração da viagem. Esse procedimento cria um clima de insegurança, conforme o tempo vai passando. As relações informais crescem e aparece certo descrédito quanto à realização do objetivo da missão, no caso, chegar ao continente. Colombo mantém-se a distância, não exercendo uma liderança participativa, o que, além de provocar desmotivação nos homens, ainda denota autoritarismo, lembrando a rigidez na hierarquia própria dos modelos fordista e taylorista, que desconsideram as necessidades psicológicas dos homens subordinados. Outro fator relevante ocorre durante a eclosão de uma revolta dos marinheiros no auge do mau clima organizacional criado a bordo. Colombo mostra-se incapaz de gerenciar os recursos humanos disponíveis (tripulantes a bordo) e apela, novamente, para a oferta de recompensas materiais e sociais para manter a autoridade (modelo fordista), inclusive acusando um dos homens de estar insuflando os outros. De certo modo, a primeira expedição fracassou, pois não atingiu o objetivo a que se propôs, que era o de encontrar e trazer riquezas para a Espanha; ou seja, o objetivo econômico não pôde ser cumprido. Na segunda expedição, a escolha das pessoas que participariam lembra os conceitos de gestão de pessoas, no que se refere a recrutamento e seleção. Embora a força de trabalho tenha sido adequadamente selecionada, visando o objetivo de construção e colonização no suposto Novo Mundo, houve por parte de Colombo, outra vez, o autoritarismo, já que designou para os mais importantes cargos seus dois irmãos, que não possuíam a qualificação necessária e eram totalmente despreparados para as funções. Isso comprometeu, em parte, o alcance dos objetivos da missão. Além de retratar a insegurança de Colombo, gerou um clima de revolta nos nobres, que na época detinham o poder e conhecimento para governar. Nesse episódio, fica ressaltada a inabilidade de Colombo para administrar. Ele desconsiderou as opiniões das pessoas que tinha sob seu comando, com receio de perder o poder. Durante o período de colonização, houve, ainda, diversos incidentes de insubordinação que Colombo não soube administrar. A insubordinação não foi devidamente trabalhada e culminou na revolta de alguns homens, acabando por se disseminar em uma rebelião geral de seus subordinados. Em resumo, o exemplo que Colombo deixa neste filme é de um péssimo empreendedor, que não soube gerenciar os recursos materiais e humanos para obtenção dos objetivos propostos. Mesmo como executivo principal (vice-rei das novas terras), foi incapaz de governar o empreendimento, pois, quando não conseguiu atingir o objetivo econômico de obter riquezas para o reino espanhol, determinou que os nativos pagassem impostos (uma taxa mensal em ouro). Tal decisão adotada por Colombo e implementada por sua equipe demonstra a exploração dos índios americanos e até onde alguns executivos podem ir para se manter no poder. Mostra, ainda, o despreparo na administração de Colombo, que, após a definição da missão e do objetivo do empreendimento, não efetuou o planejamento das atividades necessárias e tampouco traçou estratégias para a administração dos equipamentos e recursos materiais e para a gestão das pessoas à disposição de seu comando. Essa ausência das atividades de planejamento e o péssimo gerenciamento de recursos humanos têm um paralelo com muitas micro e pequenas empresas que são implementadas sem profissionalismo.

A firma, com Gene Hackman e Tom Cruise

> Filmes de semelhante conteúdo conceitual — ética e responsabilidade social — podem ser encontrados no mercado: *Erin Brockovich* (Julia Roberts); *Filadélfia* (Denzel Washington e Tom Hanks).

É a história de um brilhante e ambicioso advogado (Tom Cruise) recém-formado na mais conceituada faculdade de direito de seu país. O filme enfatiza os processos de recrutamento e seleção de colaboradores das empresas, principalmente os funcionários de alto nível. O advogado, personagem central do filme, emprega-se em uma pequena, mas próspera, firma de advocacia. Da noite para o dia, ele e sua esposa passam a ter um estilo de vida que jamais sonharam. É quando vêm à tona os negócios ilícitos que encobrem as atividades, aparentemente legais, desenvolvidas pela empresa, que vivia uma fase de significativo crescimento. De acordo com seu plano de negócios, mais de 30% do volume total de seu faturamento eram atividades ilícitas desenvolvidas pela firma. O advogado enfrenta forças contrárias à firma e não se detém diante de nada para proteger os interesses da organização. Daí surge a crise de identidade e a decisão, do agora experiente advogado, de atentar para as questões éticas e de responsabilidade social corporativa, que são convergentes com sua escala de valores. A questão dos impostos pagos pelas empresas e que o escritório de advocacia (a firma) defende coloca o advogado frente à questão ética e da legislação vigente que permeia o planejamento tributário corporativo no mundo dos negócios. A firma é gerenciada, paternalmente, pelos seus principais gestores como uma grande família, e seus empregados são considerados simples peças na engrenagem empresarial. Passagens do filme, que mostram o controle exercido pela diretoria sobre a família do personagem, evidenciam o poder manipulador dessa prática. Há uma preocupação permanente dos dirigentes da firma em passar essa política, internamente, para seus colaboradores, bem como em relação ao plano externo para promover institucionalmente uma imagem, aparente, de organização socialmente responsável. Este filme evidencia que a questão ética e de responsabilidade social deve ser parte integrante do plano de negócios e das atividades operacionais do dia a dia em todos os tipos de organizações, independentemente do setor econômico (comercial, industrial e de prestação de serviços). Essa estratégia de negócios, que se aplica a organizações de todo porte, incide, principalmente, nas micro e pequenas empresas que almejam crescer e, a longo prazo, tornar-se grandes organizações.

Apolo 13, com Tom Hanks

> Filmes de semelhante conteúdo conceitual — planejamento empresarial — podem ser encontrados no mercado: *Onze homens e um segredo*; *2010 — o ano em que faremos contato* (Roy Scheider); *2001 — uma odisseia no espaço* (Stanley Kubrick). O vídeo *Qual o futuro da Terra?*, da série Cosmos, de Carl Sagan, ilustra a trajetória de uma hipotética administração e suas questões pertinentes de planejamento do planeta Terra ao longo de sua existência.

O filme mostra que um empreendimento, qualquer que seja a área de atividade, necessita de planejamento cuidadoso para ser bem-sucedido. O voo espacial da Apolo 13, que seria de rotina, acaba por se tornar um evento que coloca à prova a capacidade de gerenciamento dos seres humanos e da administração espacial (Nasa). A uma distância de 300 mil quilômetros da Terra, aprisionados numa espaçonave avariada, três astronautas, comandados por Jim Lovell (Tom Hanks), lutam desesperadamente para sobreviver. Enquanto isso, na base de comando, uma heroica equipe, liderada por Ken Mattingly (Gary Sinise) e Gene Kranz (Ed Harris), faz de tudo que está ao alcance da criatividade e capacidade do ser humano para trazê-los de volta. A despadronização de certos componentes que faziam parte dos equipamentos de bordo da espaçonave Apolo 13 quase leva ao insucesso da empreitada. Essa deficiência do plano estratégico central formulado pela Nasa é compensada pela criatividade e planejamento contingencial levado a cabo pelos tripulantes da espaçonave. Tal decisão, adotada em função dos problemas inesperados ocorridos, leva ao risco e à incerteza — desnecessários, se houvesse um melhor planejamento central por parte dos membros da administração espacial em terra antes da partida da Apolo. Fica clara a importância do planejamento tanto em grandes empreendimentos (viagem à Lua) quanto em pequenos negócios (a maioria dos fornecedores da Nasa é constituída de pequenas e médias empresas de alta tecnologia). A história descreve as várias reuniões de fornecedores (principalmente as MPEs) para solucionar e tomar decisões técnicas relacionadas aos componentes da nave espacial. Enfatiza, ainda, a natural ampliação das fronteiras de uma organização de grande porte (Nasa) em direção aos seus fornecedores de pequeno e médio portes, mostrando a influência da atuação deles (um fornecedor de um determinado componente da nave espacial dá a solução para o impasse tecnológico presente na decisão que acaba trazendo os astronautas de volta à Terra).

A rede, com Sandra Bullock

> Filmes de semelhante conteúdo conceitual — influências das novas tecnologias nas organizações e nas pessoas — podem ser encontrados no mercado: *Hackers: piratas de computador* (Jonny Lee Miller); *Matrix* (Keanu Reeves); *O exterminador do futuro* (Arnold Schwarzenegger).

Filme dramático, que torna presente algo ainda tratado como futurologia: a influência das inovadoras tecnologias da informação, que colocam em risco as liberdades individuais com os recursos da internet e de vigilância eletrônica, possibilitando a interceptação de telefonemas e o rastreamento de e-mails e pessoas. Satélites, câmeras, *chips* e outras parafernálias eletrônicas se tornam instrumentos de controle da vida das pessoas. O filme mostra que o ser humano perde cada vez mais privacidade com a convergência das novas tecnologias da informação e de comunicações. Aborda os aspectos tecnológicos e humanos que interferem e influenciam o comportamento social de seus usuários. A privacidade é facilmente violentada, destruída, pois os atos e as estratégias são investigados e utilizados sem a devida permissão e, algumas vezes, com objetivos escusos. A internet representa essa intromissão, seja para divulgar fatos, acontecimentos reais, seja para difamar ou corromper e destruir empresas ou pessoas. O filme evidencia que as organizações devem adotar algum tipo de política de proteção das informações pessoais de clientes e funcionários alinhada com suas estratégias de negócios. A tecnologia auxilia o homem, mas também pode corromper o princípio constitucional do direito à privacidade. É a influência das tecnologias na sociedade e no contexto empresarial, inclusive nas MPEs, que se faz presente na economia de qualquer país.

Inteligência artificial, com William Hurt

> Filmes de mesmo conteúdo conceitual — a influência das novas tecnologias no ambiente, nas organizações e nas pessoas — podem ser encontrados no mercado: *Hackers: piratas de computador* (Jonny Lee Miller); *Matrix* (Keanu Reeves); *O exterminador do futuro* (Arnold Schwarzenegger).

O filme mostra o futuro totalmente robotizado e mecanizado, tão almejado pelos seres humanos. A construção de robôs que se assemelham a humanos é bastante comum e de fácil realização. Eles são criados em várias quantidades, como perfeitas cópias humanas, apenas não têm sentimentos. O controle da construção desses robôs é perdido e, então, eles são mantidos na sociedade como humanos. Há um grupo de pessoas que é contra essa técnica revolucionária e resolve destruí-los. Nessa guerra, o homem perde gradativamente o controle da situação e ocorre um questionamento da capacidade humana de amar ou não um robô criado pelas próprias mãos humanas. Enfim, o filme mostra que o ser humano tem progredido muito em relação a algumas décadas anteriores. Com isso, podemos verificar que o homem tem excelentes conhecimentos, porém não tem o domínio de todos os atos que realiza. As áreas de conhecimento foram bastante exploradas e desenvolvidas com todo esse avanço, principalmente no campo administrativo. Pode-se citar, por exemplo, as grandes montadoras, que têm inovado o modo de operação, principalmente em relação aos recursos humanos. Elas veem, agora, seus funcionários como colaboradores e não mais como mera força braçal. Isso tem diferenciado as empresas que atuam de forma socialmente responsável no mercado profissional.

Mauá — o imperador e o rei, com Paulo Betti e Malu Mader

> Filmes de semelhante conteúdo conceitual — empreendedorismo, voluntariado e trabalho em equipe — podem ser encontrados no mercado.

Este filme traz a saga de Irineu Evangelista de Souza, desde seu nascimento até a sua morte, como barão e visconde de Mauá, um dos homens mais ricos do Brasil. Sua riqueza chega a ser maior do que o orçamento do Império, tanto em termos monetários quanto em terras, que incluem latifúndios em plena floresta amazônica. Daí a expressão popular da época para designar a influência econômica poderosa do personagem, de que no Brasil havia o imperador (dom Pedro) e o rei (barão de Mauá). Enfatiza o comércio de escravos, que são considerados mercadorias valiosas. Em contraste, ocorre a decadência da economia do açúcar. Irineu, aos nove anos, prestava pequenos serviços no armazém de Pereira de Almeida e aos 15 já ocupava o cargo mais importante da empresa. Um banqueiro e investidor escocês com casa bancária no país, impressionado com sua sagacidade, contrata-o para trabalhar em sua firma, para deixá-lo, aos 22 anos, à frente dos negócios. Aos 30 anos, casou-se com sua sobrinha e logo após construiu a primeira indústria brasileira, o primeiro de uma série de empreendimentos que lhe valeram os títulos de nobreza, ao mesmo tempo que seu poder despertou a oposição, tanto da Corte quanto de capitalistas ingleses. Esses confrontos, que culminaram com uma falência humilhante, não foram suficientes para abater a ousadia e tenacidade desse empreendedor, que aos 60 anos ainda se recuperou, saldando todas as suas dívidas. Ele foi o responsável por colocar o país no rumo do progresso industrial, iniciando uma indústria que começou a provocar agressões ao meio ambiente. A economia da época era movimentada à custa da escravidão e da nobreza do governo reinante, nação eminentemente agrícola. Mauá combatia a escravidão e seus empreendimentos conseguiam prosperar sem a utilização da mão de obra escrava, servindo de referência para a época.

O filme ressalta a influência do governo, taxando os produtos ingleses, importados, e criando uma lei incentivando a instalação industrial no Brasil. É da época a abertura de um banco brasileiro no Uruguai, a influência da Guerra do Paraguai no contexto interno e as transações cambiais, financeiras e industriais com a Inglaterra, entre outros fatores já presentes na internacionalização da economia brasileira. Mostra dramaticamente a fase em que o homem constata que os recursos financeiros são mais importantes do que a própria vida humana. Um devedor se suicida pela impossibilidade de pagar suas dívidas junto à Casa Comercial Pereira de Almeida, situação que lhe traria insuportável desonra, pois a capacidade de pagar as dívidas era um valor ético da época. A negociação profissional e a questão ética são enfatizadas como valores humanos a serem preservados. É a época em que é decretada a extinção da escravidão. Da mesma época é a elaboração de um inovador código comercial. É desse tempo, ainda, a construção da primeira ferrovia, a iluminação pública a gás e a indústria têxtil, entre outros empreendimentos que influenciaram o país. Tais iniciativas, além do progresso econômico, trouxeram os primeiros impactos ambientais. A Amazônia é a primeira a sofrer (Cia. de Navegação da Amazônia). O filme coloca em evidência manobras especulativas, já existentes naquele tempo, no mercado financeiro e o confronto com as questões éticas, de parceria e de responsabilidade social corporativa que devem prevalecer nas atividades empresariais, principalmente naquelas de pequeno e médio portes.

Monstros S.A.

> Filmes de semelhante conteúdo conceitual — clima organizacional, políticas de recursos humanos e metas corporativas — podem ser encontrados: *Tempos modernos* (Charles Chaplin).

Passado em Monstrópolis, uma próspera cidade industrial onde residem monstros de todos os tamanhos e formas, o filme segue as hilárias peripécias de James P. Sullivan (conhecido como "Sulley") e seu companheiro de trabalho e melhor amigo, com quem divide um apartamento, Mike Wazowski. Ambos trabalham na Monstros S.A., a maior fábrica de processamento de gritos do mundo dos monstros, onde Sulley é o assustador de crianças nº 1 e Mike é seu assistente ranzinza. A principal fonte de energia do mundo dos monstros são os gritos das crianças humanas. Na Monstros S.A., uma elite de assustadores é responsável pela coleta desse precioso recurso natural. Para complicar as coisas, os monstros acreditam que as crianças são tóxicas e, por isso, qualquer contato com elas é expressamente proibido. Quando uma menininha (chamada Bu) segue por acaso Sulley de volta ao mundo dos monstros, ele descobre que sua carreira está ameaçada e sua vida transforma-se num completo caos. Com a ajuda de Mike, planeja corrigir seu erro, mas o trio acaba envolvido numa série de situações cada vez mais complicadas e numa conspiração que vai muito além de tudo que eles jamais poderiam imaginar. Ou seja, é feito um planejamento cuidadoso que, entretanto, parte de um pressuposto incorreto, e as ações de implementação ocorrem de maneira descuidada. A empresa Monstros S.A. funciona como uma espécie de Volkswagen de Monstrópolis. É gigantesca, dá oportunidade de trabalho para quase toda a população, possui equipamentos altamente avançados e muitos robôs, contribuindo significativamente para a economia local. Os empregados amam a organização e procuram através de competições ultrapassar as metas estabelecidas no plano estratégico. O funcionário do mês é congratulado pelo presidente e admirado por todos os demais colaboradores. A fixação de metas, e sua correspondente consecução, torna-se algo obsessivo e desumano que acaba degradando o clima organizacional. Esse ambiente organizacional extremamente competitivo para atingir metas pessoais acaba provocando o grande acidente de trabalho que transforma radicalmente a organização. Há uma permanente preocupação com os estagiários, para que se aperfeiçoem e se transformem em modelos de empregados. Mas o que parece ser um exemplo de boa organização, devido à ganância de alguns de seus funcionários, começa a falir, e só mentes com ideias inovadoras conseguirão transformar a empresa em uma organização moderna, lucrativa e de ampla visão para o futuro. Neste filme pode-se verificar que o planejamento é fundamental dentro de qualquer organização e cabe

274 Criação de novos negócios

a todos os funcionários, desde o presidente até o operário, agir visando as metas estabelecidas; esse é um importante fator que decidirá o sucesso ou o fracasso da empresa. Evidencia, ainda, que a obsessão pelo atingimento de metas empresariais estabelecidas de forma cada vez mais ambiciosa pode criar um clima organizacional desumano e, a longo prazo, menor produtividade nas operações da empresa.

O gladiador, com Russell Crowe

> Filmes de semelhante conteúdo conceitual — liderança, estratégias empresariais, trabalho em equipe e experiência empresarial — podem ser encontrados no mercado: *O último samurai* (Tom Cruise).

O filme enfatiza a implementação de estratégias militares, a partir das quais nasceram as estratégias empresariais. Surge em primeiro plano a questão da liderança tão necessária à implementação de tais estratégias. Essa liderança fica evidente na conduta ética do general (Russell Crowe), que se mantém constantemente ao lado dos seus comandados, com lealdade nos momentos de decisão (batalhas) e permanente comunicação com eles. O filme mostra, ainda, os meandros do poder político que influenciam as decisões do alto comando de uma organização (no caso, o Império Romano). Logo no início do filme fica evidente a importância da organização, disciplina e estratégia pré-estruturada em uma empresa (exército romano), que vence um aglomerado de bárbaros bravos, mas totalmente desorganizados. A desorganização, o improviso e a mera intuição do bando de bárbaros são derrotados pelo preparado exército romano. O filme pinta em cores fortíssimas as estratégias de um pequeno grupo de gladiadores que, na arena, combate um destacamento de um preparado exército profissional (remunerado pelo seu trabalho militar com o soldo/salário). Em menor número, mas com um planejamento exercido sob a liderança do gladiador (ex-general do exército romano transformado em escravo gladiador), o motivado (equipe que luta pela sua sobrevivência) grupo de gladiadores consegue vencer o poderoso e equipado (armas, bigas, cavalos e equipamentos militares) exército romano. Esse evento demonstra a importância do trabalho em equipe, no qual o desempenho de um reflete no grupo como um todo. A experiência como general de exército influi, sobremaneira, quando o gladiador assume o comando do pequeno grupo na arena, ditando ordens e estabelecendo estratégias aos seus gladiadores, o que acaba por culminar com a derrota do poderoso destacamento militar romano. É uma questão que tem paralelo com o mundo dos negócios, no qual estratégias empresariais, trabalho em equipe, liderança, poder e cultura organizacional se fazem presentes no cotidiano das organizações dos tempos atuais, quaisquer que sejam seu porte (grandes e pequenas) e ramo de negócios (comercial, industrial e de serviços). O treinamento (grupo de gladiadores altamente treinados para um objetivo específico) e a experiência (do gladiador como general de exército) são outros fatores de influência que podem ser extraídos como lição desse filme. Como abordado neste livro, existe um alto índice de fechamento de micro e pequenas empresas logo em seu primeiro ano de funcionamento, exatamente pela inexperiência (não ser do ramo e nunca ter feito algo parecido na vida) do seu empreendedor.

O resgate do soldado Ryan, com Tom Hanks

> Filmes de semelhante conteúdo conceitual — missão, planejamento corporativo, motivação e trabalho em equipe — podem ser encontrados no mercado: *O mais longo dos dias*.

Filme dramático, que fala sobre planejamento aplicado às operações de guerra (plano em um cenário militar), apoiado nos conceitos de trabalho em equipe, solidariedade e importância de um líder, e como ele deve lidar com as mais diversas situações sem perder o controle. O filme trata da realização de tarefas até o fim, no caso do soldado Ryan, que decidiu não voltar para casa e cumpriu seu dever até alcançar seu objetivo. Mostra a motivação na conquista de metas, enfatizando a identificação com a missão de um determinado empreendimento e organização (exército e forças armadas do país).

O amor é contagioso, com Robin Williams

> Filmes de semelhante conteúdo conceitual — empreendedorismo, voluntariado e trabalho em equipe — podem ser encontrados no mercado.

História de Patch Adams, um estagiário de medicina que não parece, não age e não pensa como qualquer médico que você já conheceu. Para Patch, o humor é o melhor remédio e ele está disposto a quase tudo para que seus pacientes riam, até mesmo colocar em risco sua carreira. Enfrenta uma instituição médica (faculdade de medicina e hospital) que tem suas leis e regulamentos autocráticos e não permite desvios de conduta como a *felicidade excessiva* vivida por Patch Adams. Ele sabe lidar com gente e utiliza esse dom em suas atividades no hospital universitário. A prática da medicina de atender e cuidar de pessoas (transferência e distância profissional apregoadas pela medicina tradicional) na proposta de

Patch Adams deve ser complementada por um permanente tratamento humano para otimizar as condições do paciente e melhorar a qualidade de vida ao seu redor. O protagonista compartilha com os colaboradores e com as pessoas (pacientes) do hospital suas crenças pessoais, em um verdadeiro trabalho de equipe. Ele trata seus pacientes como gente e os chama pelo nome, enquanto os demais médicos os chamam pelo da doença. Pode-se traçar uma analogia com as organizações empresariais que tratam os empregados como simples números e peças na engrenagem de produção, faturamento e geração de lucros. Patch cria um empreendimento, na forma de clínica médica, que ajuda as pessoas e tem como seu corpo técnico médicos e enfermeiras voluntários. O empreendimento se transformou num consagrado hospital de grande porte e que adota como estratégia a utilização de voluntários em sua força de trabalho, tanto na área médica quanto em funções administrativas. Conceitos e técnicas aplicáveis à criação de um novo negócio são intuitivamente utilizados na implementação do projeto de clínica médica para pacientes carentes da comunidade. O empreendedor, Patch Adams, não incorre em endividamento inicial para a implantação das instalações e infraestrutura da clínica, preferindo utilizar um velho galpão abandonado em área florestal cedida por empréstimo por um antigo amigo. Na reforma e preparação das instalações utiliza os amigos e voluntários da região. Além de enfermeiras e estudantes de medicina, recruta cidadãos locais como voluntários, para trabalharem nas horas vagas exercendo papéis de apoio administrativo. Evita, ainda, fazer estoques de materiais e equipamentos técnicos e de enfermagem, repondo-os na medida em que atingem pontos críticos de ressuprimento. A motivação e o ambiente saudável de trabalho (clima organizacional propício ao bem-estar físico, mental e ambiental) são preservados com a interação entre os médicos, enfermeiras, pessoal de apoio e, principalmente, os pacientes, que acabam contribuindo diretamente para sua recuperação.

Os 12 trabalhos de Asterix

> *Asterix e Obelix contra César* (Gerard Depardieu) é outro filme da mesma série. Filmes de semelhante conteúdo conceitual — empreendedorismo, voluntariado e trabalho em equipe — podem ser encontrados no mercado.

Asterix, em *Os 12 trabalhos de Asterix*, faz uma sátira sobre as disfunções e os graus da burocracia existentes numa organização pública (prefeitura de uma pequena cidade). Depois de perder mais uma batalha para Asterix, Obelix e demais habitantes da pequena aldeia gaulesa da Armória e impressionado com a força dos gauleses e com a facilidade com que derrotaram a numerosa tropa romana, o centurião volta a Roma para encontrar-se com seu imperador. No seu relato a César, coloca os gauleses como deuses invulneráveis que jamais poderiam ser derrotados.

O imperador acha aquilo um absurdo e, para provar que Asterix e seus conterrâneos são simples mortais, inspira-se na história de Hércules e seus 12 trabalhos para demonstrar sua teoria e colocar os gauleses em seu devido lugar. Por isso pede ao conselho do Senado romano que elabore 12 tarefas e as sugere aos gauleses. Se eles as cumprirem, César aceitará seu fracasso e não mais os importunará. Asterix, o mais inteligente, e Obelix, o mais forte da aldeia, são nomeados pelo chefe Abracurcix para realizarem as tarefas. O filme é uma mensagem de alerta para o excesso de burocracia existente nas organizações. Outro conceito válido para as micro e pequenas organizações é evitar a segmentação desnecessária das atividades empresariais, agrupando-as, tanto quanto possível, em poucas unidades ou pessoas para a execução.

O informante, com Al Pacino, Russell Crowe e Cristopher Plummer

> Filmes de mesmo conteúdo conceitual podem ser encontrados no mercado: *Yelsin*; *O magnata das comunicações* (Randolph Hearst); *O poder da notícia* (Stanley Tucci).

História com foco na responsabilidade social corporativa de Jeffrey Wigand, que exercia a função de vice-presidente de pesquisa da Brown & Williamson, empresa do setor de tabaco. Essa empresa, terceira maior produtora de cigarros do país (EUA), como outras do setor, se caracteriza pela cultura da produção e venda de cigarros em grande escala, produto antiético que traz altas margens de lucros. Anteriormente, Wigand havia sido executivo da Johnson & Johnson, Pfizer e Union Carbide nessa mesma área de P&D. Como cientista que acreditava ser, exerceu essa alta função gerencial por mais de três anos na indústria de tabaco e foi demitido, sem justa causa (o motivo alegado foi a falta de habilidade em comunicação), sendo obrigado a assinar um contrato de confidencialidade para preservar os segredos de pesquisa e desenvolvimento da companhia. É quando conhece Lowell Bergmann, da CBS News (uma das maiores redes de televisão do país), produtor do programa 60 minutes, que o estimula a revelar segredos desse cartel de empresas extremamente unidas na defesa de um produto danoso à saúde pública. O contato entre ambos surge quando Lowell começa a investigar um relatório de prevenção de incêndios da Philip Morris (maior fabricante do setor) que lhe "cai nas mãos". Apesar de o produto conter nicotina, cientificamente comprovada como prejudicial ao ser humano, os sete presidentes das organizações do setor econômico depõem no Congresso afirmando o contrário. Fica evidente o poder econômico e o *lobby* político desse setor, cuja atuação sempre evita processos indenizatórios contra suas empresas, diferentemente das de outros setores (enfatizando o caso das automobilísticas, como a GM e a Ford, que não têm o mesmo poder e, portanto, não

278 Criação de novos negócios

evitam processos e ações indenizatórias por conta de acidentes automobilísticos provocados pelos seus carros). Com um excelente *curriculum* e alto preparo técnico, Wigand, no entanto, não consegue colocação no mercado (termina por trabalhar como professor em colégio de nível médio), pois sua empregabilidade fica comprometida por conta de ser ex-executivo da indústria de tabaco. Decide falar sobre a manipulação da nicotina em entrevista na CBS e depor como testemunha em tribunal de júri no maior caso de saúde pública do país. A partir daí sofre pressões financeiras e psicológicas, que tornam públicos os bastidores dos processos de fusão (aquisição da CBS pela Westinghouse Co.) e da indústria de comunicação do país (redes de televisão e os jornais de maior circulação, como o *Wall Street Journal* e o *New York Times*). Fica evidente o conflito entre o papel de homem de negócios (executivo e empresário) e a função técnica do homem de notícias exercida por Lowell Bergmann e que está presente em qualquer tipo de organização. É destacada, ainda, a importância do planejamento em termos de "saber fazer antes de fazer". É um filme que pinta em cores fortíssimas a influência do setor econômico na implementação de estratégias empresariais e até no comportamento pessoal dos componentes de uma determinada organização. Ao analisar as ações internas e externas da empresa envolvida na fraude de saúde pública, deixa claro o alcance das decisões tomadas por seus dirigentes além das fronteiras naturais da organização (a ampliação das fronteiras, virtualmente, está presente em todas as organizações, em escala diferenciada em função do seu setor econômico). Evidencia, ainda, a interdependência entre organizações pertencentes ao mesmo ramo de negócios e entre elas e seus fornecedores de diferentes tamanhos e, principalmente MPEs e subcontratados como pessoas físicas. A responsabilidade social como estratégia a ser seguida pelas grandes organizações é destacada, o que acaba influindo, de forma reversa, em toda a cadeia de fornecedores. Até os micro e pequenos fornecedores acabam por adotar estratégias de responsabilidade social e comportamento ético em face das exigências de seus clientes (grandes organizações).

Presente de grego, com Diane Keaton

> Conteúdo conceitual semelhante encontra-se disponível no CD-ROM *Associativismo e cooperativismo* (Sebrae), cuja mensagem-chave é: "o agrupamento de MPEs para atingir fins específicos resulta em grandes negócios".

História de uma executiva (formada em administração por Harvard) de uma grande empresa de consultoria de Nova York que vive para o trabalho, uma verdadeira *workaholic*. Perto de ser promovida a sócia do escritório, recebe uma criança órfã como herança de um primo distante recém-falecido. A partir daí sua vida muda e a dedicação de 60 a 80 horas semanais fica comprometida e a sua promoção adiada até que é forçada a pedir demissão da empresa. As atividades estressantes demandadas pelo seu escritório (atendimento a clientes, coordenação de consultores e técnicos) passam a concorrer com aquelas domésticas (recrutamento de babá, compras de fraldas, deslocamentos a creches e escolas) até comprometer sua costumeira eficiência profissional. Resolve, então, mudar para uma cidadezinha do interior, realizando um antigo sonho, o que dá uma reviravolta em suas atividades profissionais. Por acaso, quando preparava a costumeira refeição infantil, descobriu aquele que seria um produto de sucesso, uma pasta de maçã que vem a ser conhecida com a marca Bebê do Campo. Ficam evidentes conceitos relacionados à pesquisa e desenvolvimento de novos produtos (pesquisa em biblioteca e acervo de documentos da cidade sobre as características das matérias-primas e produtos), tamanho do mercado potencial (número de nascimentos de crianças, tamanho da população local e demais dados demográficos) e análise do comportamento do consumidor (conversas informais com pessoas e balconistas de mercearias e supermercados que seriam os potenciais clientes da emergente fábrica de fundo de quintal). O empreendimento, apesar dos insucessos iniciais, tem um produto ecologicamente correto que é elaborado a partir de insumos naturais (a pequena empresa fabricante de alimento em pasta demonstra ser socialmente responsável, o que agrada os clientes que preferem comprar produtos de organizações éticas) e, graças à persistência da empreendedora, torna-se um sucesso na pequena cidadezinha. As vendas, posteriormente, evoluem até se tornarem um sucesso regional, chamando a atenção de um grande fabricante nacional (uma empresa do ramo alimentício que era cliente do antigo escritório de consultoria onde a protagonista trabalhava). A partir daí desdobram-se eventos na direção de um processo de incorporação daquele empreendimento emergente. A compra não se concretiza, apesar da proposta bilionária, pois a empreendedora acaba levando em conta outros fatores em sua decisão (qualidade de vida, preservação dos valores do empreendedorismo conquistados, ambiente e clima organizacional saudável, entre outros aspectos intangíveis). Outra questão que fica evidente no enredo do filme é que não precisa ser uma organização de grande porte para agir de forma socialmente responsável. As micro e pequenas empresas que almejam crescer e obter resultados econômicos satisfatórios têm que ter produtos eticamente corretos e suas ações refletirem uma imagem de organização socialmente responsável.

Riquinho, com Macauly Culkin

Filmes de mesmo conteúdo conceitual — qualidade de vida no trabalho, fusão e incorporação de empresas, ética, responsabilidade social e gestão ambiental — podem ser encontrados no mercado: *Mestre dos mares* (Russell Crowe) e *Tormenta* (Jeff Bridges).

Herdeiro de uma fortuna de US$70 bilhões, Riquinho (Macauly Culkin) é o menino mais rico do mundo. Tão rico, mas tão rico, que tem uma montanha-russa particular no quintal de sua casa! Mas toda essa fortuna está correndo perigo. Um maldoso executivo das Empresas Rico S.A. (que tem o pai de Riquinho como diretor-presidente) elaborou um terrível plano estratégico para se livrar de seus pais e ficar com o dinheiro: ele colocou uma bomba no avião em que eles estavam e que caiu no triângulo das Bermudas. Ele só não contava com um pequeno detalhe: o menino assume o controle das indústrias e conta com a ajuda do mordomo, de seu cachorro Dólar e de alguns amiguinhos para combater o executivo. Uma aventura superdivertida e emocionante, onde a amizade (uma das mensagens não materialistas do filme) é a maior de todas as fortunas! Percebe-se, no filme, que a tentativa do executivo em ficar com a empresa lhe dá outros rumos, pois, com tantos conflitos, Riquinho se interessa pelo negócio dos pais e até aumenta as vendas dos chocolates! Afinal, não há ninguém melhor no mundo para opinar sobre doces do que seus principais consumidores: as crianças. Um grupo de crianças suas amigas (que o filme faz analogia com um departamento de pesquisa e desenvolvimento de produto — P&D) acaba por provar um produto de uma de suas fábricas de chocolate e sugere o aumento de 15% de amendoim em sua composição, o que acaba por incrementar significativamente as vendas e o faturamento da empresa. No exercício da presidência da empresa, Riquinho aplica a filosofia empresarial do pai, que, por exemplo, jamais demitiu um funcionário sequer. A política da Rico S.A. é a de criar empregos, em vez de provocar *downsizing* organizacional (processo de achatamento hierárquico e enxugamento dos custos com o corte de pessoal). Isso fica evidente quando Riquinho evita o fechamento de uma empresa recém-incorporada, a United Tools, com mais de 600 empregados. Esse é um exemplo da teoria estruturalista de administração, que prega o crescimento através de conflitos. Evidencia, ainda, que o planejamento estratégico pode ser implementado para o bem ou para o mal, de forma ética ou não. É satiricamente ilustrado um assunto de fundamental importância: a reciclagem de lixo de forma ambientalmente correta (o lixo é transformado em bolas de boliche). A questão da responsabilidade social é enfatizada com bastante propriedade na forma de criação de um bom ambiente de trabalho (não demitir ninguém, qualidade de vida, interação humana com os empregados da família Rico) e de valorização (valorização das ideias criadas pelos funcionários) do pessoal, internamente.

Sete homens e um destino, com Yul Brynner
Os sete samurais, com Toshiro Mifune

Filmes de conteúdo conceitual semelhante podem ser encontrados: *Convite a um pistoleiro* (Yul Brynner). Sua mensagem é: "eliminar o intermediário a qualquer custo".

Um clássico que ressalta a formação e o trabalho em equipe e a superação de um grande desafio em um contexto de planejamento do tipo adaptativo. Na versão faroeste, quando um pequeno vilarejo mexicano é aterrorizado pelo temido bandido Calvera e sua gangue sanguinária, apenas sete homens têm a coragem, a ousadia e o poder de fogo para vir em seu socorro. O filme aborda uma história na qual pessoas humildes são exploradas por um grupo de homens, que as procuram sempre em época de colheita da cana-de-açúcar, a fim de roubá-la, deixando para o vilarejo que a plantou somente um pouco, o suficiente para viver. Cansados da vida que estão levando, os habitantes do vilarejo chegam à conclusão de que não podem mais viver assim, e então decidem procurar o velho (líder local) para consultá-lo sobre o que devem fazer. O velho diz a eles que a única saída é lutar. Os camponeses saem, então, em busca de guerreiros para comprar armas para se defenderem. Acabam conhecendo Rice, que se propõe a ajudá-los. Sai à procura de mais companheiros. Após alguns testes, ele consegue seis ajudantes bons e rápidos no gatilho. Os sete então dirigem-se ao vilarejo e começam a criar uma cultura de que os próprios habitantes também teriam que ajudar a enfrentar o grupo de homens interessados em suas colheitas. Para isso, os moradores aprendem a usar as armas e em pouco tempo já estão preparados para enfrentar os invasores. Chegado o dia, finalmente o grupo retorna para buscar a colheita e se depara com um cenário diferente: os camponeses criaram muros e reforçaram alguns pontos muito expostos, para dificultar a ação do grupo criminoso. O grupo não acredita no que está acontecendo, e então começa uma troca de tiros. Ao final, o vilarejo, com muita força de vontade, perseverança, garra e determinação vence e não precisa mais temer a invasão dos homens, interessados exclusivamente em amedrontar e roubar. Com isso, sobram alimentos e os camponeses podem finalmente lucrar com sua colheita.

Tempos modernos, com Charlie Chaplin

> Filmes de mesmo conteúdo conceitual — divisão do trabalho, taylorismo e fordismo — podem ser encontrados em: *Monstros S.A.* e *Os 12 trabalhos de Asterix.*

Este filme exemplifica bem como funcionavam as indústrias de antigamente. As pessoas eram tratadas como meros recursos a serem alocados ao processo produtivo. Os funcionários não podiam pensar e tampouco expressar a sua opinião ou alguma ideia. Eles tinham apenas que ser eficientes nas tarefas que eram incumbidos de realizar pelo órgão de planejamento central. Tinham que produzir sempre a mesma coisa, programada pelo plano de produção, sem se preocupar se poderiam fazer melhor. O filme reflete a época do taylorismo/fordismo, em que não se valorizava o principal patrimônio de uma empresa, ou seja, o capital humano.

Criação de novos negócios

Mostra uma linha de montagem típica do taylorismo, como método de produção adotado por Henry Ford quando da criação do seu império automobilístico, que perdura até os dias de hoje. Evidencia com clareza o lado negativo dos conceitos da escola clássica criada por Taylor, centrada no conceito de que o empregado a serviço de uma organização, para ser eficiente, não precisa pensar. Focaliza, ainda, a importância do planejamento como um processo da cadeia produtiva de uma organização, centrada e apoiada na motivação e desempenho das pessoas que dela fazem parte.

Titanic, com Leonardo di Caprio

> Filmes de mesmo conteúdo conceitual — planejamento, integração com fornecedores e trabalho em equipe — podem ser encontrados no mercado: *Mestre dos mares* (Russell Crowe); *Seis dias e sete noites* (Harrison Ford) e *Tormenta* (Jeff Bridges).

O filme conta uma história de amor entre Jack e Rose, tendo como cenário o navio *Titanic*, que acaba por naufragar no mar do Norte, devido a problemas causados pela má utilização das técnicas de planejamento e de liderança por parte do capitão do navio. Os marinheiros responsáveis por avisar seus superiores sobre a existência de *icebergs* trabalham em local frio e desconfortável (o que provocava desmotivação e falta de concentração em suas tarefas). O capitão toma decisões indevidas, contrariando o limite de velocidade determinado pelo construtor do navio (decisão tomada pelo capitão à revelia de procedimentos estabelecidos pelo planejamento operacional do transatlântico). Embora moderníssimo para a época, o navio era defasado tecnologicamente em determinados equipamentos e conjuntos mecânicos. Não havia equipamentos adequados, que identificassem, a tempo, a existência de *icebergs*. Os recursos materiais chegavam a ser insuficientes e em certos quesitos deixavam a desejar: por exemplo, a inexistência de botes salva-vidas em número suficiente para atender a todas as pessoas a bordo em caso de naufrágio (foi adotado o pressuposto de que eram desnecessários diante da indestrutibilidade do transatlântico). O filme evidencia, além das deficiências de planejamento e liderança no gerenciamento do *Titanic*, a necessidade de parceria duradoura e permanente entre os fornecedores (fabricante do navio e centenas de micro e pequenas empresas fornecedoras de equipamentos e componentes de bordo) e o cliente (empresa proprietária do transatlântico). Uma maior integração entre aqueles que montam e vendem o produto (fabricante

Anexo 283

montador do transatlântico e os micro e pequenos fornecedores) e o cliente que o compra e opera teria evitado a falta de alguns componentes, a deficiência de treinamento na operação do equipamento e a defasagem tecnológica de outros itens operacionais de bordo. Para os executivos e empresários das MPEs fica a mensagem de preservarem uma parceria e intensa integração com seus clientes, quer sejam eles de pequeno, médio ou grande porte.

Tucker — um homem e seu sonho (uma história da indústria automobilística), com Jeff Bridges

> Filmes de mesmo conteúdo conceitual — processo decisório empresarial, planejamento estratégico, cadeia de suprimentos e linha de produção, integração com fornecedores e trabalho em equipe — podem ser encontrados no mercado.

História de um empreendedor (Jeff Bridges) que cria uma empresa do setor automotivo. Em sua jornada empresarial encontra-se face a face com decisões relacionadas à gestão com pessoas, à cadeia produtiva e demais ações empresariais de nível estratégico e operacional. As principais decisões estratégicas enfrentadas pelo gestor da empresa são: conseguir capital; anunciar o carro na revista; buscar financiamento; construir o protótipo em 60 dias; vender ações; enfrentar a concorrência. Outras estratégias relacionadas à cadeia produtiva são exemplificadas no filme: produto delineado com base na qualidade e segurança; mapeamento de onde vêm as cartas; controle contábil; investimento em publicidade; produção em série. Outras atitudes relacionadas à gestão com pessoas estão presentes nesta história, como saber ouvir os colaboradores e dar chance a novas ideias, como no caso do rapaz que mostrou um desenho qe fez com melhorias no carro exposto na revista por Tucker (Jeff Bridges) e conquistou um emprego. Todos os colaboradores são tratados com igualdade, criando uma consciência de que cada um é fundamental para que o grupo atinja o objetivo final (por exemplo, a ausência de preconceito por parte de Tucker em relação ao colaborador oriental). Líder motivador/entusiasta, Tucker era positivo e contagiava seus parceiros com muito bom humor e perseverança. O filme destaca as oportunidades que a cadeia produtiva de uma empresa pertencente ao setor automobilístico proporciona às micro e pequenas empresas. A empresa de Tucker subcontrata uma MPE fabricante de motores de alumínio por recomendação de um dos grandes empresários da economia, que adota como estratégia a formalização de parceria com pequenos e médios fornecedores.

Um domingo qualquer, com Al Pacino e Cameron Diaz

> Filmes de conteúdo conceitual semelhante podem ser encontrados: *Jerry Maguire* (Tom Cruise) e os vídeos relacionados a esportes coletivos (futebol, basquete, vôlei etc.).

História de um treinador (Al Pacino) de um time de futebol profissional americano (Sharks de Miami) que sofre pressão por resultados no campeonato, exercida pela diretora-presidente (Cameron Diaz) do grupo empresarial patrocinador. O treinador do Sharks, após perder quatro partidas, resolve mudar a composição da equipe esportiva, trocando seu jogador principal (capitão), que atua em posição-chave. O dilema fica por conta da escolha entre um capitão que tem ascendência sobre os demais jogadores e outro que não é aceito pelo grupo. O treinador acaba por escolher aquele jogador que tem um perfil de liderança e poder de comunicação com os jogadores para levar o time à vitória. No entanto, antes que tomasse essa decisão, em partidas anteriores, utilizou o outro jogador como capitão, cuja conduta individualista, dentro e fora de campo, acabou por desagregar o grupo de jogadores, o que resultou em derrotas sucessivas da equipe de expressão nacional. O novo jogador, a quem cabe o papel de organizar e coordenar todas as jogadas do time, exerce forte liderança e consegue levar o Sharks à conquista do campeonato. Fica evidente a fundamental importância do trabalho em equipe e a questão da liderança no time de futebol para obtenção de vitórias. Pode-se estabelecer uma analogia natural com o mundo dos negócios, onde as organizações dependem das pessoas para obtenção de resultados empresariais favoráveis. Outro conceito-chave é a análise que se faz do real objetivo daquele grupo de jogadores que constitui uma equipe de futebol. Detalham-se aspectos relacionados com o fato de os jogadores considerarem mais importantes as vitórias, uma a uma. Alternativamente visualiza-se, com mais propriedade, que o significativo é o campeonato e trabalhar a longo prazo. Pode-se fazer um paralelo com uma organização empresarial onde ou se pensa no lucro, a curto prazo, ou trabalha-se na sobrevivência e perpetuidade do negócio, como algo fundamental e coerente com a visão e missão empresarial.

Uma linda mulher, com Richard Gere e Julia Roberts

> CD-ROM com conteúdo conceitual semelhante encontra-se disponível no mercado: *Associativismo e cooperativismo* (Sebrae), cuja mensagem é: "o agrupamento de MPEs para atingir fins específicos resulta em grandes negócios".

História dos bastidores das fusões e aquisições de empresas como um processo de tomada de decisões em nível estratégico. O filme mostra que, além do enfoque técnico presente no planejamento corporativo, existe o lado informal e subjetivo que influencia as decisões da alta administração das organizações. Evidencia, ainda, com especial dramaticidade, as questões de marketing quando os clientes não são tratados com a devida atenção. No filme, o diretor destaca uma cena em que mostra uma mulher (Julia Roberts, protagonista) vestida aparentemente de modo humilde, querendo fazer compras em uma loja de grife (uma MPE do ramo comercial). Na cena, a vendedora se mostra extremamente despreparada, sem qualquer tipo de treinamento nem tampouco uma aula de relações humanas, pois atende mal a cliente apenas pelo fato dela estar malvestida. Isso demonstra total despreocupação do dono da loja com o seu marketing e reputação. A mensagem é que de nada adianta um planejamento estratégico cuidadoso que contempla, com alta prioridade, o aumento das vendas, se o pessoal da área comercial (lojas) está malpreparado para sua execução.

Uma mente brilhante, com Russell Crowe

> Filmes de semelhante conteúdo conceitual podem ser encontrados no mercado: *Adeus mr. Chips* (Martin Chaines); *Da rua à universidade*; *Ensina-me a crescer*.

Uma mente brilhante é um filme baseado em fatos verídicos. Russell Crowe interpreta o matemático esquizofrênico John Nash Jr., que ganhou o prêmio Nobel em 1994. Brilhante, arrogante e esquisito, ele entra na universidade disposto a formular uma teoria revolucionária. Diferente dos outros, sempre procura uma ideia original para compor os seus trabalhos e foge do óbvio, atitude fundamental para percorrer qualquer estrada de sucesso, principalmente empresarial. Quem cursa ou cursou economia certamente já ouviu muito a seu respeito. Nash buscava um diferencial em seu campo de atuação, queria algo inovador, inusitado, e para isso não media esforços. Depois de muito escrever suas fórmulas nas vidraças da faculdade, descobriu uma fórmula notável ao analisar possibilidades de encontro com uma garota desconhecida (uma atraente loura que chamava a atenção de todos os seus colegas de faculdade). Assim concluiu que se todos os seus amigos ficassem a fim da loura, apenas um teria êxito. Porém, se cada um investisse em uma garota diferente, ela se tornaria desvalorizada e acabaria tendo que escolher pelo menos um deles. No filme essa teoria se mostra brilhante e intensamente aplicável, principalmente em relação ao comércio entre organizações e entre nações. Bastaria permutar os personagens do filme, trocando os amigos por concorrentes, e a garota loura (no caso produto) por mercado (ou clientes) e ter-se-ia um cenário econômico (variante da lei da oferta e procura) perfeitamente aplicável a todos os tipos e portes de empresas. O filme, enfim, é muito atual, e enfatiza a questão do planejamento e os fundamentos básicos da economia que estão presentes no dia a dia de todos os seres humanos e organizações de diferentes tamanhos e ramos de negócios.

Site para treinamento e desenvolvimento de empreendedores.www.laq.com.br

Nete site, clicando-se no link Gestão, podem ser encontradas dicas para uso de filmes ilustrativos em programas de treinamento de empreendedores e em cursos na área de gestão empresarial.

Nos filmes sugeridos encontram-se contextos que podem estimular o empreendedor a fazer uma ligação entre o conhecimento teórico e sua aplicação prática, ilustrando o processo, em vez de fornecer simples resposta. O profissional, ao visualizar conceitos de gestão empresarial nas películas recomendadas, é estimulado à reflexão, gerando suas próprias ideias a respeito do tema estudado.

O empreendedor encontra informações para o aprimoramento e a assimilação de enfoques inovadores sobre a criação de novos negócios e a gestão de micro e pequenas empresas, o que torna o site um referencial pedagógico para programas de desenvolvimento de executivos.

A escolha do filme pode ser feita observando certas características que determinam seu gênero. O site, considerando esta particularidade, sugere filmes, associando-os à teoria abordada neste livro.

Sobre os autores

Takeshy Tachizawa é doutor em administração pela Eaesp/FGV, mestre em administração e em controladoria e contabilidade pela FEA/USP e bacharel em administração pela mesma universidade. Com especialização em gestão de negócios pela Universidade da Califórnia, Irvine. É empresário e autor de livros na área de gestão empresarial. E-mail: usptakes@uol.com.br.

Marília Sant'Anna Faria é mestre em bens culturais e projetos sociais pelo Cpdoc/FGV, especialista em docência do ensino superior pela Universidade Cândido Mendes e em administração e gerência empresarial pelas Faculdades Integradas Simonsen, e bacharel em adminsitração pela mesma Instituição. Trabalha no Serviço Brasileiro de Apoio à Micro e Pequena Empresa (Sebrae-RJ) prestando apoio logístico em consultorias empresariais, internas e externas, nas áreas de abertura de empreendimentos e treinamento empresarial. Coordena, entre outros, os seguintes projetos: Disseminação da Cultura Empreendedora para o Ensino Fudamental, Médio e Superior; Jovens Empreendedores — Primeiros Passos; Jovens Empreendedores e Desafio Sebrae; e Inclusão Social pela Via do Empeendedorismo. Leciona na Universidade Estácio de Sá e tem artigos publicados sobre temas ligados ao universo das micro e pequenas empresas. E-mail: mariliarj@yahoo.com.br.